PUBLIC RELATIONS

THIRD EDITION

パブリックリレーションズ

第3版

MULTI-STAKEHOLDER RELATIONSHIP MANAGEMENT

マルチ・ステークホルダー・リレーションシップ・マネジメント

井之上 喬
Takashi Inoue
著

はじめに

本書『パブリックリレーションズ』は2006年3月に第1版が刊行された、続いて2015年に第2版が上梓され、今日まで18年の歳月が流れた。この間、世界は大きな変化を遂げ、2010年に国内総生産（GDP）で世界第2位の座を中国に明け渡した日本は、国際通貨基金（IMF）の最新予測によると、急速な円安の中で2023年にドイツに抜かれ第4位に転落している。またBRICs（ブラジル、ロシア、インド、中国)、そしてインドネシア、ベトナム、フィリピン、タイといったアジアの国々が急速に台頭している。米国の一極支配の秩序はくずれ、多極化の流れが加速している。そしてインターネットが日常生活の中に溶け込み、ハイパー化するグローバル化の中で、AIとりわけ生成AIの急速な普及は、人間の行動様式に大変革をもたらし、日常生活の中で正しい情報とそうでない情報の識別を人々に迫っているのだ。

来るべきシンギュラリティを前に、さまざまな技術革新が進む一方で、国家間の戦争、民族問題、領土問題、環境問題、感染症問題、貧困問題、格差・不平等問題などさまざまな問題が山積している。とりわけウクライナ戦争やイスラエルとパレスチナとの紛争の激化は、1つ間違えるとエスカレートした先に第3次世界大戦を招きかねない。また気候変動や、新種ウイルスの出現は、人類存亡をかけた問題となって私たちの前に立ちはだかっている。

こうした外部環境の変化にともない、プロブレム・ソルバーとしてのパブリック・リレーションズの役割はますますその重要性を増している。本書第3版は、こうしたさまざまな問題や課題にどのように向き合い対応すべきかをパブリック・リレーションズの視点で書き上げたものである。

「パブリック・リレーションズ（PR）とは、個人や組織体が最短距離で目的や目標を達成する、『倫理観』に支えられた『双方向性コミュニケーション』と『自己修正』をベースとしたリレーションズ（関係構築）活動である」

これが、パブリック・リレーションズの専門家として50年にわたり実務に携わってきた筆者によるパブリック・リレーションズの定義である。パブリック・リレーションズの生命は、高い「倫理観」に支えられた「双方向性コミュニケーション」と「自己修正」にあり、その手法を駆使することによって最短距離で目的や目標を達成させるのである。

また、経営システムの視点から位置づけると、パブリック・リレーションズは「人」、「モノ」、「金」、「情報」というこれまでの4つの経営資源を個々に強化し、それらを統合する「第5の経営資源」といえる。

倫理観や双方向性と自己修正機能を内包するパブリック・リレーションズは、民主主義と自由競争原理の働く社会で真価を発揮する。パブリック・リレーションズの具体的な行動は、目的（目標）達成に必要なターゲットであるさまざまなパブリック、つまり関係構築の対象となる多様なステークホルダー（顧客、株主・投資家、従業員、取引先など）や市場、納税者、国民、世界中の人々、外国政府や国際機関などとのリレーションシップ・マネジメントである。これらさまざまなステークホルダーに向けて、対面を通してまたメディアを通して積極的に情報を送り、その動向や状況をフィードバックにより継続的に分析し、もし誤りがあれば、それを受け入れ、即座に修正し、新たな政策立案を行い、ふたたびメッセージを発信し、実施していくことである。そして、この繰り返しを絶え間なく行うことにより、状況変化にスピーディに対応し、目的（目標）を達成していく。つまり目標達成のために多様なステークホルダーとの良好な関係構築をはかるマルチ・ステークホルダー・リレーションシップ・マネジメントといえる。ステークホルダーを国際社会とすれば、いわばパブリック・リレーションズは異文化交流を促進して国と国との良好なリレーションシップを築くグローバル時代のインフラストラクチャーというべきものである。

パブリック・リレーションズ（Public Relations＝PR）という言葉は、20世紀初頭、米国で登場したといわれている。以降、時代の変遷で、その意味合いや手法は変化してきたが、米国や英国などアングロサクソン諸国をはじめとし欧米先進国では、企業はもとより、政府や地方自治体、学校などの教育機関、また国連や世界銀行などの国際機関などじつに多方面に浸透し、実践されている。

パブリック・リレーションズのパブリックは一般社会を指すが、組織体の設定する目的によってターゲットが変わる。たとえば、株式上場の場合はインベスター・リレーションズ（IR)、コミュニティとの関わりはコミュニティ・リレーションズ、政府への規制緩和などの働きかけはガバメント・リレーションズと目的に応じてターゲットも変わり、その関係醸成の戦略や内容も変化する。このように、多様なパブリック（ステークホルダー）から選択した個別のパブリックをターゲットとし、それらとの関係構築の総体をパブリック・リレーションズという。

パブリック・リレーションズを的確に表現した日本語訳はない。同義語として「広報」という言葉があるが、パブリック・リレーションズの本義からすると、生命ともいえる「関係構築」という重要な要素が欠落している。「広報」は文字どおり解釈すれば「広く報ずる」ことであるが、広聴とセットで双方向性をもたせなければ、関係構築はかなわない。実際、情報発信する側の顔しかみえず、一方向性のコミュニケーションになっているケースが多くみられる。

パブリック・リレーションズの生命は、双方向性をもったさまざまなステークホルダーとの関係構築活動にあり、前述のように、個人や組織体が目的を達成するために、高い倫理観に支えられた双方向性コミュニケーションと自己修正能力をベースとしたもので、本来もつ戦略性に加えて情勢分析、危機管理などの機能と技術を有し、継続性をもった「攻め」と「守り」を兼ね備えた強固な手法である。パブリック・リレーションズの活用によって個人や組織体、そして国家は「ソフトパワー」を身につけることができる。本書では、パブリック・リレーションズが登場・発展した米国における概念や技術を紹介するとともに、日本での導入をとおしてその後なぜ普及が遅れたかを分析する。また、筆者が長年実務を通して得た知見に基づき研究を重ねてきた、パブリック・リレーションズの「自己修正モデル」を第1章第3節に紹介させていただいた。パブリック・リレーションズの奥深い世界を理解する一助になればと考えている。

前述のように、いま世界は大きな岐路に立っている。この原稿を書いている間にも、刻々と状況は複雑に変化し、われわれはその複雑な変化がもたらすさまざまな問題の解決を迫られている。とりわけ急速に進化を遂げるAIは、人類の想像を超えるスピードで未体験の利便性をもたらす一方、底知れぬ不安や恐怖と表裏をなしながら、われわれを未知の世界へ誘おうとしている。

第2次大戦後の秩序は、宗教をベースとした倫理観や道徳観を担保としつつ、かろうじて安定を保ってきた。しかしグローバル化の流れは、民族間の移動を加速させ、同時に文化摩擦を引き起こしている。紛争地域からの移民受け入れにより、宗教の違いに起因するさまざまな摩擦が顕在化し、宗教的対立による衝突は周辺に混乱を引き起こし、不毛な紛争をつくりだしている。

筆者の提唱するパブリック・リレーションズはまさに宗教的対立を乗り越えた、人間の共通する行動様式に必要な「倫理」「双方向」「自己修正」の３つの要素をプラットホームとしたさまざまなステークホルダーとの関係構築を目指すものである。いまこそ国家や民族、地域社会が抱えるさまざまな問題を解決するために、複合的な視点をもつパブリック・リレーションズが強く求められている。

本書は、AI 時代におけるパブリック・リレーションズの役割や重要性を追究し、さまざまな課題に直面し厳しい競争に晒される指導者や経営者、実務家が取り組むべきパブリック・リレーションズの実践方法や分析手法を明示した。また具体的なケースの紹介にもつとめた。不透明さが増す日本や世界を、平和で希望のある社会に変えるうえで本書が少しでも寄与できれば、と願っている。

本書の執筆にあたり、日本評論社の守屋克美氏には初版、第２版に続きひとかたならぬお世話になった。また私の経営する井之上パブリックリーレションズの鈴木孝徳社長やオフィスメンバーの林永健氏には忙しい業務の中にもかかわらず、協力をいただいた。最後に学生結婚以来、長年にわたって私を支えてくれた妻の靖子をはじめ、多くの方々に支えられて、第３版が刊行できたことに心より感謝したい。

2024年３月

井之上 喬

パブリック リレーションズ[第3版]

──マルチ・ステークホルダー・リレーションシップ・マネジメント──

目次

PUBLIC RELATIONS

第1章

パブリック・リレーションズは 21世紀最強のリアルタイム・ソフトウェア

1　パブリック・リレーションズが真に必要とされる時代

日本は、建国以来、島国であったことも手伝って、固有の社会システムと文化を創り出してきたが、明治維新以降の急速な西欧化のうねりの中で、幾多の試行錯誤を繰り返しながら近代工業社会を実現し、1980年初頭には世界の頂点に立つことができた。しかし、バブル経済崩壊後の1990年代から現在に至る「失われた30年」の過程の中で、政治、経済、社会、文化の各面で構造疲労と機能不全を起こしていることがあかるみとなり、新しい社会システム構築に向けて、さながらダッチロール状態にあるといえる。

一方、「はじめに」で述べたように、環境問題、食糧・人口問題、民族紛争や国家間の戦争など世界を取り巻く諸問題が深刻化しており、国際的視座でみた経済大国日本への世界の期待は高まっているものの、国の体格に見合った役割と貢献が果たされているとはいいがたい状況にある。

日本のこうした情況を政治的な側面でとらえてみると、原因の１つに日本特異な政治的なしくみに突き当たる。まず国家の最高指導者である日本の首相の在任期間をみてみると、戦後平均２年に満たず、不安定な政権によるリーダー不在の政治の姿が露呈し、国家という巨大な組織をマネージする機能が不在といえる。つまり、民間企業と比べるべくもない国家という巨大な組織を経営する環境が整っていないことがみえてくる。具体的に言及すると、首相に与えられている議会解散権により、他の諸外国や日本の地方自治体の長が保証されている任期（通常は４～５年）に安定性を欠き、任期満了までつとめあげた国家のトップは日本では数えるほどしかいない。戦後の歴代首相をみても、1947年の片山内閣から現在の岸田内閣までの77年の間で、55人が首相（再選含め）をつとめている。このなかで４年の任期をまっとうした首相は驚くことに、1976年の三木武夫首相１人しかいない。長期的展望をもって任期満了まで国家の経営に携わる経営者（首相）が不在状態にあることが、国民のための政治が運営されていない最大の要因ではないだろうか？大臣に至っては短い人は１年足らず数カ月でポストが変わっており、誰が大臣をやっているのか世界はもとより有権者も認識ができないほどの交代ぶりである。

また企業や組織においても、不祥事は繰り返され、国際社会での存在感は低下の一途をたどっている。加えて少子高齢化がもたらす人口減や貧困・格差の拡大など、直面する多くの困難な課題が日本の将来に深刻な影を投げかけている。

現在に至る「失われた30年」をビジネスの視点でみると、日本はバブル崩壊後の1990年代初頭から国際競争力が落ち込みだした。バブル絶頂期の1989年の世界ランキングでは、トップ10にNTT、日本興業銀行、住友銀行、富士銀行など日本企業７社が名を連ね、大手銀行を中心に日本企業が「表彰台」を独占し、半導体市場でも80年代後半にはトップ10に首位のNECをはじめ、日本企業が席巻（６社）していたが、現在はトップ10に１社も姿を見せない凋落ぶりである。

スイスの国際経営開発研究所（IMD）が2023年に発表した同年の世界競争力ランキングによると日本は35位で、1992年の１位を最後に坂道を転げ落ちている（第４章第１節を参照）。この間米国では、GAFAMに代表される、創造的で斬新な企業が次々と誕生している。この日米の違いは、多様性が前提であるグローバル社会に日本が適応できていなかったことに起因するといえる。凋落の原因はさまざまあるが、バブル崩壊後、産業構造の変化に迅速に対応できなかったことが影響しているのは間違いない。日本は急速に進展したインターネット社会への対応が遅れ、経済は長期にわたって低空飛行を続けている。急変する外部環境を読み切れず、将来の成長のために必要な設備投資、セーフティネットの整備、グローバル規模での積極的なアライアンスやパートナーシップ（提携などによる国際戦略）の構築などを怠ってきた結果、今日の事態を招いてしまったのである。

ビジネスの世界では、時代の流れや潮目を読み、必要であればリスク覚悟で一気呵成に攻めに入ることが肝要だが、そのためには外部環境の変化を読み取り、さまざまなステークホルダーとの関係構築を通して目的・目標を達成するパブリック・リレーションズが有効といえる。

パブリック・リレーションズ（PR）は、目標達成に向けて理解、協力を得るための活動である。たんなる情報提供、情報発信ではなく、さまざまなステークホルダー（利害関係者、関わる人たち）との双方向での情報のやりとりを通じて行動する、マルチ・ステークホルダー・リレーションシップ・マネジメントを達成するための戦略性と危機管理の攻守両面を兼ね備えた強固な手法といえる。

いまこの地球上には数千の異なった言語と文化が存在し、80億人を超える人々が暮らしている。グローバル化する社会の中で相手を理解し受け入れ、相互信頼を持続させることは世界の平和と安定のために欠かせない。その鍵を握るのがさまざまに関係する人との双方向のコミュニケーションである。

ネット市民の台頭は、これまで以上に個としての市民意識に変革をもたらした。ネット社会の到来は、インターネットを通じいつでも誰でも発信できる世界を創り出す一方で、AIの急速な普及により虚実混在する情報洪水から自らをリアルタイムで守ることが求められる。自らの判断で必要なときに必要な正しい情報を得ることができなければ、ただ情報洪水に身を委ねるしかない。コンピュータは、140億個の神経細胞（ニューロン）で繊細な感情をもつ人間に取って代われるわけではない。日々刻々と変化する社会、政治、経済の変化を、最新のテクノロジー（たとえば生成AI）を利用しながら、リアルタイム性をもった専門家の素早い判断により速やかに実行し、状況の変化を分析し、必要に応じて自己修正を行い、戦略の立て直しをはかり、目的達成のために、新たなプログラム（企画立案）を実行していくことが現代人、とりわけビジネスマンには問われている。

「昨日はノー」でも、「今日はイエス」になるかもしれない。タイミングつまり潮目を読みながらプログラムし、行動していかなければならないのである。危機対応や戦略的な展開の中で高度な判断が瞬時にかつ複雑なレベルで要求される場合においては、AIがビッグデータを駆使してさまざまな情報を収集・提供できたとしても、熟達した専門家の介在なしには問題の最終的な解決は困難といえる。

そこにこそ、パブリック・リレーションズの存在意義がある。「オープン（透明性）」、「フェア」、「スピード」を備えたパブリック・リレーションズは21世紀の最強のリアルタイム・ソフトウェアなのだ。

このようにパブリック・リレーションズは、国際舞台で競争に晒される日本の組織体を優位に導く鍵ともいえる。パブリック・リレーションズは知恵と学習機能をもった人間の介在によってのみ可能となるソフトウェアなのである。

2　最短距離で目標や目的の達成を可能にするパブリック・リレーションズ

「はじめに」で述べたように、「パブリック・リレーションズとは、個人や組織体が最短距離で目標や目的を達成する、『倫理観』に支えられた『双方向性コミュニケーション』と『自己修正』をベースとしたリレーションズ（関係構築）活動である」と筆者は定義した。

高い倫理観や双方向性と自己修正機能を内包したパブリック・リレーションズは、市場、納税者や国民、外国政府や国際機関などのステークホルダーに向けて情報を発信し、逆に彼らからフィードバックされた動向や状況を継続的に分析し、誤りがあればそれを速やかに修正し、新たな政策立案により、ふたたびメッセージを発信し、実施していく。こうした行為を絶え間なく繰り返すことにより、状況変化にスピーディに対応できるようになり、目的を達成できるのである。

言い換えれば、高い倫理観なしには関わる人々すべてをよい方向（WIN-WIN）へ導くことは不可能である。発信した情報のフィードバックを行い、よりよいものを吸収したり、誤りを修正する姿勢がなければ、目的達成への最適な環境を継続的に創り出すことができないのである。

3　パブリック・リレーションズを成功に導く３つのキーワード

パブリック・リレーションズの定義を支えるキーワードは、「倫理観」「双方向性コミュニケーション」「自己修正」である。これらの概念は、日本社会に馴染みがうすいが、パブリック・リレーションズ活動を成功に導くために欠かせない要素であり、パブリック・リレーションズの生命ともいえる。

定義の理解をより深めるために、これらを１つひとつ紹介したい。

●倫理観（Ethics）

倫理観という言葉はよく耳にするが、なんとなく使用されることが多く、明確な意味をもって使われることのほうが少ない。倫理観をわかりやすい言葉で言い表すと、「人間の行為における善・悪の観念」のことである。この倫理の探究をする学問が「倫理学」であるが、「倫理学」は善・悪の観点から人間の行為を研究する学問である。

岩波書店の『哲学・思想辞典』によると、倫理学は古代ギリシャのソクラテス（前470/469～前399）にその萌芽がみられ、「……人間はただ生きることではなく、よく生きることだ」としている。ソクラテスの孫弟子アリストテレスも、人間のよい生き方を問題にしたが、人間の善や幸福を探求する哲学に初めて「倫理学」という名を与え、人間の「見る」「成す」「作る」の３つの働きに対応させて、哲学を「理論学」「実践学」「制作学」に区分し、倫理学をこのなかの「実践学」に属すると分類・規定している。今日の哲学を「理論哲学」と「実践哲学」に大別し、倫理学を実践哲学に位置づけているのは、この分類に由来する。その後、中世のキリスト教（アウグスチヌス、トマス・アクイナス）を中心とした倫理思想、近代初頭の倫理思想、近代イギリス倫理思想（ホッブス、J. S. ミル）、そして近代フランス（ルソー）、ドイツ（カント、ヘーゲル）の倫理思想へと、歴史とともに変遷していく。

倫理観について現代のパブリック・リレーションズでは、ジェレミー・ベンサムの功利主義（utilitarianism）「最大多数の最大幸福」とマイノリティ（貧しい人や弱い人）に対して義務感をもって手を差しのべなければならないとするエマニュエル・カントの義務論（deontology）との補完関係の上に成り立っていると考えられている。

私たち人間は本質的に「関わる」存在である。それゆえ、人間の最も深い体験は他者との関係で、他者と関わることで私たちはいまの自分自身を創り上げているといえる。このことは、個人が集合する組織体にもあてはまる。

パブリック・リレーションズになぜ倫理観が欠かせないかといえば、個人も組織体も、他者やパブリック（一般社会）との関係を築くうえで、普遍的な倫理的価値観をシェアし実践することが、結果として最短距離で目的や目標の達成を可能にする大きな要素になるからである。

不祥事が繰り返される日本社会においては、倫理観に基づく思想をもち行動することは、ときには回り道にみえても、長い目でみれば、お互いが利益を享受し、持続的に発展できるサイクル構築の近道となるのである。

●双方向性コミュニケーション（Two-Way Communication）

コミュニケーションによる情報の流れには、一方向性と双方向性がある。一方向性は文字どおり、情報発信者が相手に情報を与えることを意味し、双方向性は、情報発信者と情報受信者の情報のやりとりが双方向の形をとる。双方向性という概念は、コンピュータや電気通信の分野などでも盛んに使われている。

米国で歴史的発展を遂げたパブリック・リレーションズを、４つのモデルに分類したジェームス・グルーニッグは、一方向性のコミュニケーションに対して、双方向性コミュニケーションを非対称性と対称性の２つに類型化している（図表３-１、75ページ参照）。

グルーニッグによれば、非対称性の双方向性コミュニケーションは、組織体（情報発信者）がパブリック（一般社会＝ターゲット）を説得、同意させるための手法で、パブリックからのフィードバックも発信された情報の効果を測るために用いられる。一方、対称性の双方向性コミュニケーションは、情報発信者とパブリックの相互理解を目的とした手法で、双方が情報発信者兼受容者になり、フィードバックも相互理解促進のために用いられる。

両者とも情報流通は双方向であり、前者は情報発信者が有利となるように情報受信者に影響を与え変容させていくのに対し、後者は、互いに影響を与え合い、双方が変容していく点に大きな違いがある。よくあるケースだが、企業が極端な○○イズムを打ち出すときは非対称性モデルを使っていることになる。

パブリック・リレーションズに最も適した手法は、後者、つまり、バランスのとれた対称性双方向性コミュニケーションにあるといえる。

パブリック・リレーションズは、最短距離で目的（目標）を達成する手法である。ターゲットとするパブリックと良好な関係を築くことが、結果的には、よりスムーズに目的を達成させることを可能にする。つまり、双方が対称性のある双方向コミュニケーションをとおして互いを知り、倫理観に支えられ、双方が必要な修正を行い歩み寄り、双方にとってよりよい関係を醸成することが、パブリック・リレーションズを成功に導く鍵となるのである。

対称性をもった双方向性コミュニケーションを実現するには環境も大切である。西欧社会ではキリスト教の影響から、組織のヒエラルキーなどを超えて、個人として自由に意見交換できる土壌があるが、日本の組織では、階層意識が強く、双方向性コミュニケーションの妨げになることもある。個人の意識がフラットな状態で、つまり対等な関係で情報交換、意見交換できなければ、グルーニッグが述べている双方向性コミュニケーションは成立しないのである。その実現には、階層意識を取り除き、互いに意見を自由に言い合える環境づくりが求められる。

●自己修正（Self-Correction）

対称性の双方向性コミュニケーションにより効果を可能にするもう１つの要素が「自己修正」という概念である。筆者は、対称性の双方向性コミュニケーションによる互いの変容に「自己修正」が機能として加わったときに、真の意味（21世紀型）のパブリック・リレーションズが実現する。異なった個人や組織体が互いによい関係を保つためには、こうした違いを受け入れ、修正することがおのずと必要となってくるからである。

米国のパブリック・リレーションズの専門家は、双方向性コミュニケーションをとおしたフィードバックの結果、必要と思われるときには多くの場合「変化（change）」させたり、「調整（adjust）」するとしているが、ここでいう「自己修正」は、表面的に相手に合わせる変更ではなく、より深いところで自らを変えていくことを意味する。

自己修正を機能させるには、自分の状況はもちろんのこと、相手の状況をよく知っておくことが重要となる。そのために双方向性コミュニケーションを確立し、ターゲットからの反響・反応をフィードバックし、自己修正の材料にすることが必要となる。

また、パブリック・リレーションズに求められている自己修正は、倫理観に支えられていなければならない。たとえば組織体の場合、法律に触れないからといってむやみに市場や社会環境を混乱させることは、仮にそれによる目的達成が可能であったとしても、企業の社会的責任や持続的な繁栄を考えた場合、よい結果をもたらすことにはならない。組織体として倫理観をもち、必要なときに自己修正が機能することにより、企業としてのレピュテーション（品格・評判）や高いコーポレート・ブランドの確立が可能となる。

米国ブランドコンサルティングのインターブランド社（Interbrand）は、毎年世界のブランド・ランキング「トップ100」を発表している。これは、「財務分析」（企業が生み出す利益の将来予測）と「ブランドの役割分析」（利益のうち、ブランドの貢献分を抽出）、「ブランド力分析」（ブランドによる利益の将来の確実性）といった３つの分析基準をもとに評価される。2015年において日本企業は、トヨタ自動車の第６位が最高でホンダが第19位とトップ20にランクされているのはわずか２社のみ。両社を含め「トップ100」入りした日本企業は６社であった。７年後の2022年調査においては、トヨタのランクは６位と変わらなかったが、ホンダは26位とランクを下げ、トップ20にランクされたのは１社のみ。両社を含め「トップ100」入りした日本企業は７社であったが、日本企業のプレゼンスは低いといわざるをえない。こうした現状を招いているのは他にさまざまなファクターがあるにせよ、自己修正機能をもったパブリック・リレーションズが欠如しているといってもよいかもしれない。海外での PR 戦略に間違いはなかったのか、もっと効果的な PR プログラムが考えられたのではないのかなど PR のライフサイクル全体をチェックし、修正すべき点を迅速に修正していくといった姿勢が必要となる。

今後の組織体にはパブリック・リレーションズの本来の姿である高い倫理観に支えられた、双方向性コミュニケーションと自己修正をベースに行動する柔軟性をもった活動、言い換えると目的・目標達成のためにさまざまなステークホルダーとの良好な関係構築を展開するマルチ・ステークホルダー・リレーションシップ・マネジメントが必要になる。

4　パブリック・リレーションズにおける自己修正モデル*

前世紀の日本や欧米先進国が追求した物質的豊かさ中心の幸福の達成には限界があることが明確になり、それまでの経済至上主義＝「経済発展モデル」から、自然と共生し、直面する食糧・人口問題、環境問題、民族紛争や異文化間の衝突といった多様かつグローバルな問題解決のための「新しいモデル」への転換が求められている。加えてAIの急速な進化、とりわけChatGPTに代表される生成AIの進化はフェイク情報も抱合し、人類の社会生活に大きな変革を迫っている。いま世界には、こうしたさまざまな問題や新たな価値観の変質といった、多様かつグローバルな問題解決のためのモデルが求められているのである。

ここでは、新時代の到来にふさわしい21世紀型の新しいパブリック・リレーションズの形を指し示すためのベースとなるモデルの構築を試みる。それはすなわち、目的達成のために当事者に求められるパブリック・リレーションズの新しい修正モデルである「自己修正モデル（self-correction model: SCM）」にほかならない。パブリック・リレーションズは、修正行為に人間が介在し、人間の自由意思を反映させた「倫理観」と「双方向性コミュニケーション」「自己修正」の統合された3つの要素により初めて機能する。

また「自己修正モデル」は「メタ認知」（meta-cognition）の概念を適用することにより自己修正をより正確かつ有効に行い、「必要に応じて自己の深い部分で自らを修正」することを可能としている。メタ認知は、心理学、教育学、哲学に用いられる概念で、その起源は、紀元前5世紀のソクラテスにまで遡るといわれている。「メタ認知」という用語が使われだしたのは1970年代に入ってからで、ジョン・フレイヴェルやアン・ブラウンによるメタ認知概念の研究によって急速に広まった。メタ認知は一般的に自分の思考を別

＊本節「パブリック・リレーションズにおける自己修正モデル」は、て第2版補論「パブリック・リレーションズにおける自己修正モデル（SCM）」の内容を改変し、エッセンスを収録したものである。自己修正モデルの記述はやや専門的ではあるが、その内容の重要性にかんがみ掲載した。詳しくは第2版の256～279ページをお読みいただきたい。

の次元から思考することで、メタ（上位）のレベルから自分自身（行動や考え方、知識の量、特性、欠点など）を眺め、認識することである。

このように、自己修正モデルは、高い精神性を重視した、世界平和と繁栄を実現するグローバル時代の共生型モデルであり、新しいパブリック・リレーションズの中核を成す概念である。さらに自己修正モデルは、自らの繁栄が社会の繁栄につながることを自覚し、活動を続けるあらゆる組織体にとって重要なモデルである。

以下に、その概要と特性などについて説明する。

(1) 自己修正モデルの概要と特性

●自己修正モデルの概要

米国のパブリック・リレーションズの専門家は、双方向性コミュニケーションを通したフィードバックの結果、必要と思われるときには多くの場合、「変化（change）」「調整（adjust）」「適応（adapt）」が行われるとしているが、変化や調整における修正行為の深度に関してはとくに言及してこなかった。

筆者のパブリック・リレーションズにおける自己修正モデルの基本構造は、前述のように、人間が介在し、人間の意思を反映させた、「倫理」「双方向性コミュニケーション」「自己修正」という３つの重要な要素から構成されている。これら３つの概念は、日本社会にあまり浸透していないが、健全な組織体が目的や目標を達成するために欠かすことのできない、パブリック・リレーションズにとって重要な要素である。

自己修正モデルを展開するにあたって、まず「自己修正とは何か」について、定義を明確にし、その特性を述べる必要があろう。

●自己修正モデルの特性

「『自己修正』は『自己修正モデル』の中で重要な意味と要素をもっている」といってしまうと、トートロジーの感が否めないが、筆者がこの点を強調したいのは、自己修正行為そのものが、「倫理観」「双方向性コミュニケーション」の２つの要素を内包しているからである。修正行為を正しく行うためには、「倫理観」「双方向性コミュニケーション」という２つの要素が欠かせない。倫理観が欠落したところでは健全な修正が行われず、双方向性コミュニケーションを欠いた修正は独りよがりなものとなり、スムーズな修正が実現できるとはいいがたい。

一般に自己修正は、これまで経済学や生物学、教育学、コンピューター・サイエンスなどの領域で言及されてきた。

マサチューセッツ工科大学の数学者ノーバート・ウィーナーはその古典的著書『人間機械論』の中で、われわれ個人や組織体（主体）が効果的に機能していくためには、環境変化の中で自己を調節していかなければならないと述べている。このことはパブリックとの良好な関係の構築・維持を通して目的を達成させるパブリック・リレーションズにおいてもあてはまる。

強調すべき点は、自己修正は「自らの意思が介在する」ものでなければならないことである。つまりどのような状況で行われる修正であっても、自らの自由意思が反映された修正行為でなければならない。また、ここでいう自己修正は、表面的に相手に合わせる調整・変更ではなく、「倫理観をベースにした」より深く本質的なところで、自らを変えていくことをその究極的行為としている。繰り返される日本の組織体の不祥事は組織に倫理観が欠如していることによって生じている。

●パブリック・リレーションズの３つの要素を統合するモデル

近年続発する企業の不祥事の根源には、「倫理観」「双方向性をもったコミュニケーション」「自己修正機能」の３つの要素を有するパブリック・リレーションズの機能不全がみられる（井之上喬、2005）。

自己修正を機能させるには、「倫理観」が個人や（組織）の内側で眠り込んでしまわないように、つねに気を使っていることが必要である。そして、自分の状況はもちろんのこと、相手の状況をよく知っておくことが重要であり、そのためには双方向性コミュニケーションの確立や、ターゲットからの反響・反応のフィードバックに基づく自己修正が重要となる。個人や集団が関わりの中で生存していくためには双方向性コミュニケーションで相手を理解し、必要に応じた逐次の自己修正が求められる。

筆者の提唱する自己修正モデルが内包する倫理観、双方向性コミュニケー

図表1-1　「自己修正モデル」の三位一体

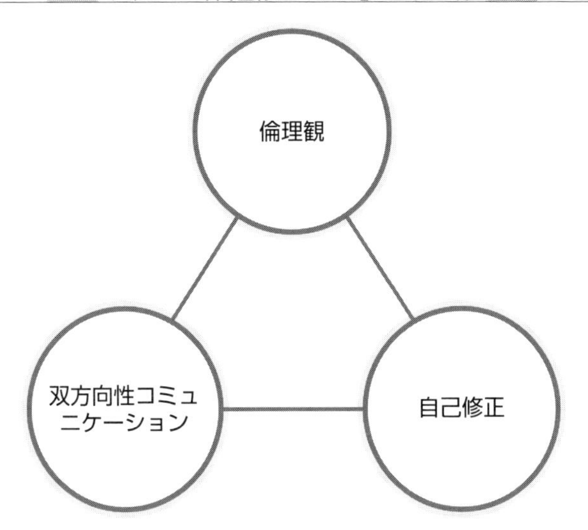

ション、そして自己修正は相互依存の関係にあり、これら３つの要素は統合されて初めて有効に機能する（図表１-１）。どのように自己修正を試みても、双方向性のない相手とでは互いの立場や主張を言い合うことに終始する関係に陥ってしまい、倫理観の欠如した修正は対象となるパブリックをよい方向へ向けることができない。自らの羅針盤に倫理を組み込むことにより、正しい航路を進むこと（自己修正）が可能となり、目的地に到着できるのである。

ここで明記しておきたいことは、設定された目的や目標は、相手からのフィードバックなどによってもたらされた外部環境の変化によって変更を迫られ、ときにそれ自体が根本的な修正・変更に至ることもありうるということである。

倫理観を有するパブリック・リレーションズにはその遂行において、双方向性をもったさまざまな視点が求められる。多様性が求められるグローバル環境においては、相手を理解し、同時に自己を主張できる豊かな人間力が求められる。ダイバーシティ（多様性）は双方向性環境の中で有効となり、倫理観が担保されず相互理解のない異文化間の対立は、自らの正しい修正には至らず、国家間の戦争にさえ発展しかねない。このように3つの要素の統合により、双方の Win-Win 関係の構築・維持が実現し、21世紀型のパブリック・リレーションズが可能となる。

自己修正が最も効果を発揮するのは危機管理状態にあるときである。通常、個人や組織体が不祥事を起こしたとされるときは、それが露呈したときであり、不祥事が隠されている状態では危機管理状態が発生したことにはならない。情報が表に出て、すなわち組織内や外部からの指摘で発覚して初めて不祥事が発生したことになり、危機管理状態になるのである。しかし本来は自らの気づきによって、起きてしまった不祥事に対応する必要がある。そうした対応が行われないまま、内部や外部からの告発やメディア報道などによって不祥事が表面化した場合、企業はしばしば深刻な危機に直面することになる。

日本で繰り返し起こる企業の不祥事は倫理観不在に起因していることが多い。倫理観がないことによって生ずる不祥事がモグラたたきのごとく繰り返されている。このように不祥事を繰り返す国はG7の中で日本だけである。こうした不祥事を繰り返さないためには、修正作業の際に倫理観に立ち返った判断を行わなければならない。また自己修正を行った場合、それがどのようなレベルで行われたのかが問われる。

(2) 自己修正の2つの評価基準と4つの側面

筆者は、自己修正を行う際に2種類の評価基準を設けている。

第1は、倫理をベースにした「自己修正への取り組み姿勢」であり、第2は、「自己修正行為の内容」である。この2種類の自己修正構成要因はそれぞれ修正の性質が異なっており、その取り組み姿勢と行動内容によって修正は異なった段階に変容していく。

●倫理観（双方向性）をベースにした取り組み姿勢

前述したように、自己修正への取り組み姿勢のベースとなるものは倫理観である。

本来、倫理観は個人や組織体全員がなんらかの形で共通的にもっているも

図表1-2　自己修正の４つの側面（特性）

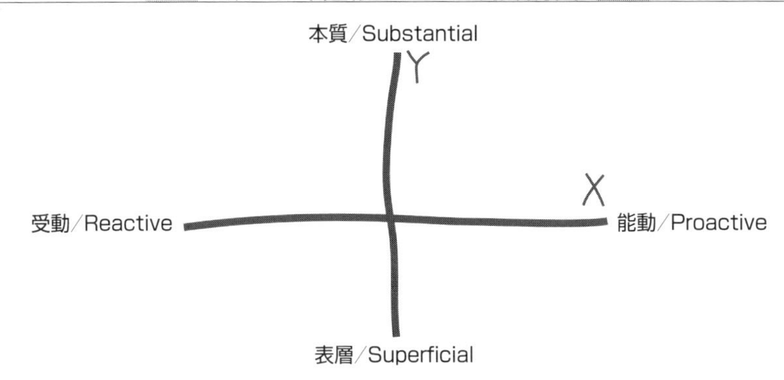

のだが、倫理観が働く度合い、つまり機能する度合いはそれぞれ異なる。また、機能することによって内発的な作用をもち、機能していないことによって外発的な作用をもつ。倫理観の機能の度合いは、所属する組織体や社会環境、文化、教育環境などによっても異なり、眠らされて鈍感な状態にある場合もあれば、覚醒され鋭敏な状態にある場合もある。とりわけハイコンテクスト型の島国日本は、「忖度」や「同調圧力」によって倫理的な行為や行動を歪める傾向が強いことを知っておく必要がある。

したがって、自己修正の第１の評価基準となる「倫理観をベースにした自己修正への取り組み姿勢」は、

①外発的に作用する、すなわち外部からの刺激（インパクト＝促し）によって気づき行動する「受動的な取り組み姿勢」

②内発的に作用する、すなわち内部からの刺激（インパクト＝促し）によって行動する「能動的な取り組み姿勢」

の２つに分けられる。これらの「取り組み姿勢」は、図表１-２のX軸で示される。外からの力により反応（外発的に作用）するのが受動的取り組み姿勢であり、組織などの内部からの変革の力により反応（内発的に作用）するのが能動的な取り組み姿勢である。

●自己修正行為の内容

つぎに、自己修正の第二の評価基準となる「自己修正行為の内容」についていうと、受動的な取り組み姿勢であれ、能動的な取り組み姿勢であれ、個人や組織体が修正行為に移って初めて評価がなされる。またその修正行為は、自由社会においては外からの圧力や強制によってのみ行われるのではなく、これまでたびたび述べているように自らの自由意思に基づいて行われるものでなければならない。また、修正された内容を判定する尺度も必要である。

修正内容は、以下の２つに峻別される。

①個人や組織体にとって自己修正の内容が重要性のない枝葉末節な「表層的自己修正」であるか

②個人の人生や組織体の運営および経営の根幹に関わる「本質的自己修正」であるか

これらの「修正行為内容」は、図表１-２の *Y* 軸で示される。

5　プロブレム・ソルバーとしてのパブリック・リレーションズ

前述したように、われわれ人間は本質的に「関わる」存在であり、他者と関わることでわれわれは現在の自分自身を創り上げている。このことは、個人が集合する組織体にもあてはまる。前述のように、世界で80億を超える人が、多くの言語や文化をもち、そのなかでグローバルに生きる21世紀は、情報発信者と一般社会（パブリック）との良好な関わり（関係：リレーションズ）の構築が何よりも求められるのである。

こうした時代にあって、経済学、社会学、経営学、心理学、政治学など20を超える学問領域をカバーしているパブリック・リレーションズは、プロブレム・ソルバー（問題解決者）として必要とされるに違いない。また、前世紀から持ち越された未解決の問題も山積みされている。人口・食糧問題、地球環境問題、民族紛争、デジタル・デバイド（IT を活用できる人とできない人との格差）など、これらのどの問題の解決をとっても、インターメディエーター（仲介者）としてパブリック・リレーションズの実務家に課せられた責務は重大である。

そのことは、世界規模でパブリック・リレーションズ・ビジネスの未来が洋々と広がっていることを意味する。日本においても、公共団体や企業にとって、急変する社会と情報洪水の中でどのようにパブリックとの良好なコミュニケーションを確立するかはクリティカル（重要）な問題として意識されはじめている。構造疲労を起こしている日本のシステム、不祥事が日常茶飯となっている日本社会が、グローバル化の流れの中で新しい価値観の構築と方向性への模索を進めていくためには、パブリック・リレーションズにおける新しいモデルを導入する必要がある。とりわけAIの急速な浸透が社会環境に大変革をもたらす今日こそ、それが強く求められている。

6　パブリック・リレーションズは第５の経営資源

「はじめに」で、パブリック・リレーションズ（PR）が「人」、「モノ」、「金」、「情報」を統合する第５の経営資源であると記したが、これについて少し説明を加えたい。

経営システムの視点から位置づけると、パブリック・リレーションズは「人」、「モノ」、「金」、「情報」というこれまでの４つの経営資源を個々に強化し、それらを統合する「第５の経営資源」であると筆者は考えている。つまりパブリック・リレーションズを適用することにより、企業内に積み上げられているもの、蓄積されたものに息吹を与え明確な方向性を示し、４つの経営資源を最大限に有効活用する手法である。

「人」では、企業のレピュテーションを高めることによって有能な人材を集めたり、倫理教育や従業員との良好な関係性において相互理解を深め個人を強化し、「モノ」では、資産や物流管理におけるリスク・マネジメントやブランディングによる高付加価値を実現し、「金」では、IRをとおして資金調達や企業の時価総額を健全に確保する。そして「情報」では、蓄積された知見や知識・情報の管理やインターネット社会における双方向性コミュニケーションによる情報の有効活用を行う。加えて、これら４つの強化された個々を統合し、有機的に機能させ、最大限のシナジー効果を発揮させることで、最短距離での目的（目標）達成を可能にするのである。

また目的（目標）の設定や理念の設定を行う場合でもパブリック・リレーションズを理解していることで、より有効で整合性のとれた設定が可能となり、企業内の埋もれている原石に磨きをかけ、魂を入れることにより、企業経営に活力と戦略性を与えることができる。さらに、危機管理への対応により企業経営の攻守両面が強化されることになる。こうした意味でパブリック・リレーションズを加えた５つの経営資源が揃うことで、究極のマネジメントシステムが完成するのである。

日本が国際社会においてその役割を明確に提示できずにいるのは、パブリック・リレーションズの手法による戦略構築と統合が十分ではなく、その結果、個はもとより組織体におけるリーダーシップの脆弱性が全体的なパワー不足につながっているためとみることもできる。

４つの経営資源の有効活用については、それに関わる「人」に大きく影響されるが、第５の経営資源であるパブリック・リレーションズ（PR）の手法を組織体にシステムとして導入・蓄積することで、この不確かな時代に、より確実性を与え、誰でもが、どのような状況においても、確実に成果をあげることが可能となってくるのである。

南カリフォルニア大学のアネンバーグ・コミュニケーション・ジャーナリズム学部（USC Annenberg School for Communication and Journalism）が2013年に企業などの PR 部門責任者など1000人に対して行った GAP（Public Relations Generally Accepted Practices Study）Ⅷ調査によると、約４割が組織の経営戦略の策定にコミュニケーション部門が積極的に関与していると回答。また約６割は自らの部門による提言などを経営陣が重視しており、約45％が経営陣は PR などのコミュニケーション活動が企業の数字に大きく貢献すると考えていると述べた。また2019年の全米の PR 専門職や CEO 等2171人を対象に行った調査結果によると、PR 部門は CEO および社長直轄にすべきとの答えが約半数と最も大きい。そして PR 関連予算については今後も増大するとの回答は６割に上っている。さらに AI 化の流れの中で PR 業界は大きな変容を迫られるとしている。この調査結果から、2013年の調査と比べ、PR が経営機能の中に組み込まれていることがうかがえる。

7　不足するパブリック・リレーションズの専門家

●脆弱な日本の PR 教育環境

いま、日本にはグローバルに通ずるスタンダードに対応したコミュニケーション能力をもつ人材が必要であることはいうまでもない。同時に、企業や組織の内部に高い倫理観と自己修正能力をもち、双方向性コミュニケーションを戦略的に構築できる人材とその養成を可能にするシステムが求められている。

しかし、日本の現状をみると、パブリック・リレーションズ（PR）は本格的な発展期を迎えてはいるものの、世界水準との比較からもあきらかなように、パブリック・リレーションズを専門とするプラクティショナー（実務家）の数とその育成のための教育環境はきわめて脆弱である。

日本のパブリック・リレーションズの業界・団体は、それまでの日本 PR 業協会と日本 PR 協会が1980年に現在の公益社団法人日本パブリックリレーションズ協会に統合され、それ以来メンバーへの数々の教育研修や国際会議開催など国内での PR の普及を行ってきた。しかし、他の G7国における実務家団体である各国の PR 協会の会員数と比較すると圧倒的に少ない。

さて、ここでわが国における PR 実務家の数を推計してみよう。この件に関してまとまった調査データは存在しないので、日本パブリックリレーションズ協会や経済広報センター、日本広報学会など業界関連団体から出されている断片的な情報に筆者独自の調査データを加えるとおおむね4万～4万5000名と推計される。この根拠となる数字は次のようなものである。①東京証券取引所に上場している大半の企業には PR 部門が設置されており、これに非上場企業と外資系企業を加えて約2万1000～2万4000名の従事者がいると推計される。②日本の都道府県・市町村、中央・地方官公庁、独立行政法人、大学・大学院などの教育機関や NPO 関連で約1万4000～1万6000名。

③国内でPR会社（約230社）に所属している実務家数が約6500名。こうした数字を合算してわが国のPR実務家の数を4万～4万5000名と推計しているが、その中味をみるとほとんどが、大学・大学院で正式なパブリック・リレーションズの理論を学習したことのない未経験者がこの職についているというのが実情である。

一方、米国労働省労働統計局（BLS）の数字では、PRを専門とする実務家は、13万3531人（2021年5月）とされ、関連する分野を含めれば80万人以上と推計している。また2023年現在、米国パブリックリレーションズ協会（PRSA）から正式に認定を受けている大学は94校としている。

パブリック・リレーションズを職業とする人は世界全体で約300万人と推計され、そのうち米国が30万人、英国が6万人を占めている。米国には約3万社のPR会社があり、EU加盟国にも約35万社、そして近年、著しい経済成長を遂げた中国には約1万のPR会社があるとされている。PR市場は米国が114億ドル（フィーベース）。中国も伸び続け、約106億ドルとみられている（Wilcox, Cameron, Reber, *Public Relations*, 11ed., 2015）。

お隣の韓国では、2万2000余人が個人資格で参加する韓国PR協会と、現在約29社が参加する韓国PR企業協会とがある。また、PRコースは延世大学、漢陽大学、西江大学、梨花女子大、淑明女子大、韓国外語大学など約105大学に設置されている（2023年12月：KPRAおよびKPRCA調べ）。

日本が中国や韓国などPRの後発組にこれほどまでの遅れをとった最大の原因は、日本の大学における広報・PR教育の遅れにあるといえる。PR専門家に対する社会的ニーズが弱かったことに加え、パブリック・リレーションズの学問体系が日本語環境の中でできあがっていなかったこともあり、専門知識と現場経験の豊富な教師が圧倒的に不足していたことがその原因である。

前述したように1980年に発足した日本パブリックリレーションズ協会では、広く社会の発展に寄与するPRパーソンとしての知識、スキル、職能意識を有することを認定する資格として「PRプランナー資格認定制度」を導入し、2007年度からスタートさせた。対象者は、PR関連会社や企業の広報部門でPRを担当する人だけでなく、将来PR関連業界で活躍を望むビジネスパーソンや学生に門戸が開かれ、広報・PRに求められる知識・スキルなどについて能力判定を行うもの。これまでPR会社をはじめ企業や学生など幅広い層からの受験者を数え、2015年には4000名（PRプランナー補・準PRプランナーを含む）だったものが、２万名を超えるPRプランナーを輩出し、PRへの関心は急速に高まっている。

一方、パブリック・リレーションズの先進国であるアメリカでは、パブリック・リレーションズは学問として体系化されており、米国パブリックリレーションズ協会（PRSA）のディレクトリーに掲載されているPRの講座などを開設している大学は約400校を数える。

●日本をPR先進国にするために

日本の国内総生産（GDP）は、円安も相まって世界第４位に転落したが、国際的に強い発言力をもつイギリス、フランスの２カ国を大きく上回る。一方、国連への拠出金（分担率）についてみると、トップはやはり米国で、全体の22.0％を占めている。日本はかつて第２位だったものの、近年は中国（15.25％）に抜かれ、第３位に下がってはいるが分担率は2023年で8.03％で

図表1-3　国連事務局における望ましい職員数（国籍別状況：2018年12月31日）

順位	国名	職員数（女性数）	比率（％）	望ましい職員数の範囲 下限（中位点）上限	判定
1	米国	360（201）	11.90	383 ～（451）～ 519	△
2	ドイツ	159（86）	5.12	116 ～（136）～ 156	○
3	フランス	138（68）	4.44	89 ～（105）～ 121	◎
4	イタリア	136（65）	4.38	71 ～（84）～ 96	◎
5	英国	123（48）	3.96	83 ～（98）～ 112	◎
6	カナダ	109（58）	3.51	56 ～（66）～ 76	◎
7	中国	89（45）	2.86	169 ～（199）～ 229	△
8	スペイン	76（35）	2.45	48 ～（57）～ 66	◎
9	日本	75（44）	2.41	172 ～（203）～ 233	△
10	インド	62（22）	2.00	46 ～（54）～ 62	○

◎望ましい職員数の範囲の上限を上回っている。○望ましい職員数の範囲内。△望ましい職員数の範囲の下限を下回っている。
出典：国連資料

ある（2022～24年分担金、外務省）。４位以下はドイツが6.11％、イギリスは4.38％、フランスが4.31％の順になる（ちなみにロシアは1.87％）。このようにGDPの規模や国際貢献度などの視点でみると、日本の占める位置は決して低くはない。しかしながら、拠出金額に比べ、国連職員数は少なく、日本のプレゼンスは低いのが現状だ（図表１－３）。欧州、そして急速に台頭する中国、グローバルサウス（インド、ブラジル、タイ、南アフリカなど）の国々に発言権を奪われ、ルールメイキングに参加することができていない。日本が国際的プレゼンスの視点から見劣りするのは、パブリック・リレーションズ力の差とみることもできる。

日本は欧米と肩を並べるPR先進国となるため、いまこそパブリック・リレーションズの専門家の養成を急がなくてはならない。資質と能力をもった人材の発掘と育成が求められている。

PUBLIC RELATIONS

第2章

パブリック・リレーションズとは何か？

1 パブリックとは

パブリック・リレーションズのパブリックは、かつては「公共」とか「公衆」と訳されていたが、本書では、「一般社会」や「一般大衆」といった意味で用いている。このほうがパブリック・リレーションズの奥行きと広がりを考えた場合適当といえるだろう。

図表2-1にみられるようにパブリックは組織体（企業）を例にとるならば、一般消費者や顧客、従業員、ディストリビューター、株主、投資家、地域社会、そして国際社会といった多様なターゲット（対象）で構成されている。しかも、組織体が設定する目標によってターゲットは可変性をもつことになる。たとえば、株式上場の場合は投資家を対象としたインベスター・リレーションズ（IR）、コミュニティとの関わりはコミュニティ・リレーションズ（CR）、政府への規制緩和などの働きかけはガバメント・リレーションズ（GR）といった具合に、目標に応じてターゲットも変わり、その関係醸成の戦略や注力すべきアプローチ手法も異なってくる。図表2-2は、組織

図表2-1　組織体（企業）にとってのパブリック（一般社会）

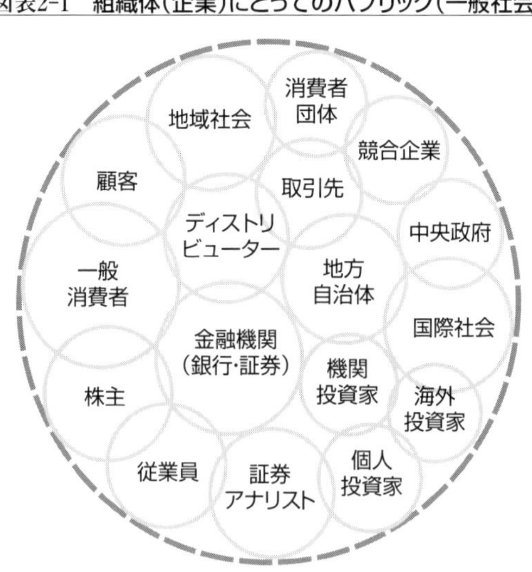

図表2-2　組織体とパブリックとのリレーションズ活動

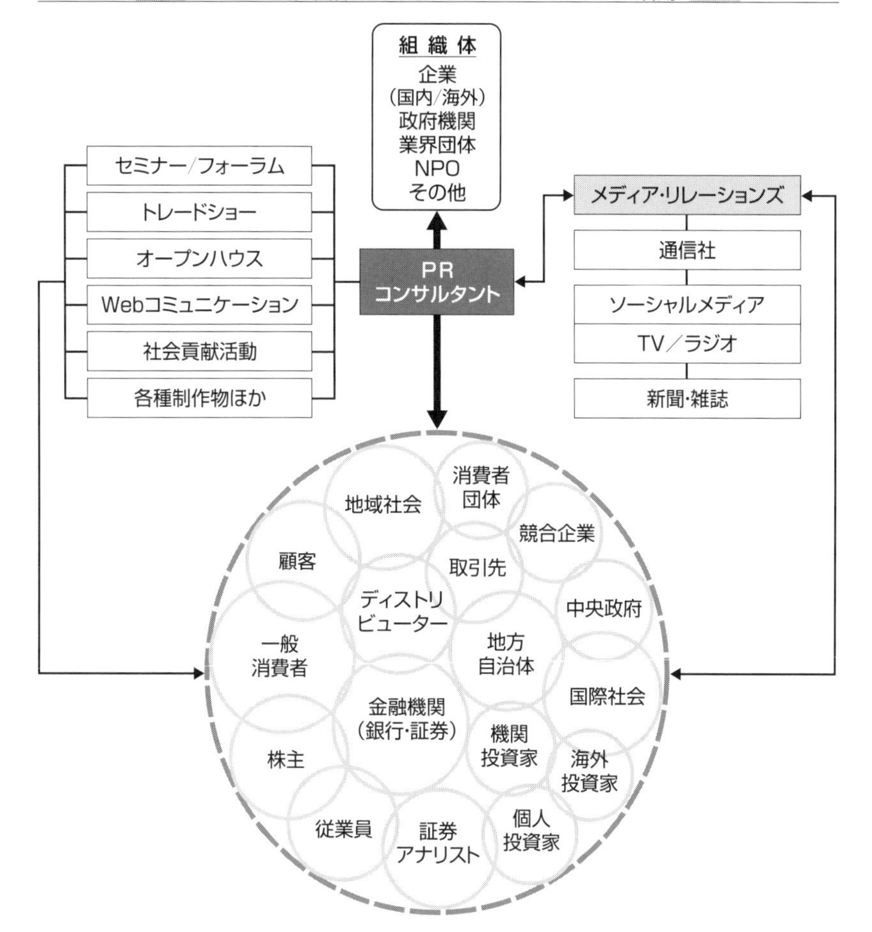

体とパブリックとのリレーションズ活動を示したものである。リレーションズ活動もターゲットと同様に組織体が設定する目標によって可変性をもつ。このように、多様なパブリックから選択した特定のパブリックをターゲットとし、それらとの関係（リレーションズ）の総体をパブリック・リレーションズという。

パブリック・リレーションズを実践するにあたってパブリック（一般社会）の理解は不可欠である。コミュニケーションは、いわばパブリック・リレーションズという血管の中を流れる血液であるといえる。情報を必要とする場所に届ける一方で、どこにどのような情報を必要としているかというデータをフィードバックし、そして新しい情報を発信していく機能をもつ。だが、情報発信者が情報受容者を理解していなければ、血液がうまく流れない、つまり的確なコミュニケーションができなくなってしまうことになる。情報受容者はパブリックの一部であり、パブリックの理解が不足していればターゲットとなる情報受容者を的確に設定できないからである。

また情報受容者は、つねに情報発信者になるとともにその逆もありうることも理解しなければならない。それは、ターゲットに設定した情報受容者が、新たな情報発信者としてどのような対象に情報を発信していくかという双方向性の理解にもつながるからである。

有効な情報発信を行うには、パブリック総体の理解から始めパブリックの一部であるステークホルダー（利害関係者あるいは関係先）やターゲットとなる特定グループまで、マクロからミクロに至る全体と個々のグループの関係を理解する必要がある。そして、このような理解をパブリックの静態的な理解とすると、パブリックが時々刻々どのように変化していくかという動態的な理解も必要となる。

ここでは情報発信者が企業である場合を例にとって説明したい。

●静態的パブリック

図表２－３（企業を取り巻くパブリック）をみてもらいたい。企業を中心に交わる縦軸と横軸の間に存在するのがパブリックの総体である。パブリックを「一般社会」や「一般大衆」といった意味で用いていると前述したが、デジタル社会化しインターネットの普及などによるサイバースペースの存在まで視野に入れると、この言葉だけでは説明しきれない部分がある。どの時点をとって静態的に分析するかという問題もあるが、ここではあらゆる可能性を取り込んで「パブリック」という言葉を用いることにする。この可能性がどのようなものか、どう発展し、またどう変化してきたのかということは動態的な分析に負うものであり、静態的理解の積み重ねがなければ動態的分析には到達できない。

図表2-3　組織体（企業）を取り巻くパブリック

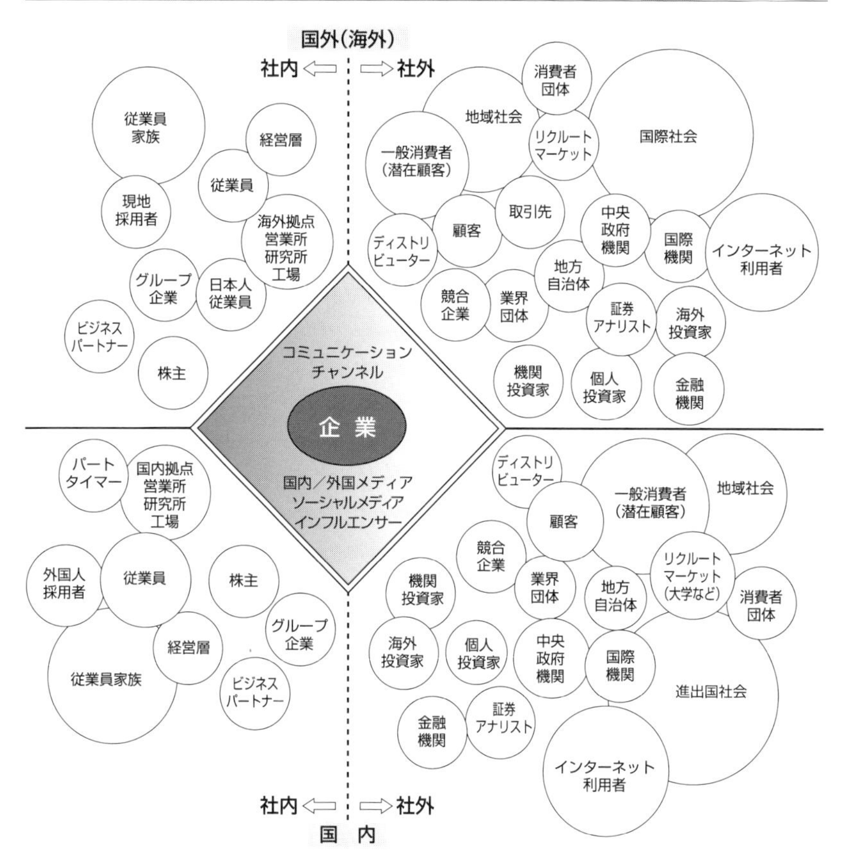

さて、パブリックの総体の中心に情報発信者としての企業がある。まず企業には社内と社外という考え方でコミュニケーション・ルートを区別することができる。それを横軸にとり右方を社外、左方を社内として示している。また、経営活動の場として国内と国外（海外）にコミュニケーション・ルートを区別して縦軸にとり、上方が国外、下方が国内を示している。これによって企業からみてパブリックを４つに分類できる。

まず左下の部分は、国内の企業内グループとなる。新規採用者の対象となるグループ、労働組合など従業員としてとらえられるグループ、ビジネス・パートナーなど企業外の組織であっても社内グループととらえられる部分が存在する。また株式の持ち合いなどで企業グループを形成している場合には株主グループも入る。従業員グループをとってみても、マーケティングの観点か労組問題の観点かによって違ったグループに区別される一方、構成員が重複するという場合もある。図表２－３に示されたグループごとの円が重複しているのはこのためである。

次に左上の部分は、国外の企業内グループである。国外に駐在している従業員やその家族のグループ、国外での現地採用者グループ、また国外拠点となる営業所や工場単位でのグループ、文化的な問題でとらえれば国外の地域社会などのグループもある。

右下の部分は国内の企業外グループである。取引相手や競合企業のグループ、国内の政府や自治体のグループ、一般消費者や消費者団体、消費者が属する地域社会のグループ、一般投資家のグループ、また業界団体のグループもある。

最後に右上の部分は国外の企業外グループである。国外の取引相手や競合企業のグループ、外国政府などのグループ、海外の消費者のグループ、海外の投資家のグループ、また漠然として国際社会という大きなグループを考えることもできる。

ここでは企業内外、国内外という軸をとったが、パブリック・リレーションズの目的によって軸の設定は可変的である。また、それぞれのグループでパブリック・リレーションズの対象となりうるものをサークルで囲ってカテゴライズしているが、図表２－３からわかるとおり、いずれのグループにも属していない空白部分がある。これは現時点ではパブリック・リレーションズの対象として認識できない部分である。ターゲットとして認識する必要がないということではなく、情報発信者の認識能力の限界を越えた部分である。だが、認識できないからといって無関係というわけではなく、いつどのような形で関係し影響し合うか予想できない部分であり、企業が新規事業などにより新たなターゲットとして認識されうるスペースということになる。そういう意味では潜在的なターゲットといえる。

そして企業とパブリックを取り巻くそれぞれのグループの間に、コミュニケーション・チャンネルがある。メディアをはじめとして、世論に影響力のある学者・評論家（インフルエンサー）や市民グループなどが含まれる。企業はそれらのチャンネルを通じ間接的にパブリックとコミュニケーションをはかるのである。また、インターネットやソーシャルメディアの広がりにより、ダイレクトにコミュニケーションすることも可能になってきている。

ここまではパブリックの総体から始めて、ターゲット別にグループ化してきたが、パブリックを理解するためには、その逆の考え方も必要である。つまり、パブリック・リレーションズのターゲットとなるさまざまなグループが存在し、また前述のように現在ターゲットとなっていないが、将来対象となりうるもののまだ認識されていないさまざまなグループも存在している。さらに複雑なことには、対象となる可能性が実現しなくとも、なんらかの形で影響をあたえる存在も情報発信者から意識されないまま存在してもいるのである（図の空白の部分に相当する）。そしてそれぞれのグループが意識するしないに関係なくステークホルダーとして情報発信者を取り巻き、利害が複雑に輻輳しながらパブリックの総体を形成しているのである。こうみてくると、パブリック・リレーションズにおけるパブリックの理解は意外と複雑であり、的確なターゲット設定は簡単ではないということが理解できるだろう。

さらに複雑さを加えるようだが、別の情報発信者からみれば、それまで情報発信者であったものが、いとも簡単にパブリックの１グループ、１因子になってしまうということを忘れてはならない。

たとえば、企業という情報発信者を主体に「大学」という１つのパブリックをみてみよう。企業にとって教職員や大学生は顧客（潜在顧客を含む）であると同時に、リクルートマーケットして位置づけることができる。図表２−４は、大学を取り巻くパブリックを示している。大学という情報発信者を主体にみると、企業はパブリックの１グループ、１因子になってしまっている状況が理解できよう。情報発信者はつねにパブリックの中心に位置しているような錯覚に陥りがちであるが、別なパブリックからみると、それは一部分にすぎないということになる。

パブリックの中心である一方、パブリックの中の一因子にすぎないという双方の意識をもつことは、情報の発信者であり受容者であるという意識をも

図表2-4 大学を取り巻くパブリック

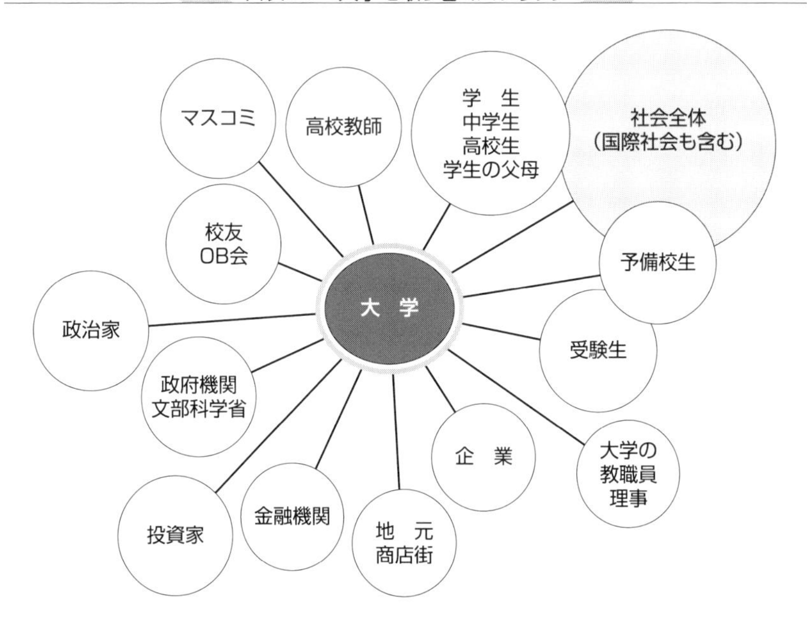

つことにつながる。そして、そのことがマルチプルな視点をもった双方向性コミュニケーションをベースにしたリレーションシップ・マネジメントを実践するための基本態度となるのである。

また図表2-5は、情報受容者となる1人の人間がいくつもの「顔」をもち、また「ターゲット」となっていることを示したものである。パブリックの最小単位である個人が、家庭や職場などで情報の結節点をさらに広げるのである。こうした連鎖からも、1つの情報が個人と関わる多様なパブリックへと際限なく拡散していくことになる。また前述したように、こうした情報受容者は情報発信者にもなりうるということである。

●動態的パブリック

静態的にパブリックを理解するだけでは本当の理解とはいえない。パブリックの総体が、またコミュニケーション・ターゲットとなるステークホルダーとしてのパブリックを構成するそれぞれのグループが、どのように変化し

図表2-5　個人の情報結節点

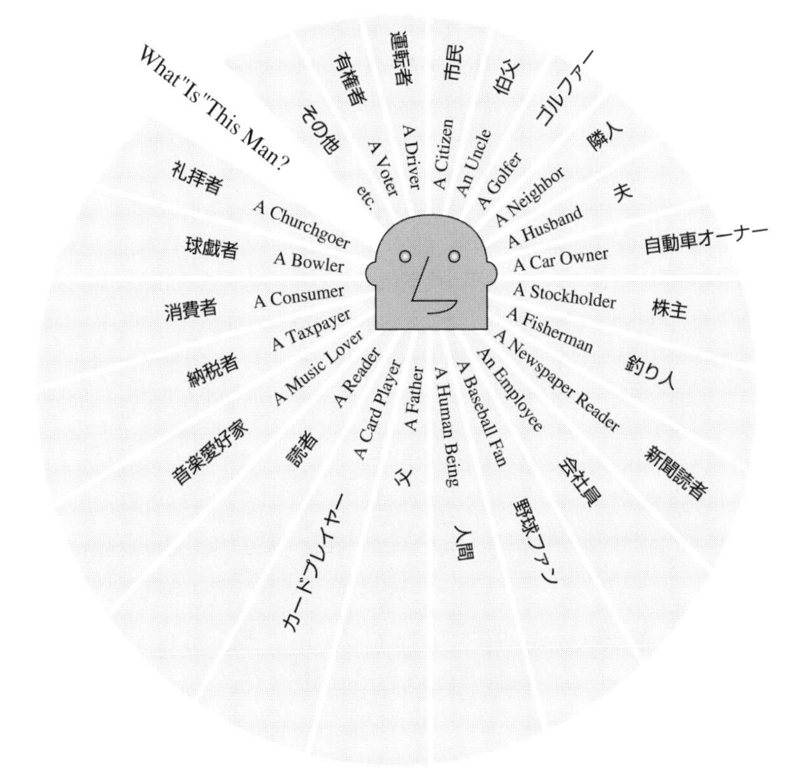

出典：*This is PR*, Wadsworth/Thomson Learning, 1999に加筆

ていき、変化してきたかを理解する必要がある。外部環境が刻々と変わるなか、変化しないパブリックはないといってよい。1年のタームで変化しなくとも3年、5年のタームでは変化するのである。また、いままで存在していなかったグループやターゲットが新たに登場したり、逆に消えてなくなってしまうこともある。たとえば30年前にインターネットが形成するサイバースペースやモバイル通信網は存在しないに等しかったが、現在では不可欠な存在となっている。短期のリサーチでパブリックの一部を静態的にとらえただけでは、長期的には失敗することになりかねない。

変化をとらえるにはさまざまなアプローチがあるだろう。パブリックを総体としてとらえる社会科学的なアプローチから始め、年齢や性別、実際のユーザーなど対象を限定したリサーチという方法もある。個々のパブリック・リレーションズ活動の目的によっても手法は変わるし、また変えなければならない。変化するパブリックを見失わないよう、長期的展望に立った間断のない情報収集・分析が必要とされるのである。

気をつけなければならないのは、ターゲットグループの変化の要因が、そのグループ以外の外部環境の変化にある場合、その変化も見極めていかなければならないということである。しかしさまざまな利害が輻輳する複雑なパブリックの中では、変化の要因の解明は無限連鎖的に広がっていく。それに加え、情報発信者自体も変化しているのである。外部環境の変化とその影響を把握する手法とその範囲は、パブリック・リレーションズ活動の目的と期間によって定めるのが妥当であろう。

パブリックの静態的複雑さに、動態的な変化という複雑さが加われば、すべてを正確に把握することはきわめて困難になる。変化に対していかに敏感でいられるか、どのようなアンテナを張り巡らせることができるか、そしてどのように対応していくか。これらのことが有効なパブリック・リレーションズを可能にする鍵となり、逆に効果的なパブリック・リレーションズがリアルタイム・ソフトウェアといわれる所以となる。

2 さまざまなリレーションズとそのターゲット

「パブリック・リレーションズ」は、第1章で紹介したとおり、企業や政府などの組織体がそれぞれの目的や目標の達成のために情報発信者となり、限定された多様なパブリック（ステークホルダー）との間のさまざまなリレーションズを構築するリレーションシップ・マネジメントである。

その場合、情報発信者はパブリック・リレーションズの目的とターゲットを設定して情報を発信することになる。企業の場合でも、どのターゲットをステークホルダーとして重視して関係性を構築するかは、経営戦略やマーケティング戦略などによって可変性をもつことになる。マーケティングの視点でとらえると主たるターゲットは市場であり、顧客などのステークホルダーということになる。

もし、ターゲットに密接に関係するステークホルダーの選択を見誤ると情報分析が不正確になり、その結果に基づく方針変更や自己修正にも悪影響を与えかねない。実行するプログラムの精度や成果が下がり、場合によっては失敗につながる可能性も出てくる。

そこで本章では、情報発信者がターゲットとする特定のステークホルダーとの的確なリレーションズを行うために、代表的なものとして「メディア・リレーションズ（MR）」、「インベスター・リレーションズ（IR）」、「ガバメント・リレーションズ（GR）」、「エンプロイー・リレーションズ（ER）」「コミュニティ・リレーションズ（CR）」の5つを取り上げ、その特徴や役割を紹介していきたい。

なお、パブリック・リレーションズの実務家は、組織内の一員として、あるいは外部コンサルタント（個人または企業）として、情報発信者とステークホルダーの間の仲介者の機能を果たす。ただし、立場は情報発信者側である。

(1) メディア・リレーションズ（Media Relations: MR）

●コア・コンピタンスとしてのメディア・リレーションズ

メディア・リレーションズは、他のビジネス・コンサルティング会社と比べ特異な活動で、パブリック・リレーションズのコア・コンピタンス（中核的能力）ともいえる。メディア・リレーションズは、図表2-6に示されるさまざまなリレーションズのターゲット（ステークホルダー）に対してアクセスするコミュニケーション・チャンネルとしての機能をもつ一方で、メディアとの良好な関係性を構築するうえでリレーションシップ・マネジメントの重要な役割を担っている。

また、メディアを媒体別にみると、新聞（全国紙、ブロック紙、地方紙、経済紙、産業紙、コミュニティ・ペーパーなど）、雑誌（季刊、月刊、週刊の区別のほか経済誌、業界誌、女性誌など）、テレビ（全国ネット、ローカル局からCATVまで）、ラジオ、通信社などがある。さらに最近では、インターネット配信によるオンライン・メディアやソーシャル・ネットワーキング・サー

図表2-6　さまざまなリレーションズに関連する主なターゲット

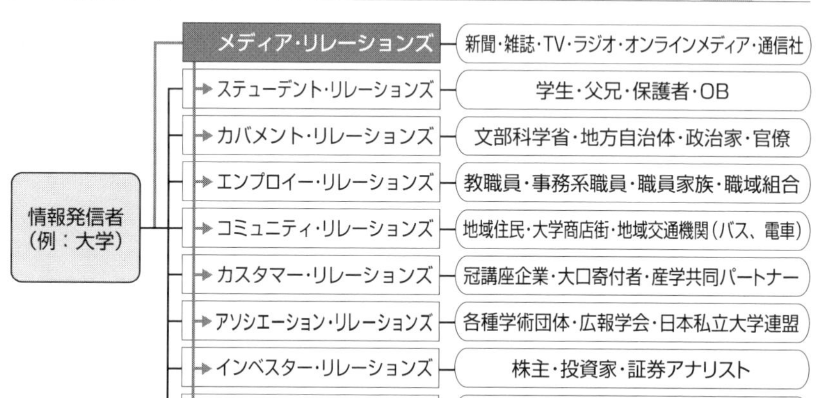

ビス（SNS: Social Networking Service）がその即時性という機能を武器に急速に台頭し既成メディアをしのぐ勢いである。オンライン・メディアやSNSについては第８章「デジタル・テクノロジーを用いたパブリック・リレーションズ――ソーシャルメディアからAIまで」で詳しくを述べることとする。

日本は世界でも有数な情報密度と経済性の高い国である。読売、朝日、毎日、日経、産経の５大紙の１日の発行部数合計はおよそ1500万部におよぶ（日本ABC協会発表2023年10月。ただし、ネット社会の到来により2013年の3500万部から激減していることには注意が必要だ）。また、NHKと民放５社のテレビ・ネットワークは全国を網羅し、重大なニュースは瞬時に全国を駆け巡る（第３章第６節参照。テレビについてもYouTubeやTikTokなどの画像配信メディアに視聴者をうばわれつつある）。SNSに押されているとはいえ、日本では、まだまだトップメディアの報道に対する信頼性が高く、人々は影響されやすいといわれている。同時に、90％を超えるメディアの本社が東京に集中しており、メディア・リレーションズを実施していくうえできわめて効率の高い環境となっている。また、東京・丸の内の二重橋ビル５階には日本外国特派員協会（FCCJ：通称「外人記者クラブ」）があり、世界の主要メディアの特派員が日本発で海外に情報発信している。

図表2-7　メディア・リレーションズの一般例

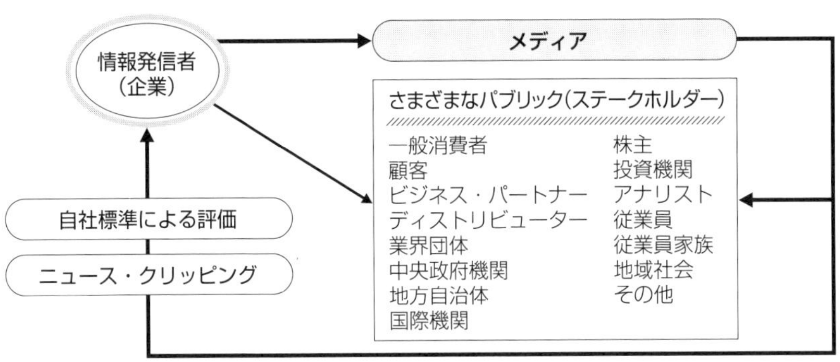

パブリック・リレーションズ活動においては、これらのメディアとの関係は大変重要である。というのも、話題性やトピック性の高い情報であれば、メディアによって同じ内容のニュースなどがいっせいに報道され、映像や音声メディアでは繰り返し伝えられる。これにより、社会的規模で情報が共有化され、世論形成が促進されるとともに、政治や行政、企業活動にも影響を及ぼすからである。メディア報道の論調や内容によっては、政府のイメージや企業イメージが短期間で大きく左右されることになる。

情報発信者が最終ターゲットにメッセージを伝達するためにメディアを通すことでその影響力を活用するという意味では、他のリレーションズとは異なった特徴をもっている。

メディア・リレーションズの一般的な構図は図表２－７に示すとおりであるが、パブリック・リレーションズのコンサルタントが介在し、パブリック・リレーションズ戦略に基づいたプロフェッショナルなメディア・リレーションズでは図表２－８のようなフローになる。図表２－８では、メディア・リレーションズを統合的なパブリック・リレーションズ戦略の一環として位置づけており、かつ、発信した情報のフィードバックと自己修正機能により双方向性コミュニケーションの実現を目指している。

●メディアの特性と役割

前述のようにメディアにはさまざまな種類があるが、これらメディアを通

図表2-8　プロフェッショナルなメディア・リレーションズ

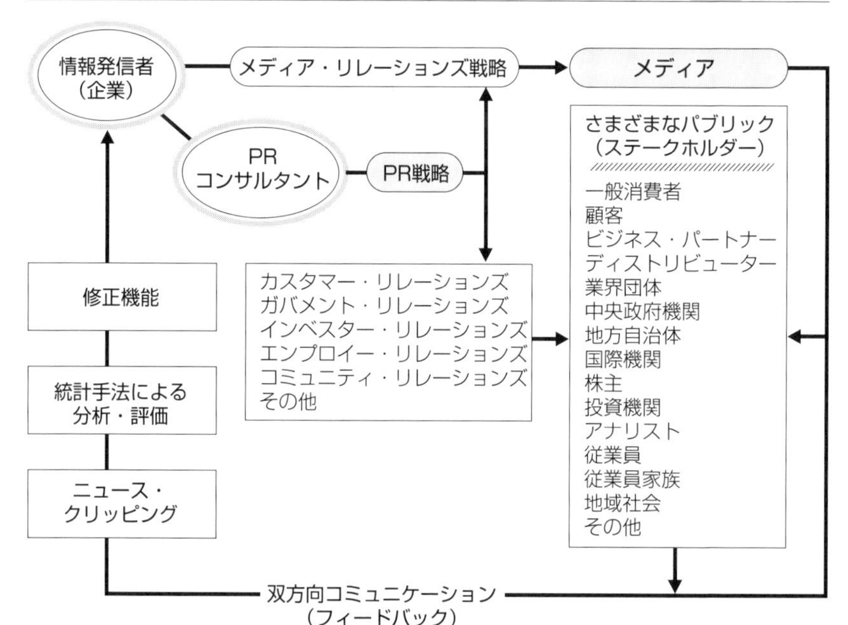

じて情報発信する場合、情報発信者側が広告料などを支払って行うケースと、そうでないケースの２つがある。

前者は広告・宣伝であり、新聞やテレビの一定の紙面や放送時間を買い取り、メディアが設ける広告掲載基準や広告主協会の倫理綱領の範囲内であれば自由な表現で掲載・放送日程を特定して情報発信が可能である。後者はメディアが主体的に情報選択を行い、記事や番組などの情報として掲載・放送するもので、内容に関してはメディア側に編集権があり、情報発信者の決定力はおよばない。

メディア・リレーションズは、このうちの後者を対象にしている。情報発信者の決定力がおよばないがゆえに、記事として掲載された場合は、そのメディアの報道に対する読者の信頼性が高ければ高いほど、記事の信頼性は高まることになり、コミュニケーション効果も増大する。メディア・リレーションズの目的は単なるパブリシティを行うだけでなく、メディアとの情報交換を通して情報発信者が意図する内容を正確に、公平に、できれば好意的に不特定多数の情報受容者に対してメディアとの間断ないやりとりを通して情報を伝えることにある。そのためには、メディア・リレーションズの担当者(実務家）は、日常からメディアに積極的に働きかけ、企業の経営マターや製品、サービスに対する理解を深めてもらうとともに良好な関係を築いていくことが大切となる。

よいメディア・リレーションズは、情報発信者およびメディア・リレーションズ担当者の努力の積み重ねから生まれるといってもよい。しかし、メディアの特性や報道姿勢などをよく理解することも含め、メディアとの信頼・友好関係をつくるには十分な時間が必要となる。

メディア・リレーションズが不完全で誤った情報が報道された場合、その情報は一瞬にして社会に形成され、その内容によっては当事者が相当のダメージを被ることになる。それだけにメディア・リレーションズの役割は大きいと心得なければならない。

●PR・広報担当者の役割

実際のメディア・リレーションズ活動においては、PR 会社はもとより企業や政府、自治体にしても担当者が置かれることが一般的である。これら担当者が関わる相手は大別して次の3つのグループである。

コラム1　**パブリックとステークホルダーとの違い**

「パブリック」とは「一般社会」や「一般大衆」を意味し、パブリックは多くの集団から構成される。一方、企業が事業を行うにあたって関与する集団のことを、パブリックを構成する因子でもある「ステークホルダー」(従業員を含めた利害関係者あるいは関係する人）という。たとえば、増資にあたっては投資家、株主、証券会社、監督官庁が、新製品の上市の場合は一般消費者や顧客、ディストリビューターなどがステークホルダーとなる。したがって情報発信においても、目的やテーマに合わせ、対象となるステークホルダーごとにメッセージや伝達方法が異なってくる。同じようにステークホルダーは個人にとっても存在する。

①担当者が所属する組織体（企業や政府・自治体、NPO／NGO)、またはクライアント
②コミュニケーション・チャンネルとしてのメディア
③パブリック＝ステークホルダー（特定されたターゲット）＝情報受容者

メディア・リレーションズ担当者は、つねにこれらの相手を意識して仕事をすることになるが、担当者の役割は、これら三者の需要を満たすように適切なコンサルテーションを行うことである。

つまり、組織体の担当者は自分の所属する組織や周辺の環境をよく知り、PRコンサルタントはクライアントをよく知り、メディアをよく知り、パブリック＝情報受容者をよく知ることが基本となる。なかでも、メディア関連についてよく知っておくことがメディア・リレーションズを成功に導く鍵となる。そこで、メディアに対する担当者の心得のポイントをあきらかにしておきたい。

①メディアの視点、立場での発想が必要

メディア・コンタクトの際はまず、担当者はニュースに精通していなければならない。これは報道された結果のニュースだけでなく、メディアの視点でのニュース価値やメディアの特性を知っておくという意味である。

たとえば、リストラを実施しても、多くの企業がリストラを行っていれ

コラム2　パブリシティ活動とメディア・リレーションズ

この2つのPR用語は、混同して使われがちである。いわゆるパブリシティ活動は、対象が印刷媒体であれば記事掲載を目的にメディアに情報提供する行為であり、いわば一方向性の情報発信である。一方、メディア・リレーションズは、情報発信者（企業や団体など）とメディアとの間の情報交換を通じて、相互理解と信頼関係を構築し、有効な記事掲載を期待するものである。情報発信者には、対象メディアの報道視点や記者、編集者の情報ニーズを十分認識したうえで的確な情報を提供していくことが求められる。この意味で、メディア・リレーションズは双方向性をもつコミュニケーションであるといえる。

ば、それだけではニュースにならない。この企業だけをニュースとして取り上げてもらう場合には、どう紹介すればニュース価値があるとメディアが考えるかという観点が必要である。そして、どのようなニュースを読者や視聴者がおもしろいと感じ、企業に好意を抱いてくれるか、あるいは悪感情を最小限にとどめられるかといったことにも情報分析ができ精通していなければならない。

　また、メディアが報道の根拠とする常識が、業界の常識と異なる場合がある。どちらが正しいかは一概にいえないが、社会状況が変化して常識が変わっていることもあり、判断が難しい。さらに好意的な報道でない場合もある。このような報道をされたときは、内容を真摯に受け止めて自己分析し必要があれば自己修正する。いまや自社の所属する業界という限定的な世界で

コラム3　パブリシティと広告との違い

　パブリシティと広告は、マスメディアを利用してメッセージを広く発信する点は同じであるが、その形式と背景はまったく異なるものである。

　パブリシティはメディア・リレーションズの一部として、プレス・リリースの配布や記者会見、個別インタビュー、商品紹介などのプログラムを通して結果としてニュースや特集記事（番組）などの形態でメディアに掲載されるものである。したがって、記事になる、ならない、あるいは露出（掲載やオンエア）のタイミングについては、メディアの編集サイドの判断に委ねられている。一方、広告は広告主（企業などの組織体や個人）が紙面や放送時間（スポットCMや番組提供）を有料で購入してメッセージを載せるものであり、いつどのメディアに掲載するかも選ぶことができる。

　もちろん広告は、PRのコミュニケーション手法としても使われている。コーポレートAD（企業広告）はPRの一部であるが、マーケティング・コミュニケーション活動の一部である製品広告はPRには含まれない。

の発想だけではすまされない時代なのである。

②メディア関係者、報道機関との適切な関係を築く

概して記者、編集者やフリーランサーなどメディア関係者は、報道の意義を理解していない人に対しては厳しい態度をとるものである。企業のメディアへの対応の悪さが、メディアの報道内容に影響を与える。報道された後で、本質を見誤った報道だとメディアを批判しても手遅れである。逆にメディア批判の態度を報道されるだけで、問題に対する認識や反省が足りないという印象をふりまく結果になる。これではメディア・リレーションズは失敗に終わる。担当者にとってメディアを理解し適切な関係を築くことは、余計なトラブルを避け、失敗のリスクを最小にしてくれる。

③メディアとの付き合い方のポイント

報道機関などメディアの記者の中には、激しい競争心をもっている人も多い。特ダネになるならば取材するケースもあるが、逆に他社に出し抜かれたことでその後の対応が冷たくなるケースもある。取材対応はマン・ツゥ・マンであり、担当者は報道機関の特質や記者の人柄、性格、行動パターンなども知ってメディア・コンタクトを行う必要がある。

また、自社やクライアントの仕事内容を知ることは基本条件であるが、メディア関係者は担当者に企業情報や提案している報道内容についてさまざまな知識（情報）を要求してくる。そのとき、担当者は一般の人（オーディエンス）が理解できるように説明する能力を身につけておく必要があると同時に、背景（バックグラウンド）情報も説明して、記者が好ましい記事を書けるようにサポートしなければならない。

しかし、担当者が努力しても望みどおり報道されることは少ない。まして、重大ニュースを除いては、メディア側からアクセスしてくることはあまりない。担当者は、策定されたPRプログラムをベースにどのメディアにどのような情報を提供すれば報道してもらえるかを考え、積極的にイニシアティブをとることも必要なのである。

④情報提供の締め切りに配慮する

メディアと付き合ううえで最も見落としやすいのは、情報提供の締め切りの問題である。とくに活字メディアの締め切りは厳格である。これに対して

図表2-9　メディア・リレーションズの主なプログラム

- メディア・リレーションズ
  - 記者会見
  - プレス・リリース
  - メディア・ブリーフィング
  - ワン・オン・ワン・インタビュー
  - 記者懇談会
  - プレス・ワークショップ
  - プレス・ツアー
  - 関連業務
    - メディア・リスト
    - プレス・キット
    - ボイラー・プレート
    - ビジネス・フォーム
    - ニュース・クリッピング
    - メディア・トレーニング

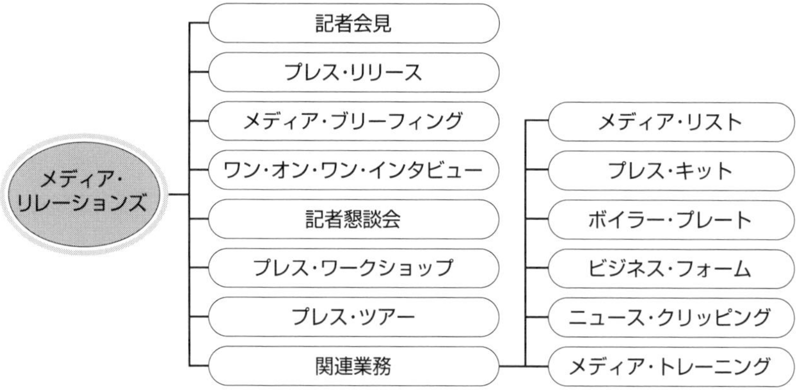

テレビやラジオ、オンライン・メディアなど電子メディアでは、ニュース報道の場合はその締め切りが放送開始時刻の５～10分前（オンライン・メディアの場合は瞬時）であることも頻繁に起こる。突発の事件や事故、政局の動きなどのトピックスは番組放送時間中でも報じられる。

締切時間に間に合うか否かは、ニュースが存在するかしないかという結果につながるため、担当者は締切時間や約束の期限を守ることが鉄則である。

●メディア・リレーションズ・プログラム

図表２-９は、メディア・リレーションズの主なプログラムを紹介している。ひと口にメディア・リレーションズといってもその手法はさまざまで、有効な活動を実施していくうえでメディア・リストやプレス・キットの作成は不可欠となる。

どの手法を選択するかについては、トピックス内容やニュース素材の性格による。また、これらの活動に共通していえることは、マーケティング・パブリック・リレーションズ（マーケティングPR）とコーポレート・パブリック・リレーションズ（コーポレートPR）に基づいたキー・メッセージの発信を忘れずに行うことである。

①記者会見／記者懇談会（写真２-１）

記者会見は、ニューズ・バリューの高いトピックスがある場合に関連する

写真2-1

記者会見（上）
オンライン記者会見（中）
記者懇談会（下）

メディアの記者、編集者の出席のもとに催されるもので、記事のカバレッジは当然高くなる。記者会見は通常1時間で、前半30分は主催者側の発表、プレゼンテーションで、残りは質疑応答に当てられる。記者会見は企業（もしくは団体）の経営や事業戦略、画期的な新技術や新製品などをアナウンスする公式の場であり、経営に責任をもつエグゼクティブの参加が求められる。

また、質疑応答においてはさまざまな視点からの質問が想定され、その場で回答できるようなスタッフィングで臨む必要がある。

一方、記者懇談会は、ニューズ・バリューの高いトピックスがない場合でも、トップマネジメントが経営戦略、グローバル／ローカルの事業戦略についてブリーフィングする機会としても実施される。昼食や夕食を摂りながら、どちらかというとフレンドリーな雰囲気の中で記者懇談会は進行する。会場のレイアウトも記者会見が主催者と記者とが対面するスクール形式なのに対して、記者懇談会ではコの字やロの字型に構成し、和やかな空間を演出する。

②プレス・リリース（ニュース・リリース）

プレス・リリースは、ニュース素材（経営情報、マーケティング情報など）を報道機関へ伝えるための一定の形式をもった発表文で、報道資料とも呼ばれる。報道機関に対する情報提供の形態として一般的なものであり、ファックスや郵送、eメール、あるいは記者クラブへの投げ込みといった形態で提供される。

プレス・リリースには、記事化を目的とするトピックス性のあるリリース、背景情報を提供するためのリリース、リマインド効果を狙うリリースなどの種類がある。記事化を目指す場合には、記事掲載につなげたいメディアに対して個別にブリーフィングするなど、配信前の働きかけが効果的な場合もある。

③プレス・ブリーフィング

とくにターゲットとするメディア（複数もある）に対して、個別に発信したい情報やその背景についての説明を行う。目的はターゲット・メディアでの記事化だけでなく、誤解されやすい情報に対して正確な理解を得てもらうことや、直接担当記者と話し合うことでメディア側の情報ニーズを探るといったことも含まれる。PR 業務を PR 会社に委託している場合は、PR 会社のAE（アカウント・エグゼクティブ：クライアント担当者）が行うのが通常である。テーマによっては企業の PR・広報担当者やマーケティングあるいは技術担当者が同行し、いっしょにブリーフィングするケースもある。

④ワン・オン・ワン・インタビュー（個別インタビュー）

特定のメディアを選び、経営トップや担当役員との取材の機会を設け、情報を提供していく形態である。前述のプレス・リリースが多くのメディアへ同じ情報を同時に配信するのと異なり、特定のメディアに絞って情報提供を行う形態であるため、記事化の可能性は高まる。こうした機会にできるだけ効果的な記事掲載につなげていくため次のことが留意点としてあげられる。

- 取材の目的、質問のポイント、記事の扱われ方などを事前に確認する
- 可能な範囲で記者のポジショニング、取材分野における実績や偏見などを知っておく
- 記者にバックグラウンド・インフォーメーション資料（企業概要、財務データ、事業部門の概要、特定のトピックスに関する資料、インタビューを受ける人の経歴など）を提供する

●記者クラブ制度

メディアへのコンタクトは、個別にアプローチする方法と記者クラブに対してアプローチしていく方法とがある。現実には、両方をミックスする方法をとっていることが多い。ここで、日本独自の制度として賛否両論のある「記者クラブ」についてふれておきたい（第3章第6節参照）。

現在、記者クラブは中央政府の各省庁、主要政党本部や地方自治体、各産業別、主要な経済団体などの施設の中に間借りしていて、その数は主なものだけでも全国で約800カ所となる。その組織は排他性が強く大手新聞社、地元主要メディア、TV 局、通信社などが、加盟し、ほぼ独占的に駐在先の組織体から情報提供を受け、記事にしている。その排他性ゆえに、1990年代初めから外国記者からの激しい抗議を受け、開放の方向にある。

記者クラブは1890（明治23）年に帝国議会が開会した際に傍聴取材を要求する記者たちが「議会出入り記者団」（後の同盟記者倶楽部）を結成したこと

に始まる（『日本新聞年鑑2004-05』）。戦後、記者クラブについて日本新聞協会は「各公共機関に配属された記者の有志が相集まり、親睦社交を目的として組織するものとし、取材上の問題には一切関与せぬこととする」と見解を述べている（1949年）。その後、1978年には「その目的はこれを構成する記者が、日常の取材活動を通じて相互の啓発と親睦を図ることにある」となり、さらに97年の見解では「取材拠点」と位置づけた。

2002年に日本新聞協会編集委員会は記者クラブについて、公的機関などを継続的に取材するジャーナリストたちによって構成される「取材・報道のための自主的な組織」と新たな見解を出している。また、インターネットの普及によるメディアの多様化や情報公開法の施行などメディアを取り巻く環境が大きく変化するなかで、「開かれた記者クラブ」への転換もみられる。

2009年９月の鳩山由紀夫内閣の成立をきっかけに、外務省をはじめ記者会見のオープン化が進んだ。記者クラブ以外の雑誌やネットメディア、フリージャーナリストなども記者会見に出席し、質問できるようになった。2013年８月でフリーランス記者なども、一定の手続を経て、質問権をもって参加できる省庁は、内閣官房、内閣府、財務省、金融庁、公正取引委員会、消費者庁、総務省、法務省、外務省、文部科学省、経済産業省、厚生労働省、農林水産省、内閣官房、国土交通省、復興庁と広がった。

ただし、この記者クラブ制は、所属しているメディアへは組織体からすべて同じリリースやブリーフィングを受けるので、スクープ性は弱い。この環境は所属するプレスに一見有利にみえるが、情報を出す側の視点でみれば、メディアがコントロールされやすいとみることもできる。

●メディア・リレーションズ事例

ここでは、1984年１月、世界で同時発表された米国アップル社の「マッキントッシュ（Mac）」のメディア・リレーションズについて紹介する。いまや世界一の時価総額（2024年２月現在：約３兆ドル）を誇る米国アップル社が当時世界最先端の製品発表を、東京を皮切りにスタートさせた。

Mac は、従来のパーソナルコンピュータ発展の延長線上にあるではなく、他社とは異なったまったく新しい開発コンセプトから生まれた「新種」のパソコンといえるぐらいシステムに特徴があった。Mac にはパソコンとして初めてマウス（ワンボタン式）が標準装備され、強力なグラフィックス機能を併用することで操作性が飛躍的に改善されていた。こうしたユーザーフレンドリーな機能は、これまでキーボードになじみのない日本人に大歓迎されることとなった。

日本市場で国内パソコンメーカーがシェアを拡大させていくなかで、相対的にシェアが伸び悩むアップル社の復権に貢献する戦略製品として Mac を位置づけ、とくに次の 3 点を PR 目標として設定した。

①アップル社が依然としてパソコン市場における革新者であることを印象づける

②できるだけ速やかに、しかもできるだけ多くの人々に Mac の存在やその優れた機能性を理解してもらう

③アップル社が掲げている製品コンセプト「パーソナルコンピュータは個人の能力や創造性を拡大するツールである」を浸透させる

そのためメディア・リレーションズでは、最重要目標である「できるだけ速く、しかもできるだけ多くの人々に Mac の存在やその優れた機能性を理解してもらう」、しかも、コスト・パフォーマンスの高い方法でという目標の実現に向けて戦略が練られた。

時差の関係で Mac 発表記者会見を日本で最初に開催し、アップルコンピュータ本社の経営トップとのワン・オン・ワン・インタビューや Mac の優れた機能性、操作性をプレスに理解してもらうために、ワークショップを中心とする発表会を行った。

記者会見は、ホテルオークラで180名を超える記者を招き実施された。アップル社の新製品「マッキントッシュ」は開発段階からさまざまな関心、話題を集めたが、時差の関係で世界に先駆け日本市場で初めて公開されたのが、この記者会見だった。

アップルコンピュータ社の日本市場参入の経緯を詳細に取材した斎藤由多加『林檎の樹の下で』（1996）から記者会見の記述を引用しよう。Mac の公開が注目を集めていた雰囲気がよくわかる。

「1月24日、世界同時発表という謳い文句のアップルの新機種発表は、時差の関係からまず日本で幕が上がった。当日、世界初ということになった日本でのマッキントッシュのプレス発表が、ホテルオークラ別館2階桃山の間で行われた。記者発表の場となった会場は、百数十人の来場者（プレス関係者）で溢れかえっていた。来場者のほとんどはコンピュータ業界の人間である。当日の司会・進行役は皆見（みなみる）（井之上パブリックリレーションズ）である。会見席には、福島（アップルジャパン社長）の他に営業部長の衣川とションフェルド、そして日本の広報エージェントの代表として井之上（井之上パブリックリレーションズ）が会見席に着いた。」

記者会見のすぐ後から、の福島正也社長とキーメディアとのワン・オン・ワン・インタビューやメディア・カテゴリー別に数人の記者、編集者を招待したワークショップなどを積極的に実施した。とくに、アップルジャパン初代社長の福島氏は日系三世ということもあり、独特な味のある日本語とたぐいまれな才覚が絶妙にマッチして、メディアの人気を集めていった。

メディアの最終的なオーディエンス（読者・視聴者）に理解しやすい情報を提供するためには、仲介者となるメディアの記者に、Macの優れた機能性や操作性を十分に理解してもらうことが必要になる。そのため、Macシステムのデモンストレーションを中心に記者参加型のワークショップを実施し、実際にソフトを走らせ、キーボードを叩きマウス操作を通じてその機能性を体験してもらった。

その他、出版社の編集部にMacシステムを一定期間貸与するプログラムを実施するなどメディアへのコンタクトを強めた。

こうしたメディア・リレーションズを通して幅広いジャンルの新聞、雑誌での記事掲載、そして、テレビニュースでの紹介と予想以上のパブリシティ効果をあげることができた。この効果を広告費に換算すると優に億単位の金額となり、PRバリュー（広告の3倍から5倍）に換算するとさらに大きな数字となる。

⑵ インベスター・リレーションズ（Investor Relations: IR）

●インベスター・リレーションズの目的と機能

インベスター（Investor）とは投資家の意味である。投資家が企業への投資を行う際、過去や現在の業績はもちろん重要ではあるが、判断基準として最も重要なことは将来の成長性である。

インベスター・リレーションズ（IR）は、この投資家に有効な判断基準を提供していくPR・広報活動といえる。上場企業にとってIRは、株主、投資家およびファイナンシャル・コミュニティなどと相互に友好な関係を構築、維持させるものであり、パブリック・リレーションズ活動の一部となる。したがって、IRのターゲットとなるパブリックとしては、以下のグループがあげられる。

・既存の株主と潜在株主
・投資家（機関投資家／一般投資家）
・証券アナリスト
・ファンドマネジャー・投資顧問
・財務省・金融庁・証券取引委員会・証券取引所

経済のグローバル化で国際的な企業間競争が激化しているが、最近は企業を取り巻く環境変化も著しいものがある。たとえば、時価会計やキャッシュフロー会計の導入、M&A（企業の買収・合併）の活発化、企業間の株式持ち合いの解消、外国人投資家の台頭などに加え、近年ではインターネットを利用し、PCやスマートフォンを使うIR個人投資家が急増している。こうした流れの中で、IRは急速に注目されるようになり、その重要性は非常に高まっている。

しかし、IR活動は、他のリレーションズと比べると専門性が高いため、コーポレートPRの中の特殊な位置づけとする考え方もある。そこで、IRに対する理解促進のために以下に2つの見解を紹介してみたい。

①カトリップ氏の見解

*Effective Public Relations*の著者の1人スコット・カトリップは、本の中でインベスター・リレーションズを「多くの株式公開企業で行われる広義のパブリック・リレーションズ機能のもう1つの専門化された分野である」と

定義し、IR のスペシャリストの役割について、「株主の信頼を増加させ、株式が個人投資家、経済アナリストや機関投資家の興味を引くようにすることによって、企業の株価を押し上げ、資本のコストを引き下げるための役目を果たす」とし「コーポレート PR の専門活動領域として株主や金融コミュニティ関係者との良好な相互関係を構築維持する活動である」と定義している。

② JIRA の見解

日本 IR 協議会（JIRA: 1993年設立）は、IR について「企業が株主や投資家に対し、投資判断に必要な企業情報を、適時、公平、継続して提供する活動のこと」と定義している。投資判断に必要な情報については、開示が義務づけられている有価証券報告書など制度的開示（ディスクロージャー）資料のほかに、企業が自主的に行う情報提供活動としている。

また、同協議会のホームページでは、「IR 理論や IR 活動を日本の企業に普及・促進させる一方、IR 活動そのものの質的な向上をはかることを目標に掲げる、民間唯一の非営利会員制団体」と自らを紹介している。

図表２-10は、JIRA が2022年に実施した IR 活動の実態調査のうち、「IR 活動の体制」、「IR 活動の効果測定」、「コーポレートガバナンス改革と課題」を選び、その調査結果を示したものである。

この調査は全株式上場会社3987社を対象に2022年３月14日から調査サイトをオープンし、４月22日までに1047社から回答を得たものである（回収率26.3%）。回答企業の内訳は、日本 IR 協議会会員企業が379社（同68.2%）、非会員企業が668社（同19.5%）であった。図表２-10にみられるとおり、「IR 活動の体制」では PR 部門の関与が低く、改善していく必要があるのではないかと思う。また、「IR 活動の効果測定」では報道内容の分析・評価といったことも検討されるべきではないか。そして「コーポレートガバナンス改革と課題」として「非財務情報（CSR：企業の社会的責任や ESG：環境・社会・企業統治など）が、中長期的な企業価値向上に貢献するしくみを明確に説明すること」が73.6%と非常に高い数値を示しているが、ここにこそコーポレート PR の役割がある。

図表2-10　IR活動の指標

■ IR 活動の体制（専任部署）	
1. 企画・経営企画部門	31.0%
2. 広報部門	28.2%
3. 独立したIR部門	49.1%
■ IR 活動の効果測定	
1. 株主構成	92.2%
2. アナリスト、投資家との面談回数の増減	60.7%
3. 時価総額	36.8%
■ IR 活動の課題	
1. CSR・ESGなどが中長期的企業価値向上に貢献するしくみの説明	73.6%
2. 外部目標を反映した情報開示内容の検討	66.2%
3. リスク開示や管理体制の強化	60.6%

出典：日本 IR 協議会

●企業経営に与える IR の影響

では、IR を導入することにより、それが企業経営にどのような影響をもたらすのか、ここでは具体例で考えてみたい。

たとえば1000万株を発行している株式公開（上場）企業 A 社があるとしよう。現在の株価が2000円の場合、A 社の時価総額（株価×発行株数）は200億円になる。仮に、機関投資家や証券アナリスト、個人投資家などが、A 社やその経営陣、また事業計画等について IR による情報を入手し魅力的なものだと判断したとする。そして、株価が2500円になったとすると、時価総額は250億円になる。

ここで A 社が研究開発強化のために R&D センター建設を計画し、必要資金20億円を新株発行によって調達するとする。この場合、1 株2500円だと80万株の発行ですむが、1 株2000円の場合は100万株の新株発行が必要となる。

また最近注目を浴びている M&A の際の企業合併にしても、合併比率は双方の株式時価総額がその算定の根拠となる。このように、IR によって企業価値が高まることは、たんに投資家の株式所有の価値を高めるだけではなく、当該企業にとって、より少ない株式で資金調達やM&Aそして金融機関からの追加融資などが可能となる。まさに「IR効果」といってもよいものだ。ここで重要なことはIRで株価を一過性のものにすることではなく、投機的な対象にならないよう持続的に維持させることである。

●PR・IRコンサルタントの役割

企業価値をより高め、適正な株価維持や投資家の理解を深めるためのインベスター・リレーションズの実践においては、その担い手であるパブリック・リレーションズやIR担当者の役割はきわめて大きい。担当者の手腕により、ときとして大企業の場合は自社の企業価値を数百億円、数千億円に高めたり、その逆の状況を生み出すことにもなる。

IRの専門家は、企業の経営ビジョンとそれを実現していくプログラムを投資家、株主などのターゲットに具体的に伝えていくことが使命である。そのためには、ビジネスはもとよりコーポレート・ファイナンス、経理・財務、内外の主要証券取引所や国際商取引の動向、証券取引上の財務報告基準など多くの事柄に精通していなければならない。さらに、グローバル時代は、これらに加えて英語力と国際経済・国際政治に対する洞察力、理解力も求められる。

また株価は、外的・内的要因を受け日々刻々と変動する生き物であり、企業動向や近未来の方向性に対して敏感に反応するだけに、IR活動においては情報発信のタイミングを見極めることが大事である。

しかし、PR業界で新たな金融システムに対応しうるIRの専門知識と豊富な経験をもつスペシャリストはまだ少なく、一方で金融・証券業界でのIR専門家は、コミュニケーションの経験と知識が乏しい。

したがって、IRに対する急速に拡大する需要に応えていくためには、PRコンサルタントにとって当面は企業のCFO（最高財務責任者）やIR担当者、金融・証券業界のIRコンサルタントと協働してIR業務を行っていくのが賢明で有効な方法と思われる。そして、コーポレートPRや後述のクライシス・コミュニケーション、投資家や証券アナリストを対象にしたセミナーなどを積極的に展開していくべきである。また、次に示すIRツールの作成などの面でも十分な機能を発揮することが望まれる。
①年次報告書（アニュアル・レポート）
②事業報告書
③ファクト・シート
④決算説明補足資料
⑤企業・事業活動、技術・製品紹介資料

●M&A 事例

下記は、2008年に独マインツ市に拠点を置く国際的テクノロジー企業SAGが、東京に本社を置く東京証券取引所（TSE）一部上場企業のM社の株式の過半数取得に向けて株式公開買付け（TOB）を行った際の事例である。

M社は、従業員約450人を擁し、売上高は1億ユーロを超え（2008年3月期：約161億円）、工業用画像処理向けの光学システムをはじめ、発光ダイオード（LED）と光ファイバをベースとする照明システム分野における国内大手企業である。

一方、SAGは光ファイバの伝送ケーブルやイメージガイドの世界最大のメーカー。同社の一事業部門である「ファイバ・オプティクス事業」部門は、米国、メキシコ、チェコ共和国やドイツにある製造拠点、および東京の営業所に約730人のスタッフを擁していた。同社のファイバ・オプティクスやLEDテクノロジーにもとづくカスタマイズされたハイテク・ソリューションは、自動車、照明、医療、工業製品および建築市場に広がっていた。
①調査と目標の設定

オプティカル画像処理や照明システム分野における国際市場での競争の激化、さらには光ファイバ・システムからLEDベースのソリューションへの置換が進行しているなかで、SAGとM社は提携強化により国際競争力を高め、着実な成長を可能にするため次の3項目が目標に設定された。

i　日本において有力なM社と欧州・北米において有力なSAGのそれぞれの販売網を活用した主力製品の相互販売

ii　相互に供給可能な製品を特定し、購買コストの削減

iii　新製品開発へ向けた相互の開発努力の融合

②計画

今回の公開買付けにおいてSAGはM社の株式の過半数（50%超）獲得を友好裡に目指すこととした。そのためSAGは、本公開買付けにあたって、まず独立したファイナンシャル・アドバイザーとなるS証券会社を選定し、M社の株式価値の算定を依頼。これにもとづき、SAGは、普通株式1株当たりの買付価格を740円に設定した。

③実行（インプリメンテーション）

買付け期間を2008年9月25日～10月23日（20営業日）で決済の開始日を10月30日とし、「M社株式に対する公開買付けの開始に関するお知らせ」を証券関連ネットワークやメディア・リレーションズを中心に告知した。

④評価

公開買付けの結果、予想を上回りM社の株式の70.8%を取得。また、M社は東京証券取引所第一部に上場が維持された。

これにより当初の目標であった両社の業務提携関係をよりいっそう強化し、市場と顧客に対して、両社のパートナーシップの成功を示すことができた。この間、M社の従業員へのコミュニケーションには細心の注意を払ったことはいうまでもない。

(3) ガバメント・リレーションズ（Government Relations: GR）

●ガバメント・リレーションズの目的と機能

中央政府や地方自治体の行動や決断が、企業経営や国民生活に多大な影響を与えることは説明するまでもない。とくに、21世紀のグローバルかつスピード経営の時代では、政治の動向が企業経営を大きく左右しかねない。

ニューヨーク市立大学大学院の霍見芳浩教授は、著書『日本の再興』（1999）の中で「日本の企業経営者に政経不可分の情報戦略とパブリック・リレーションズにロビイング感覚が必要」と述べていた。企業・組織は、大競争を勝ち抜くために政府や行政に対し経済的規制撤廃や法律修正を求めていかねばならない。

ガバメント・リレーションズは、組織体が事業や組織の活動目的や目標を達成するために、政府や行政との関係を通じて情報収集、ロビイング（ロビー活動）やセミナー・討論会などの集会を行い、メディア・リレーションズをも含めて幅広く行う活動のことである。そして、情報発信者は、これら政府・行政の関係者、関連する業界・団体、さらには対象となるパブリックに対して、説得力あるコミュニケーションを構築していくことである。

米国では、ガバメント・リレーションズがガバメント・アフェアーズと同義にとらえられているケースもある。

●日本におけるガバメント・リレーションズ

後述するように、アメリカではガバメント・リレーションズがロビー活動などを通じて積極的に展開されている。ところが日本では、企業と行政機関との関係性は、長い間、規制や補助金の傘の下で陳情や選挙協力を通して互いに利益享受する護送船団方式が強かった。かつてはMOF担（金融機関の旧大蔵省担当者）のように、もたれあいながら日々の任務を遂行するといった関係が続いてきた。つまり、日本での透明性をもったガバメント・リレーションズは、外国企業やその団体が保護的な日本市場の開放を求めるなかで行ってきた程度であった。しかし、グローバル化が進展し、TPP（Trans-Pacific Strategic Economic Partnership Agreement: 環太平洋戦略的経済連携協定）やEPA（Economic Partnership Agreement: 経済連携協定）やRCEP（地域的な包括的経済連携）などさまざまな国際経済協定が締結された。構造改革や規制緩和がいっそう深化し、そしてグローバル競争が激化していくなかで、今後も、海外政府系機関を含めたガバメント・リレーションズがパブリック・リレーションズ活動の中で重要性な位置を占めていくものと思われる。

そこで、ガバメント・リレーションズを実践していくにあたり、日本の政策がどのような構造のもとで論議・決定されるのかを理解しておく必要がある。図表２-11に示したように、日本の権力構造は1990年代以降少しずつ変化してきているものの、戦後長い間、政界（政治家）、官界（官僚）、財界（企業経営者）の３つのグループが「鉄の三角形」を構築し、互いに関係し合うことによってバランスがとられてきた。

この構図はとくにロッキード事件以降、マスメディアが第４のグループと

図表2-11　政・財・官とマスコミの相関関係

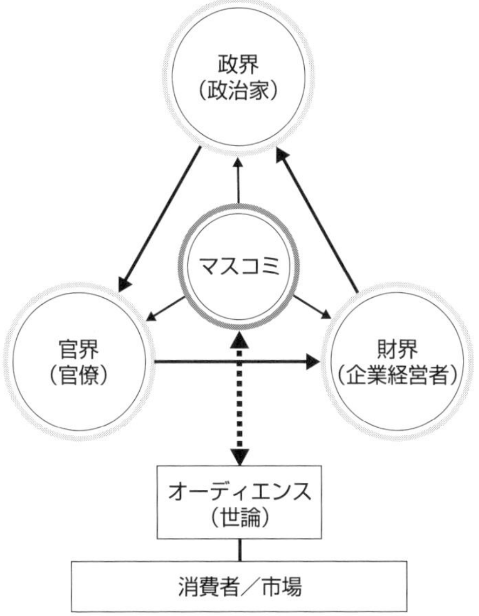

政界
（政治家）

マスコミ

官界
（官僚）

財界
（企業経営者）

オーディエンス
（世論）

消費者／市場

して明確に参画し、4つのグループを形成するようになる。自民党55年体制が崩壊した1993年の細川政権誕生に、マスメディアがその影響力を示したことはいまでも語り継がれている。このように、マスメディアが第4の勢力として台頭してきたのは、世論を代表しているという立場と、世論形成に大きな影響力を有しているためである。

一方、インターネットが普及し、SNSによる情報発信が盛んに行われるようになった今日、世論形成のルートがますます複雑になっていることも事実である。まず正・偽を問わず、さまざまな多様な情報がグローバルに飛び交うようになっている。こうした情報発信の多様性は、マイノリティの情報発信を救い上げることができるというよい面もあれば、偽（フェイク）の情報を発信・拡散してしまう危険性もはらんでいる。とくに後者が権力者に利用され、コントロールされることとなれば、社会をきわめて危険な方向に向けてしまうことになりかねない。

こうしたなかで、強い倫理感をもったパブリック・リレーションズ専門家の役割はよりいっそう重要性を増しているのだ。

●明確な目標・ターゲットの設定と戦略構築

では、企業などがガバメント・リレーションズを有効に展開していくには、どこがポイントになるのだろうか。

まず、ガバメント・リレーションズの目標を設定する場合、具体的にどのような目的で、どのくらいの期間で、どのような形で達成され、どのような結果をもたらすのかを想定する必要がある。

また、市場分析に加え、事前にどのような法律や規制が立ちはだかっているかを把握しておかなければならない。そして、たとえば規制緩和を目的とした場合、通常、準備段階から始まって最低２年から５年くらいのプログラム期間をみるのが妥当である。

対象（ターゲット）となる行政機関は、たとえばコンピュータや関連情報機器は経済産業省、通信・通信機器は総務省と経済産業省、製薬は厚生労働省である。ただ、目的とする規制緩和の関連事項がいくつかの省庁にまたがる場合も多いため、通常ターゲットは複数になる。

目標とターゲットを設定したら、次には目標達成を確実なものとする戦略の構築が重要となる。ガバメント・リレーションズは通常の活動と異なり、自らの力のおよばないところで物事が進行する場合が多い。したがって双方向性をベースにした、高度な情報分析力に加え情報に対するより鋭敏な接し方と、必要であれば自己修正を行う状況の変化へのフレキシブルな対応が求められる。

また、自らの目的を完遂させるには、それがいかに消費者や受益者に幸せをもたらすのかといった視点も重要となる。つまり、プログラムの内容にもよるが、受容する利益がいかに自社以外の社会（業界、顧客、利用者など）にもあまねく恩恵（WIN-WIN）をもたらしうるのかが成功に導く鍵となるのである。

戦略構築は事前の調査分析をベースに注意深く行い、それに続くプログラムづくりを経て、全体のシナリオ作成が完了することになる。

●重要な役割を果たすロビイング（ロビー活動）

ガバメント・リレーションズにおいて重要な役割を果たすのが「ロビイング」である。ロビイングはアメリカなど多元的社会で、政府が計画している法案や規制に影響を受ける人たちの声を反映させるための民主的システムや機能として発展してきた。

ロビイングは政府の立法と規制への決定に影響を与えるための意図をもった活動であり、対象となる機関に陳情や面談を通じて直接働きかける行為である。国会での傍聴や公聴会（ヒアリング）などへの出席、審議会メンバーや有力議員に対するアクセスなどを通じて情報収集や陳情などを行うのである。

したがって、ロビイングには政府、立法に関する手続き、政策、世論形成の過程などに精通した知識が必要である。そして実際には、その活動は政府以外のパブリックにも向けられ、他のパブリック・リレーションズの手法と緊密に連携・統合して行われなければならない。リレーションシップ・マネジメントの真髄である。

通常、ロビイングは特殊な能力を有する者が従事し、ロビイストと呼ばれている。米国ではパブリック・リレーションズの専門的実務家に加え、議員や政府関係者と関係の深い弁護士や職業的ロビイスト（元議員や政党内部の人たち）に委任される。これらロビイストは1946年に制定された「ロビー法」にもとづいた登録制となっており、その活動内容は収支報告も含めすべて開示する義務がある。

日本ではロッキード事件に登場した児玉誉士夫に代表されるようにロビイストのイメージは「黒幕」とか、「影のフィクサー」といった胡散臭さが一部に残っているが、米国ではあらゆる企業・団体をはじめ州政府や外国政府も含め多くの組織体がワシントン D.C. にロビイング機能をもっている。

2022年8月の日本経済新聞記事によると、2021年の米国における登録ロビイスト数は1万2183名であり、8年ぶりに1万2000人を超えた。また、そのトータルコストは前年比6.8％増の37億7000万ドル（約5100億円）と過去最高を記録している。

ロビイングは主として立法、規制への動きに影響を与える目的で政府との関係を構築、維持するためのパブリック・リレーションズの専門的分野である。ロビイングに対してときどき起こる彼らの職務乱用や市民からの非難にもかかわらず、この手法は市民団体、各種団体、労働組合、企業、公的または特殊な団体が政府の決定に影響を与えるために行う合法的かつ容認された手段なのである。ロビー活動を有効につかった手法として１つ例をあげると、コンカー（Concur）が主導したの電子決済の規制緩和があげられる。スマホによる電子決済が可能となり、また原本の長期間保管義務が撤廃され、紙での経費精算業務を劇的に減らすこととなる。これにともない、ビジネスパーソンの無駄な業務が減り、働き改革が促進され、企業の生産性も向上する。この事例は、ガバメント・リレーションズが奏功し、規制緩和が実現した好事例をいえよう。

なお、ガバメント・リレーションズをより深く理解するために、第６章第２節に日米自動車交渉における規制緩和プログラムのPR戦略の実践例として「テネコ・オートモティブ」の規制緩和につながったケース・スタディを紹介しているので参照していただきたい。

(4) エンプロイー・リレーションズ（Employee Relations: ER）

●エンプロイー・リレーションズの目的と意義

これまで述べてきたリレーションズは主体（情報発信者）としての企業や組織・団体とその外部のターゲット（情報受容者）との関係だったが、ここで取り上げるエンプロイー・リレーションズはリレーションシップ・マネジメントの中で、企業・組織内でのコミュニケーションを中心とした関係構築活動である。エンプロイーとは職場で働く従業員であり、組織体の構成員、企業でいえば社員である。

日本での情報あるいはそれに基づく指示の流れはトップから下部組織人員へと一方向的に流れていくことが多いが、コミュニケーションの観点から考えると組織体に属する者はみな従業員であり、社員であり、構成員である。エンプロイー・リレーションズでは、その性格からPR担当者やトップマネジメントはもとより人事、総務セクションとの連携性が重要となる。その究極の目的は、組織体とその構成員との相互信頼を構築することであり、双方向性コミュニケーションが必要不可欠である。

つまり、構成員がその組織体に属していることで「何ができるのか」、「何を得られるのか」といった観点からモチベーションを高めることであり、また、快適な職場環境が実現されることで構成員と組織体とのコミュニケーションがさらに促進される。そして、新しい発想や斬新なアイデアが生まれる環境が整うことで組織体の成長を望むことができるのである。

たとえば、ある企業が「ワンマン経営」とか、「独裁者として君臨する社長」などと形容された場合、その企業にはエンプロイー・リレーションズが不在か、ほとんど機能していないことを意味する。こうした状況では、M&Aや不祥事が起きた際には、従業員の理解や協力を得られず大きなダメージを企業は蒙ることになる。

●変容するエンプロイー

最近、日本でもエンプロイー・リレーションズが注目されているが、これは社会の変化とともにエンプロイーの特質が変わり、従来の組織論では対応できない部分が出てきたことにより、組織体内でコミュニケーション障害が発生しやすくなっているからである。とくに、近年、規制緩和の潮流の中で、ITの進展とグローバル化が併走する日本では組織改革による人事構造の変化により、1つの職場で多くのパート従業員と正規従業員が混在し業務を遂行している。年金問題や少子高齢化に加え、外資系企業の土着化や外国人労働者の増加などにより企業文化に変化がみられるだけでなく、新卒入社後の離職率が上がるなど、就労環境や人事考課、給与システムなどの面にも影響を与えている。

また、産業構造の転換と景気の低迷は、企業のリストラや吸収合併による従業員解雇や人員整理で経営者側との間で緊張をもたらすなど、エンプロイー・リレーションズの重要性は高まっている。

日本能率協会が2023年度入社の新入社員を対象に実施した「新入社員意識調査」（回答数675人）の中に昨今のエンプロイーの特質をみることができる。
（出典：日本能率協会「2023年度新入社員意識調査」）

①「定年まで勤めたい」が69.9％で、2018年以降過半数を占めている（「ど

ちらかというと定年まで勤めたい」含む）

②理想の上司・先輩像「仕事について丁寧な指導をする上司・先輩」は79％

③仕事をしていくうえでの不安（複数選択可）「上司・同僚など職場の人とうまくやっていけるか」68.6％、「仕事に対する現在の自分の能力・スキル」65.6％

④抵抗のある仕事「上司や先輩からの指示が曖昧でも、質問をしないで、とりあえず作業を進める」83.7％（「どちらかといえば抵抗がある」含む）

⑤転職を考えるシチュエーション（複数回答可）「会社の将来性が見込めなくなったとき」「社風や企業文化が自分に合わないと感じたとき」の２つが突出している

⑥将来の日本社会はどうなっていると思うか「暗いイメージ」が65.8％（「どちらかといえば暗いイメージ」含む）

これらの特質は日本社会全体（パブリック）を１つの団体とみてもあてはまる。組織・団体外のパブリックの変容は組織・団体内のパブリックの変容とつながっているのである。

「若者の気持ちがわからない」という嘆きはいつの時代でも耳にする。そのほか「無気力な社員が増えた」、「すぐ転職を考える」という意見や「パワーハラスメント」「セクシャルハラスメント」などの問題が、企業を中心に山積しているといってもよい。目に見える問題ではないので見過ごされがちだったが、これらのソリューションとして注目されているのがエンプロイー・リレーションズなのである。

エンプロイー・リレーションズとは、主に企業を例にとって説明すると、社員と企業の間のシステマティックで左右対称の双方向性コミュニケーションを中心とした企業内パブリック・リレーションズである。以下、エンプロイー・リレーションズのポイントを紹介していこう。

●システマティックなコミュニケーション

第１に、システマティック・コミュニケーションとは、あらゆるツールやテクノロジーを駆使して効果的なエンプロイー・コミュニケーションを行うことである。ツールはさまざまで、IT などの技術進歩によって新たなツールが登場している一方で、ニューズレターや小冊子などの印刷媒体や、オーディオビジュアル媒体などもある。

近年では、コロナ禍を契機に、Zoom や Teams、Meet などのオンライン会議が頻繁に行われ、他方、企業内では社内 SNS はもとより、Slack や Chatwork などのビジネスチャットツールによって、プロジェクトごとでの情報の共有化が容易になるなど、コミュニケーションのあり方が新しい働き方に対応し、複合的に変容している。また社外への発信としては、X（旧 Twitter）や Facebook などのソーシャルメディアも日常的に使用されている。

しかしツールを揃えれば事足りるわけではなく、コミュニケーション・プロセスの検討などを通じて、さらに効果的な利用法を知ることが必要である。たとえば、社内表彰制度や社内留学制度、社内感謝デーなどの設置、社員プロフィールの配布などは従業員の満足度を高め、システマティックなコミュニケーションの一部であると同時に、潤滑油としての効果も期待できるだろう。

最近では、オンライン上の情報が増加し、情報の行き来がスピーディになっている。それだけビジネス上の意思決定も迅速性を要求されるようになり、組織内コミュニケーションも効率的に行わなければならない。単一のツールに頼るよりは、複数のツールを同時に使用したほうが有効な場合が多い。

ますますネットワークを活用した情報の多量性や多種性、リアルタイム性などが求められるなかで、今後「ビッグデータ」の活用に期待が集まっていくであろう。

●左右対称な双方向性コミュニケーション

第2に、ここでいう左右対称双方向性コミュニケーションとは情報流通がフラットの状態で、グルーニッグが述べているように（図表3-1、75ページ参照）、対象性双方向性コミュニケーションが行われるということである。指示・命令や情報収集といった上下方向、あるいは一方向のコミュニケーションとは異なっている。お互いに話し合う、文書をやりとりするといった水平方向で対になったコミュニケーション活動が特徴となる。

たとえば、企業トップと社員が同じテーブルでランチをともにしフェイス・ツゥ・フェイスで意見交換する機会を設けることなどが有効なコミュニケーション手法となる。さらに一歩進んで欧米の企業や日本の大手企業の一部が従来から採り入れている手法として、「フォーカス・グループ」を形成し、実情把握の場をつくることなどが代表的な例としてあげられる。「フォーカス・グループ」とは、テーマを決めて参加者を募り、当事者、関係者が参加せず自由討論形式で意見集約を行うもので、参加者の誰が何をいったのかは伏せたまま、集約された意見が企業トップに報告され、新たな戦略修正を行うかどうかの判断材料として取り扱う手法である。自由に意見を発表できる場が確保されるため効果は非常に大きく、この手法を採用する企業は欧米を中心に増えつづけている。

●社員の不満と有効なコミュニケーション

多くの会社員がもつ不満の１つは、自分の会社に関する情報を社内ルートではなく、新聞、TV、ソーシャルメディアなどで知ることが多いということである。報道に接して実際はどうなのかと事実を知ろうとしても、社内の情報より外部の情報のほうが早くて詳しいということがしばしばある。とくに日本企業の場合、ときとして会社の重要な発表はプレスを通じて外部にコミュニケーションが行われ、社員はその内容を最後に受け取ることで会社不信につながるケースがある。

こうした内部と外部の情報に大きな開きや時間のズレがあるのは望ましいことではなく、外部で詳細に知られていることが内部で確認できないといった情報の壁をつくってはならない。

アメリカを中心に欧米では、株主向けだけでなく社員向けのアニュアル・レポートを作成し、ファイナンシャル（財務的）な面からも何が起こっているかを社員に知らせる企業が増加しているが、日本企業もこうした点は見習うべきであろう。

エンプロイー・リレーションズで発信される情報に求められているのは「価値」「一貫性」「質」といわれる。社員が知りたがる情報を、必要に応じて定期的に、十分な内容で発信しなければ有効なエンプロイー・リレーションズは実現できないのである。また、企業が不祥事を起こした際には、透明性と情報開示のタイミングが担保されなければならないことは、いうまでもない。

●有効な情報発信と留意点

企業に対する社員の信頼感を高める最善の方法は、事実を正直に、そして率直に知らせることである。これによって社員が企業に抱く不信感を減らすことができる。

大半の社員は会社に対してある程度の信頼感をもっており、社内ルートで知った情報を比較的冷静に受け止めるものである。社員にとって貴重な情報をできるだけ多く提供する姿勢が、社員と会社のコミュニケーションの基礎となる。会社にとってマイナスの情報が社員に不安や動揺を与えることはやむをえないことであるが、その情報が信頼の構築に役立つこともあるのである。この場合、重要なのは社員がどのように受け止めるかを想定しながら、社員にダイレクトに伝わるメッセージを発することである。

そのうえで注意すべきことは、インターネット時代の今日、いかなるものであれ、社内情報は容易に外部に伝わる可能性が高いということである。原因は不注意、あるいは意図的な漏洩、悪意など、さまざまである。とくに不祥事を起こしている企業や人員削減を行っている企業では、その対象になっている社員やその同僚が、内部告発をしたり、情報を外部に流すことで事態を動かそうとする。だからといって、社員に対する情報を制限することはエンプロイー・リレーションズの基本を崩すことになる。最善の方法は、予防策のためにコミュニケーション用の社内文書やファイルなどが、外部に出てもいいように細かく慎重に文章を作っておくことだろう。

●企業合併の社内コミュニケーションと新たな企業文化の構築

「エンプロイー・リレーションズの究極の目的は、会社と社員との相互信頼を構築することだ」と前述したが、社員の信頼感が危機に晒される１つの代表的な場面は企業合併に現れる。ある銀行が合併したが人事部の統合まで10年近くかかったなど、元来競争相手であった企業同士が１つになる場合には、組織内にさまざまな問題を抱え込みがちである。

しかし、エンプロイー・リレーションズを成功させ、企業合併のデメリットを最小限に抑え、メリットを迅速に引き出した例がある。米国の大手航空宇宙企業ボーイング社とマグダネル・ダグラス社の巨大合併である。

両社は合併発表とほぼ同時に、合併に対する問題点の調査を始め、1週間たらずで最重要課題は「両社の従業員のコミュニケーション不足が合併のネック」であり、そのため「両社の従業員に統一されたビジョンをもってもらうことが決定的に重要である」と結論づけ、エンプロイー・リレーションズを本格的に開始した。

キーメッセージ“One Company, One Vision”を設定し、さまざまなツールを利用して、従業員がつねに最新の情報を共有できる体制を整備した。両社の従業員の合計総数は約22万人だが、その家族までをコミュニケーション対象とした。

合併が発効し新会社スタート後も、従業員の各家庭に情報パッケージを届けたり、2人のCEOが世界14都市にある関係施設を直接訪問するなど積極的なエンプロイー・リレーションズを展開した。

合併に対する社員アンケートでは大半が「合併はよいアイデアだ」と認めており、システマティックで対称性をもった双方向性コミュニケーションが成功しているのがわかる。

このボーイング社とダグラス社の巨大合併におけるエンプロイー・リレーションズ・プログラムはM&Aの成功事例として広く語り継がれている。以下に概要を記す。

●エンプロイー・リレーションズ事例

1997年8月、大型民間航空機メーカーで米国内トップのボーイング社と第2位のマグダネル・ダグラス社が合併、予想売上高総額480億ドル、世界市場の約7割を占める巨大企業が誕生した。両社は96年12月に合併を発表、約7カ月にわたる移行作業に入った。その間、大企業同士の合併について問題点を抽出するため調査を実施、明確になった問題点解決を目標として計画を練り、合併が成功裏にスタートすべくプログラムを実施した。

①調査と目標の設定

ボーイング社とマグダネル・ダグラス社は合併計画に関する記者会見を前に従業員から監査担当役員のレベルまでを視野に入れ、コミュニケーションの現状、合併へ向けての関係者のビジョンや意識を改善すること、および合併に対する理解度を把握するため、フォーカス・グループとして21人の従業員を対象に調査を実施した。その結果、３つのポイントがあがり、３つ目のポイントは合併推進の障害となりうるものであった。

第１は、コミュニケーションの重要性であり、わかっている事実や連絡事項を伝えるだけでなく、なんらかの懸案・課題について回答がみつからない場合でも「回答がみつからない」ということを伝える必要があること。

第２は、合併を両社の葬式としてみるのではなく、新会社誕生の祝典としてとらえる必要があること。

そして第３は、両社とも単一のチームとして作業する準備が整っておらず、現時点で合併を望みうる態勢になっていないというものであった。

両社はまた、近年に大規模な合併を経験した会社に対し、同様の立場を経験した人物を選び、対面形式による実情調査も実施した。そこからは合併に至る段階において会社側から従業員に対してわずかな注意しか向けられていなかったという事実を把握した。

移行期間の初期の段階で、両社は合併の最大の阻害要因を把握したことになる。じつは両社の経営責任者が合併に合意したのは記者会見の５日前であり、発表前から調査を開始して目標設定を終えており、1996年12月15日の会見直後には計画プログラムは始動していたのである。

両社が設定した目標は、

i　合併を成功させる

ii　単一の会社として合併初日から操業を成功させる準備をする

iii　新しいボーイング社の基盤を固める

の３つであり、従業員に主眼をおき、「単一の会社としての文化を育てる」ための戦略を重視するものであった。

合併を成功させるためには社の内外、国内と国外の重要対象層に対するサポートの構築維持が重要との考えが一般的ということもあり、ボーイング社も欧米での規制実態の把握、金融関係、株主、顧客、メディアなどのステークホルダーに対して多くの計画を実施しているが、とくに目立っているのは従業員関係を目標として明確に設定したことであり、この点が最も特徴的といえる。

②計画

ボーイング社は従業員とのコミュニケーションを最優先課題とし戦略計画を練った。まず、全従業員にはつねに最新情報を伝え、各段階で全従業員が情報を共有することで合併への理解を向上させ、新会社に対して従業員の熱心なサポートを得ることを基本目標においた。コミュニケーションのターゲットとなるのは新ボーイング社の中心となる22万人以上の従業員とその家族で、範囲はアメリカ、カナダ、オーストラリアをはじめ全世界にわたる。主に顧客をサポートする販売、マーケティング・サービス部門を中心にコミュニケーション活動を展開した。

このためコミュニケーション・チャンネルの確保が必要となり、管理職用の大規模な情報キット、社内新聞の創刊、ウェブサイト、電話サービス、内部用テレビプログラム、また11分野にわたる従業員たちの定期的な会合などを計画した。メディアに対しても積極的に背景説明を行い、ジャーナリストに対して主要な生産拠点への取材ツアーなどを企画した。従業員が会社に関する情報の多くを一般のメディアから取得していることを重視したためである。そして、コミュニケーション・プログラムに対し、両社の経営責任者は熱心なサポートを行った。

③実行（インプリメンテーション）

計画は1997年１月から７月までの移行期間と、８月１日の合併初日に分けてスケジュールどおりに実施された。

記者会見の翌日（12月16日）、分野別の11のコミュニケーション・チームを設立、管理職全員のデスクにグループの従業員と情報を共有するための資料が配布された。社内新聞を毎週発行し、両社のすべての部門に配られた。そのなかで合併関連の記事を大きく取り上げた。ビデオと社内テレビプログラムは繰り返し継続して放映された。両社のウェブサイトには日ごとに追加される新情報を更新し、世界のメディアに取り上げられたニュースは要約され、主要な従業員に届けられた。“One Company, One Vision” のメッセージを象徴的に表現するため、移行期間中にボーイング社のロゴの中にマグダネル・ダグラス社から継承するものを含めるように変更した。また、メディアツアーを通じて、内部の反応をアピールした。

合併初日には全従業員に関係する建設的なイベントが行われた。合併が正式発効した8月1日、従業員22万人すべての家庭に完全な情報パッケージが届けられた。それは経営責任者たちが合併のビジョンと重要性を話し合ったビデオテープや新ボーイング社の製品・プログラム・能力を解説したパンフレット、新会社のロゴの入った記念品などで、海外の従業員にも送付された。

同日、アメリカおよびカナダ全域の工場従業員17万6000人以上が、ボーイング社のCEO フィル・コンディットとマグダネル・ダグラス社のCEO ハリー・ストーンサイファの2人の経営責任者からメッセージを受け取るために、工場でワシントン D.C. からのテレビ放映を待ち受け、新ボーイング社に関する重要情報について公式発表前に報告を受けた。

そして、工場内に設置された巨大スクリーンと衛星放送を通じて、ワールドニュース会議にも参加した。また、アメリカ、カナダ全域から選ばれた従業員がワシントン D.C. に招かれ、経営トップとの会談に参加するなどした。この会談は計画段階での数少ない修正の1つで、合併3週間前に発表されたものだった。

両社の経営責任者はつねに同一行動をとることにも積極的であった。2人は単にいっしょに発表を行うだけでなく、合併後5日間にわたって14の都市の工場をいっしょに訪問し、生産ラインの見学、従業員との握手、写真撮影、サイン、質疑応答などのひとときを共有した。この「フィルとハリーの素晴らしい冒険」と銘打ったツアーは「単一の会社」というイメージを劇的に伝えるためのすぐれた演出であった。

④評価

合併の最終合意まで競合関係にあった両社だが、ほとんど問題は発生しなかった。従業員22万人を対象としたイベント準備についても、厳しい日程の中ですべて予定どおりに終えることができた。とりわけ2人の経営者「フィルとハリー」の工場訪問をクライマックスとする一連のプログラムは、きわめて肯定的な反応を得ることに成功した。

一例として工場訪問の際、生産ラインを１時間停止したにもかかわらず、１日の生産性として過去最高の結果が得られたことがあげられる。ほぼ全員の従業員がアンケートに対して「合併自体がよいアイデアであった」と回答しており、従業員に主眼をおいた合併への取り組みは成功した。しかし、これをもってプログラムは終了したわけではなく、その後も電子メールによるアンケート調査や、合併後18地域に増やしたフォーカス・グループを通じてコミュニケーション・プログラムに対する評価などが継続して行われた。

⑸ コミュニティ・リレーションズ（Community Relations: CR）

企業がコミュニティ（地域社会）を意識するようになったのは、公害問題などがきっかけで住民運動が盛り上がりをみせた1970年代であるといわれている。

わが国においては、1960年代頃から産業活動に起因する公害が社会問題となり、70年代初頭には環境関係の規制法が整備されはじめている。80年代に入ると、環境問題の焦点は地域から地球規模に広がり、いわゆる地球温暖化やオゾン層破壊といった人類の存続に関わる問題へと変容していった。

21世紀に入ると、気候変動を含めた地球的危機への取り組みが叫ばれるようになった。その象徴が2015年９月に国連サミットで採択された持続可能な開発目標（SDGs）である。SDGs は地球環境の保全と自然との共存を柱に17の目標を設け、これまでの成長・開発至上主義をあらため、多様性の尊重、マイノリティの権利の向上、飢餓や貧困の克服を謳っている。

その視点で、日本の課題について、少しだけみておきたい。日本は、1990年代初めの経済バブル崩壊以降、長期の経済低迷（失われた30年）にあえいでいる。そうしたなかで社会的格差が広がり、貧困化も進んでいる。相対的貧困率は先進国の中のトップレベルで、米国・韓国よりも高く、15.4％である。相対的貧困とは、１人当たり可処分所得が中央値の２分の１と定義されており、2023年基準で127万円である。日本では１人親世帯の半数が相対的貧困世帯となっている。

2011年の東日本大震災は福島原発事故をともなったこともあいまって、地域社会の崩壊に拍車をかけた。それだけではない。少子高齢化と人口の都市集中は、全国で地方の過疎化を進め、地域と結びついた家族経営の個店の廃業が増えている。

しかし、こうした貧困化・地域社会の崩壊に対抗するために、NPO をはじめとするさまざまな支援活動・プログラムが誕生している。ここでは、「こども食堂」を紹介する。

「こども食堂」は、2012年に大田区のある八百屋のおかみさんが始めたとされる。先に述べたように、日本では1人親世帯を中心に貧困化が重大問題となっている。給食以外にバナナ1本で過ごすような子どもたちが多数いるのだ。こうした子どもたちの多くは孤食で、家族団らんの味を知らない。親は働きに出ているので、家族で鍋を囲んで食べるという経験もないのだ。「こども食堂」はこうした子どもたちに食事を提供するだけでなく、宿題をやる場、居場所を提供している。現在、全国7363カ所に広がっている（2022年、NPO 全国こども食堂支援センター発表）。

政策面においても、経済産業省が、産業界・地方自治体と共同で「ゼロ・エミッション（CO_2排出ゼロ）構想」に基づきながら、地域振興と環境との調和を目指したエコタウン事業を進めている。

こうした背景の中で、企業はそのプレゼンスや価値を高めていくために、たんに業績だけでなくコーポレート・シチズン（企業市民）として地域社会や広く一般社会との良好な関係づくりを重要視し、コミュニティ・リレーションズをしっかりPR プログラムに組み込むようになってきた。ここではコミュニティ・リレーションズを策定するうえでの留意点とプログラム例を紹介しておこう。

●コミュニティ・リレーションズ策定の留意点

①情報公開

前述したようにわが国では、公害問題をきっかけに地域住民の企業への不信が増大し、コミュニティ・リレーションズが重要視されるようになってきたという経緯があり、何よりも積極的な情報公開が必要となる。企業の隠蔽体質は地域住民の不信感を募らせるだけである。

②住民からの苦情や意見の受付窓口の設置

パブリック・リレーションズは、本来的に自己修正機能を有する双方向性コミュニケーション活動である。したがって、「情報公開」といっても一方的に企業側から地域住民に対して情報を流せばそれでよいということではない。双方向性コミュニケーションを実現するためにも住民からの苦情や意見を受け付ける社内セクションをPR・広報部の中に設置したり、ウェブサイトに専用のお問い合せフォームを実装したり、ソーシャルメディアを活用したりといった工夫が必要となる。

●地域社会との融和プログラム

ここでも双方向性コミュニケーションの考え方が基本になる。1つはオープンハウス（工場や研究・開発センターなど企業施設の見学会）などを通して地域社会や周辺住民の人々を企業施設に招き、企業活動や製品・サービスに対する理解を深めてもらうといったプログラムである。つまり、こうした人々を企業施設へ招き入れるといった方向性をもつものである。もう1つは逆の流れで、企業側が地域社会へ飛び込んでいく形態である。この形態には地域イベント（祭や盆踊り大会など）への参加、地域の教育機関へのサポートや地域組織（商工会議所、商店会、ライオンズクラブなど）への参加など企業の地域社会への貢献事例としてさまざまなプログラムが想定される。

プログラムの目的によって地元の商店街から市町村、あるいは都道府県までカバーすることになる。

(6) リレーションシップ・マネジメントに求められる能力

ここまで、パブリック・リレーションズを構成するさまざまなリレーションズについて紹介してきた。この章の締めくくりとして、こうしたさまざまなステークホルダーとの間のリレーションシップ・マネジメントを遂行していくうえで、PRの専門家・実務家として、どのような能力が求められるのかについて簡単に触れておきたい（図表2-12）。

パブリック・リレーションズ専門家には10の資質・能力と5つの基本条件

図表2-12　リレーションシップ・マネジメントに求められる能力

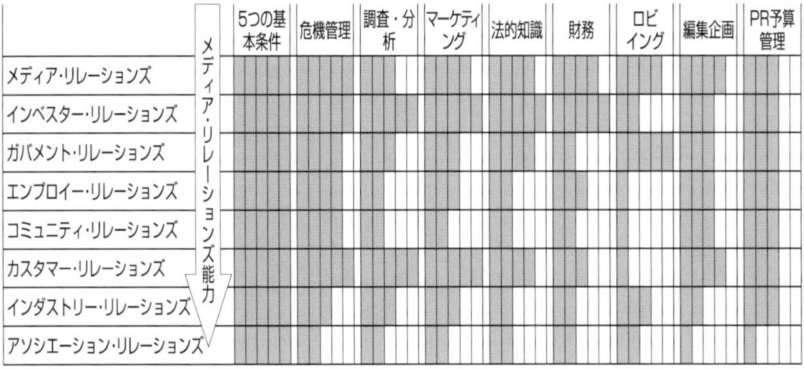

	メディア・リレーションズ能力	5つの基本条件	危機管理	調査・分析	マーケティング	法的知識	財務	ロビイング	編集企画	PR予算管理
メディア・リレーションズ										
インベスター・リレーションズ										
ガバメント・リレーションズ										
エンプロイー・リレーションズ										
コミュニティ・リレーションズ										
カスタマー・リレーションズ										
インダストリー・リレーションズ										
アソシエーション・リレーションズ										

が求められる。この点については、第４章第４節で詳しく述べる。また現在、公益社団法人日本パブリックリレーションズ協会（PRSJ）では、2007年度にPR実務家を対象に資格認定制度をスタートさせたが、制度策定に当たってはPR実務家が、どのような能力を有するべきかが検討され、PR専門家や実務家がカバーすべき能力について図式化を試みた。

メディア・リレーションズ能力とは、たとえばニュース素材を発掘する能力、適切なメディアを選択して記事化につなげる能力、プレス・リリースのライティング能力、気難しい記者とうまくつきあう能力などが含まれる。先にも述べたようにメディア・リレーションズはパブリック・リレーションズのコア・コンピテンスであり、PR実務家にとってこの能力はすべてのリレーションズをそれぞれのステークホルダーとの関わりを通して、効果的に実施していくうえで重要となる。

専門家に求められる５つの基本条件（倫理観、ポジティブ思考、シナリオ作成能力、IT能力、英語力）も同様である。ただし、国内での活動においては英語力の重要性が低くなるなど、対象となるステークホルダーとのリレーションズやパブリックに関連してうまくマネージするうえで、その重要度に濃淡が出てくることになる。こうした理解のもとに図表２-12を参照してほしい。

PUBLIC RELATIONS

第3章

パブリック・リレーションズの歴史的背景

1　パブリック・リレーションズの変遷とその定義

●米国で登場、進化したパブリック・リレーションズ

パブリック・リレーションズの起源については、いつ頃からこの用語が使われだしたのか定かではない。米国のある歴史学者グループは、第３代アメリカ大統領トーマス・ジェファーソンが1807年の選挙キャンペーンに初めて「パブリック」と「リレーションズ」という言葉を組み合わせ、「パブリック・リレーションズ」という用語をつくったとしている。

一方、別の学者グループは、1882年に法律家ドーマン・イートンがエール大学のロースクールで「法律専門家の責務とパブリック・リレーションズ」と題して講演し、パブリックの福祉と繁栄がパブリック・リレーションズの役割としたのが、その用語の始まりと主張している。

にもかかわらず、パブリック・リレーションズという用語は、1897年の『米国鉄道年鑑』の中に現れるまで公式に使われることはなかった。

1908年、AT&T 社長テオドール・ヴェイルは、その年の同社アニュアル・レポート（年次報告書）のタイトルを「パブリック・リレーションズ」とし、その用語にイートンと同様な意味合いをもたせた。

しかし、この頃まではパブリック・リレーションズの基本構造は共通するものの定義は一定せず、時代とともに変遷して、近現代史の中で育ち、米国を世界のスーパー・パワーへと押し上げる原動力の１つとなった。

●グルーニッグの４つのモデル

ジェームス・グルーニッグはアメリカで歴史的進化を遂げるパブリック・リレーションズを次の４つのモデルに分類している（図表３-１）。

①プレス・エージェントリー・パブリシティ時代（1850年頃から）

このモデルはパブリック・リレーションズの最初の歴史的特性を示しており、その目的は、組織や製品・サービスをパブリサイズ（広告・宣伝）すること。一方向性コミュニケーションで、情報発信する組織体がターゲットとするパブリックへのコントロールを手助けするためのプロパガンダ型手法で

図表3-1　グルーニッグによるパブリック・リレーションズの４つの特性

1850年代～

特性	プレス・エージェントリー・パブリシティ
目的	プロパガンダ
コミュニケーションの性格（形態）	一方向、完全な真実に基づかない。発信者➡受信者
代表的な歴史上の実務家	P.T.バーナム
応用分野	スポーツ・映画・観劇、製品プロモーション各種

1900年代～

特性	パブリック・インフォメーション
目的	情報の配信
コミュニケーションの性格（形態）	一方向、真実が求められる。発信者➡受信者
代表的な歴史上の実務家	アイビー・リー
応用分野	政府、NPO、ビジネス

1920年代～

特性	非対称性双方向性コミュニケーション
目的	科学的な説得
コミュニケーションの性格（形態）	双方向だがアンバランスな効果。発信者⬅➡受信者
代表的な歴史上の実務家	エドワード・バーネイズ
応用分野	競合の激しいビジネス

1960年代～

特性	対称性双方向性コミュニケーション
目的	相互理解
コミュニケーションの性格（形態）	双方向、バランスのとれた効果。グループ⬅➡グループ
代表的な歴史上の実務家	バーネイズ、教育者、専門家、業界の先導者
応用分野	PRコンサルタント、安定したビジネス

ある。この時期には完全な事実情報がつねに発信されていたわけではない。

当時の辞典『ウェブスター』第２版には、パブリック・リレーションズの記述はなく、かわりにパブリシティを紹介し、それについて「パブリシティを通じての一般社会との関係。とくに企業や組織などにとって都合のよい世論づくりを目指すこと」と規定している。

②パブリック・インフォメーション時代（1900年頃から）

歴史的パブリック・リレーションズの第２段階。20世紀初頭に活躍し後に「PR の父」と呼ばれるアイビー・リー（資料２、285ページ参照）に代表される。一方向性コミュニケーションでパブリック・インフォメーション型、主として官公庁や非営利組織・団体が使う手法で、メディアに所属しないジャーナリストで企業などの組織体に籍を置くものは“Journalist in Residence”と呼ばれた。組織とパブリックの双方の利益代表者たるべくつとめ、可能な限り真実と正確性をもった情報をパブリックに発信している。リーは1906年「みずから提供するニュースは迅速・正確、そしてオープンで透明性が高い」

コラム4 広報・プロパガンダとパブリック・リレーションズとの違い

パブリック・リレーションズ（Public Relations）という言葉は、日本ではしばしば「広報（直訳：public information）」や「パブリシティ（publicity：宣伝）」という言葉と半同義語的に使われている。また、情報の受け手からみるとプロパガンダと思えるものを、情報発信者の側がパブリック・リレーションズだと思っていることもある。従来型の「広聴」とセットになった「広報」や「パブリシティ」はパブリック・リレーションズ戦略におけるプログラムの一部ではあるが、パブリック・リレーションズそのものではない。

日本企業の中には、PR・広報部門に渉外や消費者担当、また最近ではIR（インベスター・リレーションズ）担当などを置き、積極的にコミュニケーション活動を行う企業が現れてきているが、それらはまだ少数派である。また、プロパガンダは情報発信者が一方向に情報を発信し、「正しい」と思っていることを表明し正当化するためのものであり、個人や公共利益と必ずしも結びついたものではない。ときには自己利益との混同もみられ、パブリック・リレーションズとはいいがたい側面がある。これらは日本にパブリック・リレーションズが導入された後の発展の仕方と密接に結びついており、その発展は日本経済の成長過程から大きな影響を受けている。

企業を例にとると、情報発信については一方向性が強く、とくにマイナスイメージにつながりやすい情報については守りの姿勢が目立つ。政府や行政機関も概してこの傾向にあり、記者クラブなどのレクチャーを通じて情報発信している反面、マイナス情報に対しては開示を躊躇し、ときには積極的に隠蔽することもある。

とし「行動規範宣言＝Declaration of Principles」を発表した。

③非対称性双方向性コミュニケーション時代（1920年頃から）

このモデルは企業側に立って考えられたもので、企業や組織の立場と視点からパブリックを説得、同意させるための手法。エドワード・バーネイズ（資料2、287ページ参照）に代表される。パブリックが組織をどうみているかを把握し、そして組織とは立場・視点も違うパブリックをいかに変えるのかを目的とし、フィードバックをパブリック操作のために使う。左右対称性に欠けるコミュニケーション形態。厳しい競争市場で活動する企業ではこのモデルが実践されている。

第2次世界大戦後のパブリック・リレーションズの定義は、双方向性が主軸とされるようになり、1949年の『ウェブスター新共同辞典』第6版では「パブリック・リレーションズ」が初めて登場し、「パブリック・リレーションズとは企業体、組合、政府や他の組織体が顧客や従業員、株主のような特定のパブリックと健全で生産性のある関係性を構築し、また一般社会に説明するもの」としている。

④対称性双方向性コミュニケーション時代（1960年代から）

組織体の試みがすべての対象にとって受容可能な状態となるための手法。その目的は、組織体管理者と組織体が影響を与えるパブリックとの間の相互理解を発展させるためで、たんに組織体が情報発信元で、パブリックが受容者といった関係ではなく、双方を取引（やりとり）に関わるグループとしてとらえる考え方である。

『ウェブスター新共同辞典』第7版（1963年）も「パブリック・リレーションズとは相互理解と善意を発展させるための芸術または科学」と、双方向性の概念を吸収、反映している。

●レックス・F. ハーロウの定義

アメリカのパブリック・リレーションズ研究家かつ専門家であったスタンフォード大学教授レックス・F. ハーロウは、1900年代初頭からさまざまになされてきた定義を収集・分析して1976年に以下のように述べている。

「パブリック・リレーションズは、一企業体とパブリック（一般社会）との間の相互のコミュニケーション、理解、合意、協力関係の樹立、維持を助け、課題に対する論争に経営者を巻き込み、経営者に世論の動向を知らせ、その対処を助け、パブリックの利益に奉仕するための経営者の責任をはっきりと認識させ、社会の趨勢を予知するための警報システムとして経営者と一体となって変化を有効に利用し、さらにその最も重要なツールとして調査と健全かつ倫理に沿ったコミュニケーションに利用する、マネジメント（管理）機能の役割を果たすものである」

ここで重要なのは、それまであまり注目されなかった「倫理」を取り入れていることである。これはウォーターゲート事件（1972年）や高度経済成長下における企業活動の社会的責任に対し、パブリック・リレーションズ実務の社会的使命の自覚を促したものといえる。

●国際パブリックリレーションズ協会などの定義

国際パブリックリレーションズ協会（国際 PR 協会：IPRA）が1978年に採択した規定の中では、パブリック・リレーションズについて双方向性コミュニケーションによる相互理解の必要性を強調し、企業側の調整概念に資するためマネジメントへのカウンセリングと、政策調整アクションの役割を求めている。

これは、一方向性の限界のみならず、その有害性を認め、双方向性の役割を明確に表明した規定であり、情報発信者は、発信するだけでなく、その影響や効果などの情報にも意識的に注意を向けはじめたことがわかる。

また、1982年の米国パブリックリレーションズ協会（米国 PR 協会：PRSA）の公式声明では、「パブリック・リレーションズは、各種団体、機関の相互理解に貢献することによって多元的社会が意思決定を行い、より効果的に機能することに貢献するものである。これはまた、官民間の政策調整にも貢献する。また、パブリック・リレーションズはわれわれ社会のさまざまな団体、組織に奉仕するものである。これらの団体、組織がそれぞれの目標を達成するためには、従業員、会員、顧客、地方企業、株主などそれぞれ違った分野のパブリック、すなわち社会全体と効果的な関係を育てていかなければならない」としている。

さらに、PRSA は前述の1982年の定義を改訂し、2012年に新たな定義を発表している。簡素化された PR の定義は、以下のとおりである。

「パブリック・リレーションズは、組織体とパブリックが相互利益にかなう関係構築を行うための戦略的一連のコミュニケーションプロセスである」(Public relations is a strategic communication process that builds mutually beneficial relationships between organizations and their publics. PRSA ホームページ https://www.ipra.org/about/all-about-pr/ を参照)

一方 IPRA は、2019年に PR の新しい定義を発表した。それは以下のとおりである。

「パブリック・リレーションズは、信頼できる倫理的なコミュニケーション方法により情報発信を行うことで、組織とパブリックとの関係および関心を構築し高める意思決定管理の活動である」(Public relations is a decision-making management practice tasked with building relationships and interests between organisations and their publics based on the delivery of information through trusted and ethical communication methods. IPRA のホームページ https://www.ipra.org/member-services/pr-definition/ を参照)

2　パブリック・リレーションズの現代的定義と役割

情報革命が進行するグローバル時代にあって、情報発信者にとって対象とするパブリックは、それ自体国境を越えてたゆまなく拡大している。まさにパブリックは地球的規模で成熟し、さらなる脱皮をする時代に突入したといえる。

多極化が進み、情報が瞬時に世界を駆け巡る時代では、これまで到達しがたかった遠隔地や組織体の情報に容易にアクセスできる一方、SNS の普及やAIの進化などにより情報発信者＝情報受容者を取り巻く世界は密度を増して狭くなっている。これは情報発信に対する反応の速度と、それを受けてさらなる情報発信をしていくサイクルの速度が加速していることを意味する。

情報発信者は、情報のサイクルが加速することで、発信した情報で自らが影響を受けることをいままで以上に自覚しなければならない。

また、インターネットのサイバースペースでは、ダイレクトなコミュニケーションが可能となり、1990年代の後半に登場したeビジネスは瞬く間に拡大し、これまで以上に情報に敏感な新たな分野を創り出している。発展過程にあるデジタル社会の実体は複雑怪奇、曖昧混沌でありながら、その影響はきわめて大きくなっている。そして、このITの進歩への対応が遅れると地域間はもとより、世代間での情報格差を増すことにもなっていく。

一方、戦争や民族紛争といった出来事が起こった場合、パブリックそのものが変質する。つまり、パブリック・リレーションズの成長する条件としての自由主義が侵される可能性が高くなる。その意味で、パブリック・リレーションズのプラクティショナー（実務家）にとっては自由主義秩序維持のために行う情報発信も重要になってくる。

本書の「はじめに」で、パブリック・リレーションズについて「パブリック・リレーションズ（PR）とは、個人や組織体が最短距離で目的や目標を達成する、『倫理観』に支えられた『双方向性コミュニケーション』と『自己修正』をベースとしたリレーションズ（関係構築）活動である」と一般の人へ向けた筆者なりのわかりやすい定義を示したが、より肉付けした現代的パブリック・リレーションズを次のように定義したい。

「パブリック・リレーションズとは、自由競争が可能な民主国家や地域で、双方向性コミュニケーションに基づいて、倫理観と哲学をもち自己修正能力のある個人や組織体（情報発信者）が、目的や目標達成のために、公共の利益に沿って社会的に有意義で調和ある行動でグッドウィル（信頼・好意）を醸成し、マネジメント・ファンクションとして統合的に調整する継続性のあるリレーションズ（関係構築）活動である」

つまり、パブリック・リレーションズとは、言論の自由が保障された環境下で、情報を分析・吸収し利用できる自己修正能力のある情報発信者が目的や目標を達成するために的確にターゲット（パブリック：ステークホルダー）を設定し、設定されたステークホルダーに働きかけ、その変化・影響を分析・吸収し、また刻々と変容するパブリックの姿をフィードバックし、新たな情報発信のために役立て、時期を逸せずに新情報を発信し、「信頼と良好な関係構築のためのマネジメントの意思決定プロセスに関わる多様なステークホルダーとの継続的なリレーションシップ・マネジメント」といえる。つまりマルチ・ステークホルダー・リレーションシップ・マネジメントなのである。厳しいグローバル競争下でスピードある対応が求められる企業にとってのパブリック・リレーションズは、「戦略性」に重心を置くことにより、市場や業界における優位性の確保に資することが可能になるのである。

3　なぜ日本のパブリック・リレーションズは遅れをとったのか？——日本におけるパブリック・リレーションズ発展史

本節では、日本のパブリック・リレーションズの発展（Evolution）と現状、そして日本がなぜPRで遅れをとったのかを日本の歴史的、社会・文化的な視点も加えながら述べていきたい。遅れの原因を探ることは、今後いかなる施策が必要かを見出すことに大いに役立つと思われるからだ。

260年におよぶ江戸時代の長い鎖国から、明治維新により急速に西欧化の道を歩んだ日本の近代史における道程は単調なものではなかった。その歩みが急激だったゆえに、多くの試行錯誤を繰り返し、ときとしてその野心は日本国民にとどまらず近隣諸国へ計り知れない苦しみを与えることになる。第２次世界大戦後、民主主義が軍国主義にとってかわり、自由民主党による一党支配下で、日本人の勤勉性に助けられた政・官・財の協調体制は、その経済活動の成果として1980年初頭には高品質・大量生産で近代工業社会における世界の頂点に立つことになる。85年にニューヨークで開催されたＧ７蔵相会議での「プラザ合意」は円高を加速させ、日本企業のグローバル化に弾みがかかった。このことは、それまでの日本国内で独自の文化と制度の中で形成された、「終身雇用制」や「集団的意思決定プロセス」から、「オープン」「フェア」「スピード」という、従来日本企業が持ち合わせていなかった経営手法が要求されることを意味した。

島国日本は建国以来、単一的民族構成と儒教の影響下にあったため、地続きの大陸の中で異民族と多くの接触機会をもった欧米的なロー・コンテクスト型のコミュニケーション手法とは異なった、ハイ・コンテクスト型で特有なコミュニケーション形態を形成してきた（詳しくは本章第５節を参照）。パブリック・リレーションズはグローバル時代に通用する、関係構築を通したコミュニケーション活動であり、その意味ではこれまでの日本にとって最も不得意とする領域であった。日本の宗教は、神道、仏教がその中心をなしており、思想は６世紀に儒教が体系的に紹介され、以来第２次世界大戦まで深く日本社会に浸透していた。戦後80年近く経っているが、上下関係の厳しさや寡黙を求められる儒教的考え方は社会に残っており、西欧のキリスト教的考え方がベースのパブリック・リレーションズ的な行動とは対極にあるといえる。

企業や官界、政界で繰り返される不祥事は、日本にこの機能と活用が十分に根づいていないことを示している。また現在日本経済は大きな転換点に立っており、経済成長を支えてきたそれまでの社会システムは見直され、抜本的な構造改革が叫ばれている。

(1) 日本のPRの発展に重要な役割を果たした社会・歴史的要因

日本は東北アジアに位置し、面積は米国カリフォルニア州とほぼ同じだが、人口は１億2451万1000人（2023年６月確定値：総務省統計局「人口推計」）で、四方を海に囲まれた島国である。古来農業・漁業をその産業の中心としていたが、江戸時代は封建主義と鎖国政策のもと自給自足経済で、統治は相対的に安定し、独自の経済、社会、文化的発展を経験した。産業面では織物や陶器などを製造する手工業が発達し、貨幣経済も発展した。

19世紀後半の米国ペリー提督率いる黒船来航によってもたらされた開国は、その後、明治維新を経て、日本に西欧の科学技術とシステムの積極導入を急がせた。強い近代国家建設を目指した日本は、殖産振興・富国強兵をキー・ワードに新帝国主義の路線を歩むことになる。

その結果、日本は第2次世界大戦を起こし挫折するのだが、戦後、司法、行政、立法の三権分立国家として再スタートした日本は、戦前（1937年）から構築された官僚統制経済システムと、政・官・財が協調するユニークな枠組み、また1920年頃から起源を発し第2次大戦後完成された「年功序列」「終身雇用制」に代表される日本型システムを構築した。そして戦後日本は、勤勉性を特色として米国に次ぐGDP第2位の国にのしあがっていく。

政治プロセスをみると、第1章で述べたように、諸外国や地方自治体と比べ、日本のトップリーダー（総理大臣）は頻繁に交替を繰り返してきた（1947年から現在までの77年間に55人）。このことは、逆にいかに個人の能力に頼らない強固な社会システムを日本がもっていたかの証ともいえる。政治の不安定は行政によって補強されることになり、強固な官僚主導型社会システムのもとで、1980年代初頭に一度は近代工業社会の頂点に立った日本であったが、90年代に入りバブル経済が崩壊。グローバル化が加速する一方、新しい変化に対応できない官僚システムは制度疲労を起こし、構造改革の遅れは、「失われた30年」に象徴されるように閉塞状況をもたらしている。2021年に設立された一般社団法人日本パブリックリレーションズ学会（JPRS）では、統合的なPRの視点から日本の「失われた30年」を検証する特別研究会を立ち上げ、内外の識者・専門家らをヒアリングゲストに招き、「失われた30年」からの脱却に向けた検討を行っている。

(2) 日本のパブリック・リレーションズの歴史（図表3-2）

日本のパブリック・リレーションズの歴史は浅く、その起源は1945年の敗戦によるGHQの占領政策にみることができる。民主主義や自由思想文化を基底とした成長過程を抜きにして導入された。そのことが日本におけるパブリック・リレーションズを正確に理解することの阻害要因となっている。とはいえ、パブリック・リレーションズの萌芽は戦前からみることができる（以下、猪狩誠也（1998）を参考に、パブリック・リレーションズの歴史をみていく）。

パブリック・リレーションズを戦前の企業が体系的に導入したことを確認

図表3-2　日本におけるパブリック・リレーションズ(PR)の発展とその問題点

時期	項目	内容
①1925年～1945年 昭和初期～第2次世界大戦終結 (PRの萌芽期)	特　徴 目　的 問題点	プロパガンダ型(富国強兵のための) 大衆操作 言論の自由を抑え、世論操作を行った
②1947年～1952年 GHQによる行政への導入期	特　徴 目　的 問題点	パブリック・インフォメーション型(一方向性コミュニケーション) GHQ(連合国軍総司令部)が占領政策を遂行するため この行政広報は「お知らせ」一辺倒でパブリック・リレーションズの概念や機能を誤らせた。また、当時並行して移入されたパブリック・インフォメーションと混同されたことも要因となった。また52年に発効したサンフランシスコ講和条約によるGHQの引き揚げとともに、PRはその求心力を急速に失い、その本質的な理念や概念からはずれていった
③1950年代～ 米国型PRの啓発期	特　徴 目　的 問題点	PR広告・パブリシティ型(一方向性コミュニケーション) 企業が社会的認容を得るため 証券取引所の再開がGHQにより許可されたこと(1949)や日経連が戦後初の「経営視察団」を米国に派遣(1951)したことにより企業内に広報部門が設置されはじめた。しかし、PRの本来的な理念や概念が浸透しなかった。また、広告代理店内部にPR部門が開設されたため、広告・宣伝とPRとが混同され、PRがモノを売るための手法、あるいはPR=広告やパブリシティとの誤解を招く結果となった
④1950年代後半～1990年 高度経済成長時代におけるPRの低迷期	特　徴 目　的 問題点	パブリシティ型(国際レベルの一方向性コミュニケーション) 大量生産・大量消費のサイクルを創るための販売促進 マーケティングPRに特化しすぎ、広範なPR実践のための技術が導入されず、この悪影響が方々で露呈する。たとえば、国内では相次ぐ企業不祥事や公害問題、海外では貿易摩擦(半導体や自動車など)に代表される
⑤1991年～2010年 グローバルPRへの過渡期：とくにバブル経済崩壊後の企業におけるPR	特　徴 目　的 問題点	コーポレート・コミュニケーション(C.C.)型(双方向性コミュニケーション) コーポレート・シチズンを目指す グローバル化の中で、日本の行政や経営システムの制度疲労と自己修正機能をもつ双方向性コミュニケーションが未成熟

⑥2011年～2019年 東日本大震災以降。二極体制から一極体制を経て、多極化が進展する世界にあって、新たなPRモデルが求められている	特　徴 目　的 問題点	グローバルコミュニケーション型（双方向性コミュニケーション） グローバル視点で価値の共有化をはかる（CSV） グローバル化の中で、その基盤となるPRが未成熟でダイバーシティなどの受入れ素地がない
⑦2020年～ SDGsが提唱する「誰一人取り残さない」目標とは裏腹に、Covid-19による社会生活の変化と戦争による世界の分断化が進行。生成AIの登場によりPRの重要性がさらに高まる	特　徴 目　的 問題点	リレーションシップ・マネジメント型（倫理観ベースとした対称性をもった対称性双方向コミュニケーション） 「誰一人取り残さない」（SDGs）の追求と倫理観の確立 グローバル化の進展とローカルな問題とのバランスをどうとっていくのか、民族や宗教間の争いにどのように対応すべきか。またSNSの普及やAIの登場、情報の洪水の中での真贋の見極め

出典：井之上喬「日本におけるパブリック・リレーションズ発展のための考察」『広報研究』第9号、2005年3月、pp.30-44を加筆改定

できる資料はないが、柴崎菊雄（1993）は、当時の南満州鉄道株式会社に、1923（大正12）年社長室の直轄で「弘報係」が置かれたと記述している。注目すべきことは、満鉄弘報の発想がプロパガンダと一線を画し、独立した形をとり、社長直属で生まれたとしていることである。また、PR研究会代表の池田喜作は、日本の社内報について、1903年鐘紡が工場の女子工員向けに出版し、これが好評だったことを受けて翌1904年正式に全社的な社内報の創刊を行ったのが、国内第1号であるとしている。また最初のPR誌刊行についてはいくつか説があるが、1897年には丸善、1899年には三井呉服店（現在の三越）が創刊したとされている。三井呉服店のPR誌は350ページにおよぶ大作で、営業案内、新しい柄、流行柄の紹介、そして当時著名であった尾崎紅葉らの小説も掲載されていた。当時の両社の経営陣はいずれも米国渡航経験者であることから、1880年代後半に米国で登場した企業PR誌をヒントに日本で創刊したことがうかがえる。

日本で政府および軍当局が自国の宣伝の重要性を認識しはじめたのは、第1次世界大戦後といわれている。また、戦時宣伝への認識変化の契機となったのは、中国大陸侵略の導火線となった「満州事変」である。日本軍の軍事行動が国際世論の批判を浴びたことを、政府要人や軍部関係者が「宣伝戦の惨憺たる敗北」とみなし、国際世論を操作するためのシステムづくりの必要性がクローズアップされた。これらを背景に、1932年、外務省内に「情報委員会」が設置され、国策に沿った内外宣伝方針の企画にあたる組織をつくった。その後いくつかの変遷を経て、それまで省庁ごとに行われていた情報・宣伝業務を一元化し、1940年に内閣直属の機関として「情報局」をスタートさせ、民間のあらゆる言論・文化・思想に関わる諸機関や団体への指導という名目で干渉と取り締まりにあたったのである。これは、第1次、第2次世界大戦に米国がPR機能を強化したことと類似性はみられるが、決定的な違いは、当時の日本は民主主義国家ではなく、富国強兵のため大衆操作を行い、ひたすら国民を戦争に導くためにプロパガンダが使われたことである。

20世紀初頭に米国に登場・発展したPRは、戦後はじめて、マッカーサー司令長官の率いる連合国総司令部（GHQ）の日本民主化政策の一環として導入されたが、1930年初頭に日本のいくつかの広告関連の書物にはきわめて簡単に紹介されている。また、1942年に出版されている戸沢鉄彦『宣伝概論』には、エドワード・バーネイズの *Crystallizing Public Opinion*（『世論の覚醒』）と *Propaganda*（『宣伝』）の2冊が参考文献にあげられている。

1947年5月3日、民主主義を基本柱の1つに据えた日本国憲法が公布されると、GHQは同年、中央・地方官庁に対し、各地に置かれた軍政部を通じて「パブリック・リレーションズ・オフィス（Public Relations Office）」設置のサゼッションを行った。占領政策を行うGHQの権限は、当時の日本の天皇の上位に位置するものであり、そのサゼッションは示唆や提案ではなく実質的には指示・命令に等しいものであった（樋上亮一、1952）。

前述のGHQは民主化政策を広く推し進めるために、2つのコミュニケーション手法を日本に持ち込んだ。1つは、Public Relations ＝パブリック・リレーションズであり、もう1つはPublic Information ＝パブリック・インフォメーションであった。樋上亮一（1952）は、「理解を促す知らせる活動がすなわち広報（Public Information）……」としている。

全国の行政機関でPR部門設置が整いつつあった1949年、GHQ民間情報教育局は中央官庁の職員に対しPR講習会を開催した。そのなかでパブリック・リレーションズについての言及もあったが、主な内容は「健全な世論育成のために政府はいかにして国民に施策を伝えるか」という広報（Public Information）に主眼が置かれていた。また各地の軍政部のパブリック・インフォメーション・オフィサーとパブリック・リレーションズ・オフィサーの仕事に名称の差以上の区別がつきにくく、概念的に導入された民主主義が十分に根づいていない状況の中で、「広報」がパブリック・リレーションズと同義のように混同されるようになっていった。

猪狩（1998）によると、パブリック・リレーションズの日本への本格導入には4つの流れ（①GHQの流れ、②電通の流れ、③証券民主化の流れ、④経済団体の流れ）があるとされているが、1947年の専門家を擁したGHQによるパブリック・リレーションズの導入が、他の3つの組織に影響を与えたと考えるほうが自然であろう。

このように、日本に導入されたパブリック・リレーションズは最初に官庁（パブリック・セクター）から始められ、それに民間の広告業界、そして証券業界が続いた。戦前の宣伝（プロパガンダ）がときの支配権力に奉仕する思想統制の手段として用いられたのに反し、近代的な「PR」は世論の尊重と社会的責任への自覚をベースに、自由主義の土壌で発芽し、米国での激しい社会的・経済的変革の嵐にもまれて急速に成長した考え方と活動であった。

1949年7月、日本電報通信社（現在の電通）が開いた夏期広告講習会での「PRについて」が民間向けPR講座としては最初のものであった。そこでは、PRは経営機能、経営の政策問題、そして経営哲学の1つとして位置づけ、知らせることの重要性から出発してPRは経営そのものでなければならない、と論じられた。

しかしながらその後、PRは、宣伝と同義語として解釈されるようになった。PRとはモノを売るための手法としての広告・パブリシティであるとの誤解を招くに至った根本要因は、1950年の電通によるPR部新設にあったといえる。同社は戦後PRの理論を積極的に日本に紹介したが、広告会社として広告に対するイメージアップをはかり、広告業を企業中枢部に接近させることで、業務の拡大へと考えた。それによって、残念ながらPRと宣伝が混同されるようになり、本来のPRのもつ広範な業務がPR＝広告・パブリシティという誤解を生む結果となった。

しかし、1951年には日本のPRにとって画期的な年となった。この年、日経連は戦後初の「経営視察団」を米国に派遣し、ヒューマン・リレーションズやパブリック・リレーションズを調査した（この視察をふまえ、1953年5月には日経連内にパブリック・リレーションズ研究会が発足している）。また同年1年の間に、パブリック・リレーションズについての9冊の啓蒙書が出版され、PRの普及は頂点をきわめた。しかしながら、52年末頃になるとこのブームは急にしぼんでしまう。『政府広報30年史』によると「1952年サンフランシスコ講和条約が締結・発効し、GHQが去ると、占領政策の再検討の機運と財政の窮乏のために広報活動は行政機構の簡素化や予算の縮減が求められた」とある。

残念ながらGHQはパブリック・リレーションズの種を日本の土壌に植えつけたが、実践のための技術は導入されなかった。筆者は、サンフランシスコ講和条約と日米安保条約の発効とともにGHQが日本から退場していったことが、大きな要因であったと考えている。GHQ専門家による啓蒙運動と具体的な技術導入を欠いたことの影響は、高度経済成長期になって如実に現れることになる。

『電通広告年鑑』（1956年版）は、「PR」についての記載を、「ただお金をかけて立派な営業報告書をつくったり、いわゆるPR広告を新聞に載せたことのみによって“我がPR成れり”と思っている会社が多く見られた」とし、当時パブリック・リレーションズが適切に採り入れられていなかったことをあきらかにしている。

●1950～60年代における企業のPRと報道

民主化の波に乗り、行政関係のPR活動は地方官庁にまで浸透した。現在、広報課あるいはそれに類するセクションのない官庁はないだろう。だが、設置はされたものの、その内容は停滞していった。それに反して企業側のPR活動が育っていった。その背景には新聞・雑誌・放送メディアの台頭がある。

1951年に新聞紙統制撤廃と民間ラジオ局の開設、52年から59年にかけては女性週刊誌をはじめとする多くの週刊誌が次々に創刊され、週刊誌時代の到来を告げる。53年には民放テレビ局が開設、放送を開始した。これらマスメディアの台頭により、日本でのPRが普及するための素地ができたといえる。アメリカでの1890年代のメディアの台頭が、1900年初頭のPRの登場を促したことと類似しているといえよう。

また、1950年頃から株式の民主化が行われ、証券会社が株主募集を新聞PR広告の形で行った。企業PRが具体化したのである。『企業の発展と広報戦略』によると、この証券PRの中心となったのは野村証券の奥村綱雄会長で、当時の新聞の取材に対して、概略次のように語っている。

「証券民主化といっても株は投機対象であり、投資家の財務・資産内容や経営内容に対する関心は低い。本当はその逆で、会社の内容を知り親しみをもつことで株主の自覚と理解をもってもらう必要がある。会社と株主の連帯感をつくろうというのが株主に対するPR運動である」。

1950年代に入りシェル石油、日本航空、松下電器、東京ガス、三菱電機等が広報部門設置の先鞭を切り、60年代から70年代にかけ多くの大企業がこれに続いた。

1950年代は広告会社によるPR広告が主流を成した。家電時代到来を告げた1957年11月、松下電器は「地球上14億の女性の中からたった1人選んだあなたの奥さま」という1ページ広告を出し、話題をさらった。59年4月、ソニーは週刊誌上に「トランジスター物語」、1960年、アサヒビールは同社に勤務する祖父、父、子をテーマにした「ビールつくり三代」やビール配達夫をテーマとした「ご苦労さん加藤くん」などの広告を打ち、関心を集め、PR広告そのものの評価を高めることとなった。主に広告会社により展開されたこれらのPR広告は、マーケティング技術の開発・研究が進むなかで、企業イメージの育成の重要性が認識された結果としてみることができる。

このように企業が表面的ながらもPRを一般化していくなかで、企業の社会的責任もまた強く意識されるようになった。経済同友会が1956年に決議した「経営者の社会的責任の自覚と実践」では、①企業は社会制度の一環であり、企業経営は資本提供者のみならず全社会から信託されたものである、②経営者は自社利益の追求のみではなく、経済、社会との調和を重視する責任があるなど、企業および経営者の社会責任を明確に謳っている。また同会が64年に行った経営理念と企業活動に関する調査によると、9割以上の企業経営者が、各企業の社会的責任を自覚して行動することで社会全体としての調和・福祉を意識的に創り出さねばならないと考えるようになっていたことがうかがえる。

しかし本質的な問題は社会的責任の内容であり、それがどのようにパブリック・リレーションズ活動に結びついているかについては明確でなく、同会の調査では、社会的責任を果たすためには利潤追求が必要不可欠であり、社会的責任を果たすためにも企業利益の確保を前提としていた。

●高度経済成長とパブリシティ

1950年に勃発した朝鮮戦争は日本に戦争特需をもたらし、日本経済は急回復し、その経済力は第2次大戦前の状態に戻っていた。日本経済の高度成長の始まりである。また自由民主党による長期一党支配下で、政・官・財のアイアン・トライアングルは日本を高度経済成長国に導いた。

1956年の『経済白書』は「もはや戦後ではない」と宣言し、復興の成功と新生日本経済の力強さが強調された。50年代後半に始まる高度経済成長は、大量生産・大量消費の時代であり、大量に供給した商品や製品に対して、いかに需要を追いつかせるかという視点からPR広告・販促やパブリシティ(宣伝)などマーケティングの手法が導入された。マーケティングはパブリック・リレーションズと関連するものであり、その一環として導入されるべきものであったにもかかわらず、当時はパブリシティがPRそのものと受け取られ、PR＝マーケティングという流れができあがったのである。とくに現場では、パブリシティを広告の補助手段としてみなし、広告のサービス(無料)商品として位置づけたため、PRの本来的な意味合いと役割を社会に浸透させるうえで大きな障害となった。筆者は、日本におけるPRが、高度経済成長期を経ることで、その本義からはずれてしまったと考えている。

1960年代の日本は経済成長率が毎年10%を超える急成長の時代であった。64年には東京オリンピックが開かれるが、経済の実体面では大量生産、大量消費に加え、ヒトやモノの大量流通の時代であった。PR 広告が規模を増す一方で、PR キャンペーンなどがマスコミに取り上げられることで、多くの関心を集めることになった。報道機関に対しニュース材料を提供するパブリシティ時代の到来である。パブリシティは、広告と違いニュースとして取り上げるかどうかの決定およびその内容の選択は報道側に主体があるため、マーケティングと結びついた効果的な戦略が練られるようになり、さまざまなアイディアが飛び出した。しかしながら、新しい医学を導入・定着させるには具体的な処方箋の導入も併せて必要なように、この時期に、パブリック・リレーションズの具体的な技術も併せて導入する必要があった。そうならなかったことの影響は、その後さまざまな悪い形で顕在化することになる。

1960年代後半は自動車産業が成長し、PR キャンペーンの主役となった。日産自動車は66年１月、新聞やテレビで大量広告を行い、新車の名称を公募し、新車発表会場は満員となり、テレビ、新聞がこぞってその模様を取り上げた。「サニー」の誕生である。モータリゼイションの潮流の中、自動車業界のパブリシティは社会的ニュースの様相を呈し、67年10月の東京モーターショーには２週間で140万人の観客が集まるほどであった。

皮肉にもこれらパブリシティのはなばなしい成果は、「PR とはパブリシティである」との誤解を広める結果ともなった。

コラム5　**プレス・エージェントリーとパブリシティとの違い**

プレス・エージェントリーとはニュース性のあるストーリーやイベントを創り出し、メディアの注目を集めパブリックの認知度を高める活動である。誇張された情報や虚偽の情報を喧伝するプロパガンダ的性格をもつ。一方、パブリシティは情報発信者がニュースとして価値ある情報をメディアに取り上げてもらうための活動を指す。広告と違い掲載料が無料であるため、掲載するか否か、そしてその情報内容についての主導権はメディア側にある。

●人間性尊重への転換

高度経済成長と歩調を同じくしてPR広告、パブリシティ活動が大きく展開したが、1969年に大きな転機が訪れた。欠陥車事件である。

発端は『NYタイムス』の日本車批判記事を紹介した、『朝日新聞』の1969年6月1日付朝刊であった。それによると、『NYタイムス』5月12日付記事に、米国の習慣では自動車に安全上問題のある構造的欠陥がみつかった場合、メーカーは自主的に報道機関に公表し回収・修理するのだが、同国内を走る外国車にこの習慣を守らない自動車があると報道、そこに日本の自動車メーカーが含まれていたのである。日本では、運輸省とメーカーが「安全基準が違う」「生命に危険がない」「余計な不安を与える」などとこれを打ち消すような対応をとったため、日本の自動車業界に対する不信感と批判が吹き出した。日本では当時、欠陥車の公表について法規的義務づけはなかった。しかし、習慣のズレがあるのはある程度やむをえないものの、「人命に関わる安全性」に対しては、そうしたことはなんら口実にならないと「業界の社会的責任の欠如」が指摘されたのである。

報道の批判と行政や業界の消極的対応によって、パブリシティ活動とパブリック・リレーションズ活動との間にある本質的なズレが浮かび上がった例である。

また、1960年代後半は、大量生産→大量消費による企業の利潤追求活動の払うべき「ツケ」が社会問題として浮上してきた時期でもあった。公害問題である。排気ガスでみても60年代は一酸化炭素が主として問題となっていたが、70年代には光化学スモッグ問題へと深刻度を増していく。また経済の急成長はインフレという形で社会不安をもたらした。

1967年の公害対策基本法制定、71年の環境庁設置など行政の動きも顕著となり、経済界では69年の経済同友会年頭見解で「人間尊重の社会形成」が主張されるなど、70年代初頭にかけて「人間性回復」が社会的コンセンサスとなっていった。69年2月に閣議決定された亜硫酸ガスの環境基準による法規制に先立ち、東京瓦斯と東京都が自主的に「公害防止協定」を結び、社会的責任行動として称賛される動きがみられた反面、生産第一主義、モノ優先社会が人間性喪失の危機状況をつくっているとの反省が強まり、公害反対運動などの市民運動が企業活動と対立する形で登場してきた。

1960年代には日産自動車、東レ、サントリーなどが広報課を新設。なかでも日本楽器（現ヤマハ）は企業の成長・発展の起爆剤として PR を重視し、当初から PR 本部を設置していた。70年代に入ると、東京電力、味の素、新日鉄、ブリヂストン、第一勧業銀行、ANA などの日本企業が続々と広報部門（部、室）を新設した。しかし、この動きは多くの場合、高度成長の「ツケ」として社会問題化した公害問題などが背景にあり、その元凶が企業であるとの世論に対する免罪符的・対症療法的役割を担うのが主な目的だったといっていいだろう。これは1930年代の大不況下のアメリカで、大企業やその経営者が社会から糾弾され、GE、フォードなど大企業内に PR 部門が設置されたときの状況と共通していることを指摘しておく。

●安定成長と企業意識の変化

公害やインフレによる社会不安、そして経済成長のかげりと新しい経済秩序の模索などさまざまな問題が輻輳する状況下の1973年、石油危機が日本を襲った。「狂乱物価」と呼ばれた異常な価格高騰に加え、トイレットペーパーに象徴される物が不足するとの噂が主婦たちを買いだめ行動に走らせた。激しいインフレの責任は政府のみならず、企業にもあるとされ、企業トップが国会で質問責めにあう姿が新聞やテレビで報道されるようになった。これを受け74年春には、企業の社会的な役割認識と責任遂行なしには、自由な企業制度は存続しえないとの発言も聞かれるようになった。

こうしたなかで企業のパブリック・リレーションズ活動は PR 広告やパブリシティだけでなく、教育事業、文化事業など直接かつ短期的に利潤と結びつかない分野へも広がりをみせようとしていた。

●バブル経済の崩壊

日本は、国民が「復興と発展」という明確な目標へ心を1つにして戦後の荒廃から立ち上がり、西欧先進国を手本に近代工業化社会を実現し、1980年初頭には世界の頂点に立った。

1985年のプラザ合意をきっかけに、当時の中曽根康弘首相は内需の拡大を意図して、それまでの緊縮財政から公共事業の拡大へと政策を変換した。円高不況を是正するためにとられていた低金利政策は解除され、円高を誘導する結果となった。

1980年代後半には政府がとった金融緩和政策により不動産価格が高騰し経済は過熱状態に陥った。この時期東京都の山手線内側の土地価格でアメリカ全土が買えるという算出がされるほど日本の地価は高騰し、日経平均株価は1989（平成元）年12月29日の大納会には、史上最高値３万8957円44銭を付けるなどし、資産価格のバブル化が起こった。世にいう「バブル経済」である。

この状態に対して、日銀は大幅金融引き締めを行うことになるが、その結果、バブルははじけ、金融機関や企業の中には倒産に追い込まれるところも出てきた。1990年初からの株価の下落は、株式、債券、円が揃って値下がりしたことから「トリプル安」と呼ばれた。また、国内政治の不安や日米構造協議からの打撃、金利上昇、そして湾岸戦争の勃発などが重なり、バブル経済は崩壊し、長い「失われた30年」に入ることになる（株価についていうと、1989年末に最高値を記録したあと、それをふたたび超えるのに34年（2024年２月22日）を要したのである）。

またバブル経済の拡大から崩壊へのプロセスと並行して、コミュニケーション手法に決定的な影響を与えることになるインターネット社会への歩みが始まっていた。インターネットの米国での商用利用は1988年からで、最初のブラウザが完成したのは1990年。Windows95の登場でインターネットが世間一般に広く公知されるようになったのは1995年以降となる。インターネットの普及率に関する最古のデータは1995年12月で、このときは全世界でわずか0.4％。2007年頃から普及率が急伸し、2010年末には20％におよび、多面的に世界経済や政治、文化に大きく影響を与えることとなった。 総務省の通信利用動向調査によると、日本では20世紀末から21世紀に入るにかけてインターネット利用は急速に高まり、2005年末には70％を突破。以降、成長率は鈍化しながらも確実に上昇を続け、2013年12月末時点におけるインターネットの人口普及率は82.8％で、利用者人口は１億人（１億44万人）を超えた。

●東日本大震災と福島第1原発事故の教訓

2011年3月11日、突然襲った未曽有の巨大地震と大津波による東日本大震災は、思わぬ二次災害をもたらした。世界最大級の福島第1原子力発電所は壊滅状態となり、安全神話に基づいた原発先進国日本のイメージは脆くも崩れ去り、一転して原発で汚染された危機管理不能の国に陥ることになる。

東日本大震災から1カ月を過ぎた4月12日、原子力安全・保安院（保安院）と原子力安全委員会（安全委）は、共同で記者会見を催し、福島第1原発事故の深刻度を国際原子力事象評価尺度（INES）の暫定評価で、最悪の「レベル7」と発表。同日の各紙夕刊の1面には「福島原発事故最悪レベル7」、「チェルノブイリ級」といった大見出しが躍ることとなった。とりわけ新聞は、このチェルノブイリと同じ「レベル7」という数字にフォーカスするあまり、多数の死者を出したチェルノブイリと直接の放射能死亡者を出していない福島事故が同様のものであるような印象を与え、一瞬にして世界中を混乱に陥れることになる。

震災発生以来、発信する情報の混乱は外国人の国外脱出や風評被害などにより、経済活動に深刻な事態を引き起こした。とりわけ福島原発に関する主要な情報源は、首相官邸をはじめ安全委（内閣府）、保安院（経済産業省）、そして東京電力の4つがあげられ、4つの異なった情報源から発信されることで、同じ事象に対して4者の説明が食い違ったり発表のタイミングのズレが生ずるなど、情報の混乱を広げる要因をつくることになる。

野村総合研究所から「震災に伴うメディア接触動向に関する調査」結果がニュースリリースとして公表されたのが2011年3月29日。この調査によると、震災に関して重視する情報源は、1位がNHKのTV放送（80.5%）、2位が民放のTV放送（56.9%）、3位がインターネットのポータルサイト（43.2%）、4位が新聞情報（36.3%）となり、何よりも映像効果と速報性が重視される結果となった。また、メディアへの信頼度の変化（「上がった」、「下がった」、「変わらない」、「わからない」から択一）については、「信頼度が一番上がった」という回答を得たメディアがNHK（28.8%）で、「信頼度が一番低下した」とされたのは政府・自治体の情報（28.9%）であったとされている。東日本大震災からの復興ビジョンを策定する「復興構想会議」が政府の肝いりで立ち上がったばかりであったにもかかわらず、政府による情報管理の甘さは政府・自治体情報に対する信頼度をますます低下させるという逆効果となった。

このような緊急事態が発生した際には、情報源の一元化は不可欠である。パブリック・リレーションズにおける危機管理では、混乱を避けるための情報の一元化が大前提となっている。

想定を超える出来事であったとはいえ、日本政府の震災や原発事故に対する対応は危機管理体制やパブリック・リレーションズの欠落を印象づけることとなった。

東日本大震災では、テレビや新聞などの既存マスメディアだけでなく、Twitter、Facebook などの SNS が震災情報のやりとりにさまざまなシーンで活用された。ソーシャルメディアにおいては、個から個へと情報がつながり、さらに多くの個へと社会的な広がりをもつことになる。これまで情報の受け手であった個が１つのメディアとして機能し、ますますネット社会が拡大するきっかけともなった。

一方で、この震災でわかったことは世界経済が１つにつながっているということであった。東北の自動車部品メーカーが震災による工場破壊で米国の自動車メーカーの生産に多大な影響を与えた。その後、同じ2011年の秋のタイで起きた大洪水でも自動車や電気など多くの工場が操業停止に追い込まれ、日本をはじめ世界の工業生産に大きな打撃となった。世界のサプライチェーンが高度にかつグローバルにつながっていることがあらためて認識された（2012年４月に、日本ではグローバルビジネス実務の進展と研究の発展をはかり、国際的な連携を深めていくことを目的に、グローバルビジネス学会がスタートし、同年に日本パブリックリレーションズ協会が社団法人から公益社団法人に移行したことは、象徴的な出来事といえる）。

当時より、エネルギー問題や環境問題への国民的関心が高まっていたが、福島原発事故を契機として、いかに安全で再生可能なエネルギーを確保するかが大きな課題となった。また通信環境も大きく変化を遂げた。2010年に9.7％だったスマートフォンの世帯保有率は、総務省白書（2016年）によれば2015年に72.0％、2019年には83.4％と急速に上昇した。それまでのガラケーからインターネットが使えるスマートフォンへの切り変わり、ネット上でのSNS情報や自作動画を公開するYouTuber（ユーチューバー）、Tiktoker（ティック・トッカー）などが注目を集め、若年層を中心に一定の影響力をもつようになった。そしてインスタグラマーなど、特定の顧客層に強い影響力をもつインフルエンサーによるマーケティングも注目を集めるようになる。このように、メディア環境におけるステークホルダーの状況は大きく変わり、それまで、圧倒的な影響力を誇ってきた新聞媒体はいうまでもなく、テレビや雑誌などの伝統的なメディアが凋落していく。また、そこに関わる広告代理店やタレントオフィスなども衰退のトレンドが決定づけられた。

●Covid-19および生成AIがもたらす社会的インパクト

2019年12月に中国で発見された新型コロナウイルス感染症（Covid-19）は世界中に急拡散し、2020年1月「国際的に懸念される公衆衛生上の緊急事態」（PHEIC）の宣言が発出された。NHKの報道によると、世界で約690万人（2023年12月現在）の死者を出した。3年半が経った2023年5月にこの宣言は終了し、パンデミックは一応治まったが、新型コロナウイルス感染症は、コロナ前とコロナ後とで、世界レベルで日常というものを変えてしまった。予期せぬ形での経済的、社会的変革をもたらしたのである。日々の仕事の仕方も毎日の通勤から在宅勤務やデュアルワーク、学校教育環境の変化によるIT教育の浸透など、さまざまな分野でシステム上の変更が進んでいる。人類がコロナから身を守るために考え出したものがIoT技術を駆使した在宅就労や在宅学習といえる。これまで決められた時間で決められた場所に通っていたものが自宅や最寄りのシェア・オフィスなどで仕事ができるようになったのである。

同様に、メディアやPRパーソンの業務のあり方も変化し、オンラインでの記者会見やブリーフィング、さまざまなイベントなどが日常業務に入り込むなど、これまでの生活様式に変化をもたらし、また子育てや介護など家族生活にも大きな変化をもたらしている。

また2022年終わりに登場したChatGPTに代表される生成AIは瞬く間に、人々のビジネスや教育などさまざまな領域に大きな変化をもたらしている。

人工知能は悪意をもったプログラミングによって世界を混乱に陥れることもできる。G7ではこうした問題に対処するために新たな規制の枠組みを考えているが、まさに人類にとって未体験ゾーンに入ったといえる。

今後、世界はどのようになっていくのであろうか？　米国は、すでに超大国ではなくなり、世界秩序を支える役割を果たしていくとは考えにくい。むしろ中国が台頭したことによって、かえって米国内では自国第一主義が力をつけつつある。こうしたなかでもたらされたものが、ウクライナ戦争やパレスチナ問題の泥沼化、台湾有事の危機なのではないだろうか。今後、世界情勢はますます混沌とし、予測できないことが次々と起こることであろう。

このような世界にこそ外部環境を読み取り、倫理観をベースにしたパブリック・リレーションズが求められるのではないだろうか。世界には、グローバル化をいっそう進展させる力学が働いている一方で、グローバリゼーションから自国を保護するためのローカリゼーションへと向かう反動的力学も働いている。世界は相対立する２つの力によって引き裂かれようとしている。

(3) 世界の中の日本の立ち位置と海外 PR

日本にとって敗戦後の経済復興の柱の１つは「貿易立国」であり、日本の海外 PR 活動は1950年代から始まっている。1958年には日本貿易振興会（JETRO）が設立された。同年、ヨーロッパ経済共同体（EEC）が発足、国際舞台での競争が激しさを増した。日本企業は輸出振興のため、海外での販売網の確立や海外消費者への自社ブランドの確立など、マーケティングとともに海外 PR 活動に強い関心を向けるようになった。60年代後半から70年代にかけ、日本の輸出総量は急激に伸びた。２度にわたる石油ショックを乗り越えた日本は、「集中豪雨的」などと批判的に形容されるほど輸出を伸ばした。日本の貿易黒字は1981年から2010年まで続くことになる。このことは、「輸入努力の不足」という国際的批判を招く結果ともなった。いわゆる貿易摩擦である。

1970年代以降、米国を中心に欧米諸国の間で日本製品の輸入規制の動きが出はじめた。70年代の日米繊維摩擦、80年代の日米通信摩擦、日米自動車摩擦、日米半導体摩擦、その後90年代では日本に対する農産物輸入問題などがもちあがった。

日本政府と日本企業も海外PR活動に力を入れはじめた。文化、習慣などの違いを考慮に入れ、統計データなどをふんだんに公開するなど積極的な行動をとり、海外世論に訴えかけるため、報道機関へのアプローチを行うほか、現地で専門家を雇いロビイングも行った。しかしながら、一部の経営者を除いて、経営トップ自らが明確な顔をもちストーリーテリングを行ったものではなかった。

1980年代に入り強大な貿易黒字による日本経済の強大化にともない、JETROは日本市場に参入を試みる外国企業への支援事業に軸足を移していく。

●PR会社の誕生

日本では高度経済成長期にあたる1950年代の後半から70年代にかけて、パブリック・リレーションズの時代の到来を予兆させるかのようにPR会社が続々と設立された。50年代後半には知性アイディア・センター、国際PR、コスモPRが、60年代以降は、電通PRセンター、サンクリエイティブ・パブリシティ、オズマPR、共同PR、プラップジャパン、井之上パブリックリレーションズなどが設立された。しかし80年代までは、一部のPR会社を除いて多くの場合、その提供するサービスはメディアへのパブリシティを中心としたマーケティング・PRが主体であった。

興味深いことに、これらのPR会社は二極分化している。一方は、国内企業をクライアントにもち、限定された分野でのサービスを提供するものであり、他方は、外国企業を主体とし、バイリンガル・スタッフにより広範な領域をカバーし、コンサルテーション主体とした業務を行っている。数のうえでは前者が圧倒的な比率であるが、グローバル化の進展で後者の比率も高まっている。

また、1970年代後半から激化する国際競争下で日本市場の開放を求めた外国企業が、国際PR会社を尖兵として対日攻勢を強めた。これらのほとんどは米国系PR会社で、バーソン・マーステラ、ヒル&ノールトン、ケッチャム、エーデルマン社などである。これらの企業は、現地法人を設立したり、日本のPR会社と提携するなど、世界第2位の市場を求めて積極的にビジネス展開を行った。彼らの実践的PR手法は、日本のPR会社に多くの理論と技術を伝え、日本のパブリック・リレーションズのレベルの向上に大きく貢献することになる。現在、直接進出している外資系PR会社の主要12社が、日本企業と提携関係にある。

PR業界は、政府による規制緩和、相次ぐ不祥事や企業会計基準の変更などにより、危機管理やインベスター・リレーションズ、ブランド・マネジメント、CSR（企業の社会的責任）など、従来日本企業が関心を払わなかった分野における急速な需要の高まりにより、異質で多様性をもつグローバル社会にあっては、パブリック・リレーションズは何にも増して共通する基盤として重要となる。

●組織体のトップのPRへの関心の高まり

1979年、米国の社会学者エズラ・ヴォーゲルが出版した『ジャパン・アズ・ナンバーワン』は記録的なベストセラーとなった。1980年には日本の自動車生産台数は1104万台を超え、粗鋼生産量は資本主義国で1位になるなど、繁栄を謳歌した。

貿易摩擦におけるPR活動の難しさは政治交渉が企業努力とは別に行われるところにある。また、それぞれの国において報道が加熱するなど、感情的になりやすい傾向もある。事実を広めようとしても、情報の受け手の側が扇情的な気分で目を曇らされてしまい、しばしばPR活動が有効に機能しなくなりがちである。それを見込んでPR専門家からバックアップを得ることで、冷静な交渉を成功させた例もある（第6章第2節、テネコ社のケース・スタディ参照）。

経営トップがPRを意識しはじめたのは、1980年代半ばの中曽根内閣時代（1983年12月～87年11月）あたりからだろう。きっかけは1987年の東芝機械によるココム（COCOM）違反輸出の発覚である。当時、海外から「顔が見えない日本」などと批判されていたが、この事件で経団連は会長の斎藤英四郎氏を団長とするミッションを米国に派遣し、「日本の経済人も積極的に発言すべきだ」とコメントしている。日本企業のトップが本当にPRの重要性を意識しはじめたのは、この事件以降だと、筆者は考えている。その後、経団連の新会長に就任した平岩外四氏も「経営トップはコミュニケーションできなければならない」と発言している。ただし、この段階ではまだ一方向型コミュニケーションにすぎなかった。

1986年の日米半導体協定締結や、同時期のトヨタとGMによるカリフォルニア・フリーモントでの合弁企業設立（NUMMI、1984年）以降も、日米経済摩擦は激化した。カリフォルニアの合弁企業も、トヨタのカンバン方式をGMが吸収するため、米国の圧力により実施されたものだった。米国によるジャパン・バッシング（日本叩き）は80年代後半に頂点に達した。

しかしながら、1991年にバブル経済が崩壊すると、日本経済は自信喪失に陥った。景気低迷が長引くなかで、1995年に誕生したのが日本広報学会であった。日本広報学会は、コーポレート・コミュニケーションを活動の中心にすえていた。前述したように、2000年3月期に始まった日本企業の新連結決算導入やその後の新会計基準における株式時価評価制への移行は、経営トップに対して株価重視政策への転換を促すこととなり、その結果、PR・広報部門は強化されたが、法令順守（コンプライアンス）が求められる一方で、倫理観不在の見せかけのコンプライアンス問題も指摘されるようになった。

●日本の組織体が抱える問題

このことを裏づけるかのように、パブリック・リレーションズが欠如したことを1つの原因とする企業不祥事は後を絶たない。繰り返される不祥事は倫理観と双方向性をもったコミュニケーション能力、そして自己修正の欠如が少なくともその傷口を広げる結果を招いていることは否定できない。

2000年に最初の事件を起こした雪印乳業の場合、2年間で2回の不祥事（製造上の問題とBSEに関連した子会社雪印食品による牛肉偽装工作）によって、消費者の不買が起こり、雪印食品は自主廃業を余儀なくされ、売上高1兆円にせまるグループ企業が崩壊の憂き目にあった。

いまや、多くの日本人はコミュニケーションが不得意であることを認識しており、企業経営者はコミュニケーション能力の強化の必要性を自覚している。現状では、日本企業はクライシスが発生したときは第三者の視点をもつ外部のPRコンサルタントに相談するなど、積極的にPRの機能を利用しているが、日常の活動に関しては社内のPR部門に業務を委ねているケースが多い。ただし、専門性が要求される業務についてPR会社に委託する企業が増えてきている。

日本の問題は、経営者がPRの必要性を感じ、その先頭に立ってスポークス・パーソン役を引き受けるようになったものの、いまだその本質を理解するエグゼクティブは少数である点にある。加えて、組織体の中に専門教育を受けた経験豊かな実務家が少ないことも問題である。そのうえ彼らの多くは、ジョブ・ローテーションにより2～4年の間で他部門に移動するという、日本企業のもつ特有な人事慣行から経営者に高度なアドバイスができない状況にある。倫理問題についても、組織体のトップがこの問題に厳しく取り組まないかぎり、組織の末端に浸透させることは難しい。繰り返される不祥事は、PRの実務家にこの問題の大きさを問いかけている。

度重なるこれらの問題に関して、2002年9月、日本経団連（同年5月経団連と日経連により統合された）新会長、トヨタ自動車の奥田碩会長（当時）は、企業経営者にとってコーポレート・ガバナンスや企業倫理などの重要性を訴えた。こうして、いままでにないPR・広報に対する関心の高まりをみせたものの、日本のパブリック・リレーションズを専門とする実務家の数はいまだにきわめて少ない状態は現在に至っても続いている。東京証券取引所に上場している大半の企業には広報・PR部門が設置されてはいるものの、非上場企業や外資系企業を加えても約2万1000～2万4000名の従事者（第1章第7節参照）しかいないと推定されている。日本PR協会資格認定者が増え、多少の改善はみられるが、多くの場合、未経験者がこの職についているのが現状である。

4　日本の市民（社会）運動

日本には19世紀末に、炭鉱労働者や繊維工場での女子工員への過当労働などにより労働争議が頻発し、労働組合が結成されたが、本格的には1920年頃から日本労働総同盟、日本農民組合、全国水平社（被差別部落解放運動）が結成されることで、労働者や農民などの団結がはかられた。これらは、少なからず1917年のロシア革命の影響を受けたものであった。これらの運動は戦前、戦中には弾圧されたが、戦後、マッカーサーによる民主化政策で新たな労働組合が結成された。東西冷戦下の組合運動は思想的な主張も加わり、ときとして全国的なストライキに突入することもあった。1960～70年代の高度成長期には、毎年春に行われる賃上げをめぐって激しい闘争が展開された。しかしながら、1人当たりの賃金が世界一の水準となった1990年を境に、バブル経済が崩壊し、不況とリストラクチャリングの嵐に見舞われるようになると、急速に労使交渉は協調的になっていった。また、雇用者数は増加の傾向であるが、労働組合数および組合員数ともに減少している。非正規雇用の労働者や派遣社員が増加するなかで、労働組合の地盤低下は否めない。労働組合は戦後、支持政党をもち政治に強い影響力をおよぼしてきたが、選挙時の組合員への強制力はいまはまったくないといってよい。

こうした労働組合の影響力の低下は、1990年代以降の「失われた30年」の間、従業員給与がまったく上がらなかった1つの要因であったと思われる（図表3-3）。図表3-3は大企業だけをとったものだが、この間に株主に対する配当金が6.2倍に伸び、経常利益が3.2倍増えているのと比べると、従業員給与は対照的な動きとなっている。

一方、1950年代から米国で起こったコンシューマリズムは日本にも波及し、既成権威への反発が強まった。50年代後半から頻発した公害問題、薬害、欠陥自動車などの製品問題に対する日本の消費者運動・市民運動は盛り上がりをみせた。こうした運動は、90年代に入ると環境汚染対策、途上国支援、国際貢献、高齢化社会対策を目的とした運動として引き継がれ、NPO・NGO が台頭してくる。1998年に NPO 法が国会で可決されたが、現在、特定非営利活動法人として認証法人数は5万119法人（内閣府データ、2023年）で、国際組織と結びつき活動する組織も多い。彼らにはあらゆる機関が注目しており、社会貢献活動の中でこれらのグループと協力・提携関係を結ぶ企業も増えている。また彼らは、従来型のアクティビスト（Activist＝運動家）と比べコミュニケーション能力に長けており、活動内容やその成果を内外に

図表3-3　日本の資本金10億円以上の企業の売上高、給与、配当金、設備投資等の推移

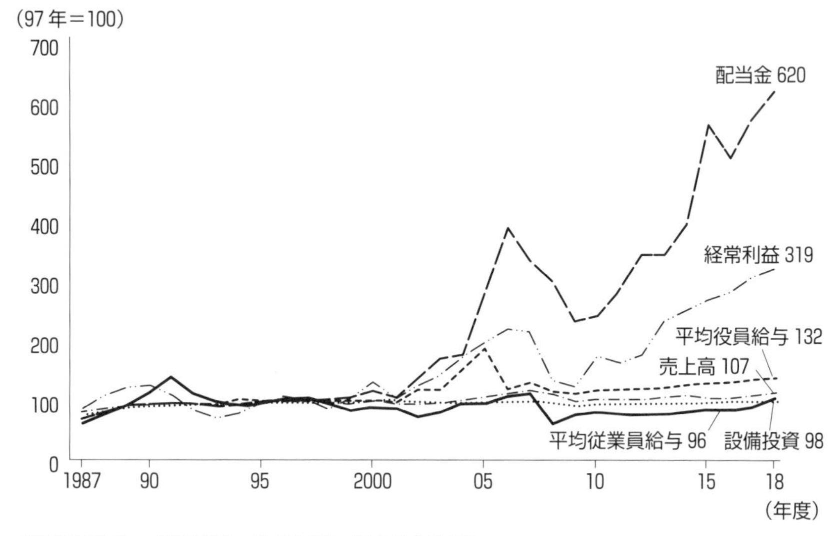

平均役員給与＝（役員給与＋役員賞与）/期中平均役員数
平均従業員給与＝（従業員給与＋従業員賞与）/期中平均従業員数
設備投資＝調査対象年度中の有形固定資産（土地除く）増減額＋ソフトウェア増減額＋減価償却費＋特別減価償却費（なお、ソフトウェアは2001年度から調査している）
出典：財務省「法人企業統計」

伝えることに熱心である。企業や政府には、こうした組織と連携し、より効果的なプログラムにするためのパブリック・リレーションズが期待される。

5　日本文化とパブリック・リレーションズ

米国の文化人類学者のエドワード・ホール（Edward Hall）によると、日本社会をその典型とする「ハイ・コンテクスト」社会においては、文化的なコードが暗黙裡に共有されている度合いが高く、それだけやりとりされる「情報量」が節約できる。一方、米国のような多民族社会を典型とする「ロー・コンテクスト」社会は、共有される文化的コードが少ないため、コミュニケーションの際には、明瞭にコード化された情報を大量に伝達し合わなければ円滑にはかれないとされる。とくに日本は過去2000年以上にわたり、島国に単一的民族が共同生活をして「和」を大切にしてきた。このことは、個人の能力を競いながら目的遂行することと反対で、集団で協調しながら、目的を遂行することを得意とする。加えて、儒教思想が日本に導入されたことにより、間違いを犯したときには、言い訳をしないことで、アカウンタビリティ（説明責任）が弱くなり、相手への明確な主張や表現を不得意にさせている。その結果、外国人や異なった文化をもつ人間に対して誤解を与え、摩擦を起こすことにもなる。

第２次世界大戦における真珠湾攻撃がワシントンの日本大使館の不手際によって事前に手渡すべき宣戦布告書が遅れた事例などは、前述の「和」に加え、失敗したことへの「恥」と、敗戦後、当時関わっていた外交官のうち２名までが官僚のトップである事務次官にのぼりつめるなど、組織内での「甘え」の構造が深く関係していた結果だといえる（この日本外務省が犯した失策について、筆者は1988年メルボルンで行われた国際パブリック・リレーションズ協会（IPRA）第11回世界大会で講演を行った際に、日本文化の特異性も交え、あきらかにしたことがある）。

日本政府は米政府への開戦通告の遅れが内部的ミスであったことが発覚した時点で、ただちにその事実を国際社会に明示すべきであった。しかし、現実にはあかるみに出されることなく、米国に格好の口実を与えることとなった。しかも、戦後50年以上にわたり、日本のイメージは「卑怯でずるい日本（Sneaky Jap）」として、米国民の対日不信感の奥底に深く刻まれることになったのである。

米国による原爆投下の背景にはいろいろあるが、真珠湾奇襲を受け、国論が沸騰した米国が、“Sneaky Jap”のレッテルが貼られた日本に対し、自分たちと同じ価値観や文化をもった人間でないとして、原爆投下に踏み切ったことを誰が否定できるだろうか。広島や長崎への原爆投下は、もし真珠湾の卑怯な攻撃の真実が国際社会にオープンに発せられていたなら、起こらなかったかもしれない。また、原爆投下を含め、東京など66都市に対する無差別爆撃による焦土作戦も、あれほどすさまじい結果にはならなかったのではないかと思うのは筆者だけではないだろう。

6 メディアとパブリック・リレーションズ

メディア・リレーションズは他のビジネス・コンサルティングと比べ特異な活動であり、パブリック・リレーションズのコア・コンピテンス（中核的能力）である。したがって組織体やPRの実務家にとってメディアとの関係は重要となる。狭い島国で、高いGDPを誇る日本は多様なメディアで全国を高密度でカバーしている。メディアを深く理解し、メディアと良好な関係を構築することは日本ではクリティカルな課題となる。

●日本のメディア

日本の放送は、1925年の公営放送局網であるNHK（日本放送協会）によるラジオ放送に始まり、1951年民放ラジオ局が開局し、53年NHKがTV放送を始め、同年民放TVが開局した。現在NHKのテレビジョン放送局は4399局（総合：2214、教育：2185）で、427のラジオ放送局、532のFM放送局をもち（令和4年度NHK業務報告書、2022年）、全国をカバーし、民放TV局は東京の5局のキー局を含め143局（うちBS 7局）を超える。日本民間放送連盟（民放連）加盟の会員社数は2023年時点で208社であり、「視聴率データ」を別にして、数の上では大きな変化はない。

一方、新聞は、1871年の日刊新聞『横浜毎日新聞』に始まり、2022年下半期における、5つの全国紙（朝日新聞、読売新聞、毎日新聞、日本経済新聞、産経新聞）の平均販売部数は約1515万部にのぼる（日本ABC協会データ、2022年）。印刷版に限定した場合、全国紙は米国とは比較にならないほどの巨大な販売部数を誇っている。しかし第1位の読売新聞は、1990年代中頃には1000万部超を誇っていたが、現在は650万部超と大幅に落ち込んでいる。同様に第2位の朝日新聞は一時800万部超（2014年）だったが、400万部を割っている。また一般紙、スポーツ紙の総合計は夕刊紙のみを除いてもかつての約7000万部から約3000万部へ大幅に減少（日本新聞協会2022年10月調査）。ちなみに雑誌の年間出版点数は、約2400点（総務省統計局、2022年調査）、書籍の新刊点数は年間約6万7000点（同調査）、プリント・メディア、電波メディアとも、その情報ネットワークは全国約5400万世帯（2023年）を精緻にカバーしている。

また、民放の経営基盤は米国のメディアと同様にCM 収入を主とし、NHK はコマーシャルは流さず、全国の視聴世帯から受信料をとっている。NHK はそれまで国営であったが、1950年に放送法に基づく特殊法人となった。政府の管轄にあるだけに、政権政党からの影響は完全に排除できないものの、基本的には言論の自由が保たれている。

戦前行われていた軍機保護法などによる国家の言論統制や、宗教の政治介入は禁止（政教分離）されているので、メディアの言論は広告収入で成り立つ一部の業界・専門紙を除き、企業や政府、宗教団体などに対して自由である。メディア所有者による編集権も同様である。また新聞・雑誌・書籍の一部は政党や宗教団体により運営されている（例：日本共産党による新聞『赤旗』や公明党による『公明新聞』、創価学会による『聖教新聞』）。

コミュニケーション活動において、政府規制は放送倫理面での規制を除いてはほとんどないといえる。日本国憲法は言論、出版、表現の自由を保障している。メディアは公共の利益を守るために、自らを律する倫理綱領を定めており、日本のジャーナリズムの法的自由度はきわめて高いといえる。

1950年代後半から戦後民主主義の理念をもって台頭したマスメディアは80年代の情報通信の発展によって、90年代には政界、官界、財界に次ぐ4番目の強力なパワーとして登場し、それまで長期政権を誇っていた自民党の一党独裁を排除し、1993年に細川政権の樹立に影響を与えた。2012年に自民党政権に戻ったものの、2009年の民主党政権誕生にマスメディアの果たした役割は大きかった。

前述のように、日本は全国すみずみまであらゆるメディアがカバーし、加えてインターネット利用率は83.4%（総務省令和4年度情報通信白書、2021年）、携帯電話は2億747万台（総務省令和4年通信利用動向調査、2022年）を超えており、高密度の電気通信インフラが構築により、オンライン・メディアを含むメディアからの情報発信は強力である。また、日本では義務教育が100%実施されていることもあって非識字率はほぼゼロで、全国くまなく発達したこれらのメディアを通じて、知る権利をもつ国民に情報が発信され、国民は自由に情報を選別できるような環境が整備されている。

日本は、世界有数の市場規模をもち、単一言語による大手メディアが存在し、そして首都東京に情報が集中することにより、諸外国と比べ、メディア・リレーションズが圧倒的に高い効果を有している。しかし、近年メディア環境は大きく変化している。SNSの普及や生成AIの登場が日本のメディア環境にどのような変化をもたらすのか注視したい。

●メディア・アクセス

多くの大企業は社内にPR・広報部門をもち、必要に応じてメディアへのコンタクトを行っている。また彼らが契約するPR会社もメディアとの関係を構築しており、双方向性コミュニケーションの形態をとりつつあるが、組織体側に都合のよい情報を流し、不都合になると積極的な接触を止めるといった一方向性型もまだまだ多くみられる。

日本のメディアは、取材対象の生のコメントを引き出すために、歴史的に組織体のトップと直接アクセスすることを望んできた。ときに組織体のトップがジャーナリストと個人的に親しくなったあまり、PR・広報担当者を無視し直接メディアとコンタクトをもつことで、組織体にクライシスが起こった際にメディアとの関係を困難にする場合がある。しかし、グローバル化や、環境問題、企業への新しい会計基準の導入などによりIRやCSR（企業の社会的責任）などへの対応の必要性が高まったことで、企業のPR・広報部門はより強化されつつある。とくに、頻発する不祥事などでこれらPR・広報部門やPR会社がリエゾン（窓口）機能を果たし、緊急時の高度な対応、より早い、正確な情報入手が可能となってきており、彼ら抜きでの取材の難しさを認識すると同時に、利便性も感じはじめている。しかし、組織体の担当者の中には経験豊富な専門家が少ないこともあり、不祥事が起きた場合、適切で素早い対応に欠け、問題を大きくすることも多い。また、日本の新聞社系メディアの記者は２～３年で担当部門が変わることが多いため、メディアとの不断の関係構築は難しいが、間違いなく重要である。

前章でも述べたが、日本には1890年第１回帝国議会が開かれたときから始まったとされる記者クラブが存在している。中央政府の各省庁、主要政党本部や地方自治体（都道府県）、各産業別、大規模な経済団体などの施設の中に間借りしているこれらの記者クラブは全国で約800カ所存在する。その組織は排他的であり、大手新聞社、地元主要メディア、TV局、通信社などがほぼ独占的に駐在先の組織体から情報提供を受け、記事にしている。官庁や自治体内に設置される記者クラブでは、独占的に、かつ迅速に情報を得られる反面、情報の送り手にコントロールされる危険性も孕んでいる（第2章第2節(1)参照）。

しかし記者クラブは、あくまでもメディアにとっては特定取材対象先の出先のリエゾン（窓口）機能にすぎず、メディアにアクセスしたい多くの組織・団体にとって、日本のメディアはかなりの程度オープンであり、アクティビストやプレッシャー・グループ（圧力団体）などは必要であればいつでも彼らにアクセス可能な環境にある。

PUBLIC RELATIONS

第4章

パブリック・リレーションズと組織体

1　日本の世界競争力

●日本の凋落

国際経営開発研究所（International Institute for Management Development：IMD）が作成した「世界競争力年鑑（World Competitiveness Yearbook）（64カ国・地域を対象）」によると、日本の競争力順位は2023年版で35位（図表4-1）であり、1989年の公表以来最低となった。これまで1989年からバブル以降の1992年までの競争力は1位、1996年までは5位以内だったが、金融危機が起きた1997年に17位に急低下、その後20位台を経て、2019年以降は30位台である（図表4-2）。アジア・太平洋地域でもインドネシアに追い抜かれ、この地域の11位に甘んじている。

図表4-1　IMD「世界競争力年鑑」2023年　総合順位

順位	国　名	22年からの順位差	順位	国　名	22年からの順位差
1	デンマーク	△0	23	イスラエル	△2
2	アイルランド	△9	24	オーストリア	▲4
3	スイス	▲1	25	バーレーン	△5
4	シンガポール	▲1	26	エストニア	▲4
5	オランダ	△1	27	マレーシア	△5
6	台湾	△1	28	韓国	▲1
7	香港	▲2	29	英国	▲6
8	スウェーデン	▲4	30	タイ	△3
9	米国	△1	31	ニュージーランド	△0
10	UAE	△2	32	リトアニア	▲3
11	フィンランド	▲3	33	フランス	▲5
12	カタール	△6	34	インドネシア	△10
13	ベルギー	△8	35	日本	▲1
14	ノルウェー	▲5	36	スペイン	△0
15	カナダ	▲1	37	カザフスタン	△6
16	アイスランド	△0	38	クウェート	—
17	サウジアラビア	△7	39	ポルトガル	△3
18	チェコ	△8	40	インド	▲3
19	オースラリア	△0	41	イタリア	△0
20	ルクセンブルク	▲7	42	スロベニア	▲4
21	中国	▲4	43	ポーランド	△7
22	ドイツ	▲7	44	チリ	△7

注：「22年からの順位差」は2022年版順位からの上昇（△）、下落（▲）幅を示す。
出典：IMD「世界競争力年鑑」2023年より三菱総合研究所作成（三菱総研レビュー：https://www.mri.co.jp/knowledge/insight/20231024.html 参照）

図表4-2　日本の総合順位の推移

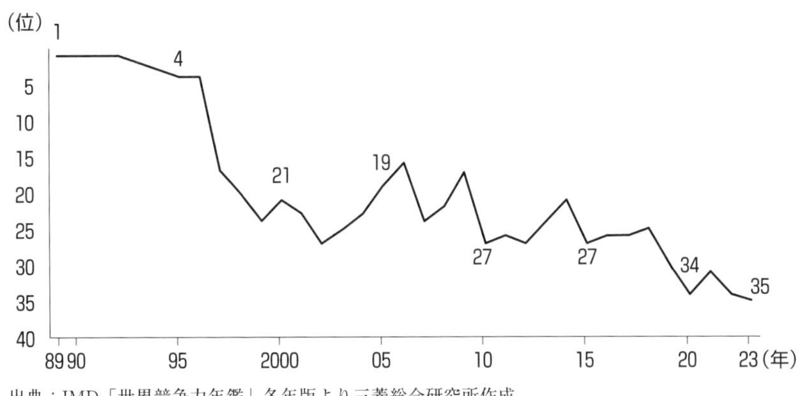

出典：IMD「世界競争力年鑑」各年版より三菱総合研究所作成

図表4-3　4 大分類による日本の競争力順位変遷

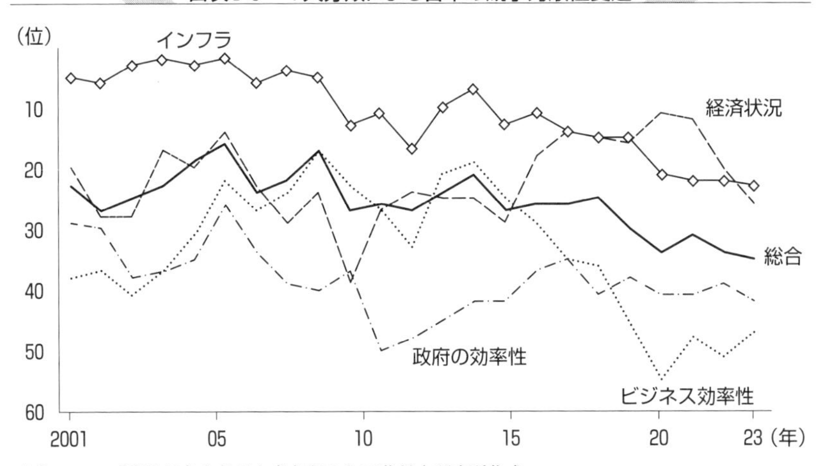

出典：IMD「世界競争力年鑑」各年版より三菱総合研究所作成

IMD の競争力年鑑は政府統計を中心に多種多様な統計164指標とアンケートによる92指標の計256指標によって、幅広い観点から競争力順位を計算している。全体の傾向として景況感が悪く、インフレ圧力も差し迫るなか、エネルギー供給やサプライチェーン、貿易黒字で良好な国々の競争力が強い一方、原材料やエネルギー輸入に依存する国々は低位にとどまっているが、こうしたことを差し引いても、日本の凋落は顕著で「失われた30年」といわれる所以である。

競争力年鑑をさらにみていくと、総合順位のほか、「経済状況」「政府効率性」「ビジネス効率性」「インフラ」の順位、次に各大分類に含まれる小分類（計20個）の順位が続く。日本は経済状況26位、政府の効率性42位、ビジネス効率性47位（これのみ昨年より上昇）、インフラ23位であった（図表４-３）。

●世界主要国の研究開発費の比較

文部科学省が発表する「科学技術要覧（令和４年版）」に掲載されている「世界主要国の研究開発費の比較（2020年 IMF 為替レート換算）」によると、日本の研究開発費は19兆7000億円に達しているが、米国（77兆円）、中国（37兆7000億円）に次いで３位となり、１つランクを落とした。これにドイツ、韓国、フランスが続く。

研究者の数は人口１万人当たり、韓国が86.3人とトップで、日本は72.4人で２位となり、韓国にトップの座を明け渡した。３位はドイツの54.2人で、米国、英国、フランスと続く。

世界第一級といわれる製品には、日本企業が提供する部品によって成立している製品が多くあるものの、そのシェアが落ちている状況もみられる。たとえばアップルの i-Phone。かつては、液晶を含めた主要パーツの50％以上が日本製であったが、10.9％へと激減し（2022年、フォーマルハウト・テクノ・ソリューションズの協力による日本経済新聞調べ）、また、携帯電話に必須の部品とされるセラミックコンデンサーは、村田製作所をはじめ TDK、太陽誘電など日本企業が世界の80％のシェアを占めていたが、これも2017年の金額ベースでは３社で52.6％へと大きく落ち込んでいる。

自動車部品でも電動可倒式リモコンドアミラーなどに組み込まれる小型モーターはマブチモーター製が90％であったが、2021年では80％以上に下がっている。また鉄に比べて強度は10倍、重量は４分の１という炭素繊維は、東レ、帝人、三菱ケミカルの３社が世界生産の70％を占めていたが、2019年の数量ベースでは52％と、かろうじて過半数を維持している状態である。

もっとも、異なる視点から日本を高く評価する調査があることを付言しておきたい。パブリック・デプロマシー（公共外交）の専門家であり、日本政府のアドバイザーをつとめるナンシー・スノー教授は、「日本、国家ブランド指数で初の世界トップ」（『日経ビジネス』電子版2024年1月18日）という寄稿を行っている。教授は、フランスの調査会社イプソスが発表した国家ブランド指数（NBI）で日本が1位となったことを紹介し、国家ブランディングにおいて「日本の静かなリーダーシップは成果をあげている」とする。日本は「科学技術への貢献」「場の創造性」「製品の魅力」の各指数で1位となっており、とくにスノー教授は、「私はこの国で製造された製品を信頼している」「この場所は他のどの場所とも異なっている」という関心属性で1位を獲得したことに注目している。

ただし、こうした評価はこれまで見逃されてきた日本の長所を、海外の観光客や学者、投資家、マンガやアニメ・ファンなどが見出したことによる、いわば発掘型の評価であるといえる。日本のパブリック・リレーションズの専門家による積極的な発信による成果であるとはいいがたい。このことは日本への高評価が根強いという側面でもあると同時に、PR専門家の活躍の余地がまだまだあるということを示すものでもある。

世界競争力でも研究開発の分野においても優位に立ち、「科学技術立国日本」「文化大国日本」として世界を凌駕していくためには、技術力を生かすマネジメントとともにグローバルビジネスのインフラともいうべきパブリック・リレーションズ（PR）を核とする企業の関係構築技術やコミュニケーション戦略が問われている。

2　企業のパブリック・リレーションズ戦略

●企業が実践するパブリック・リレーションズ戦略

「マーケティング・パブリック・リレーションズ」と「コーポレート・パブリック・リレーションズ」は混同されやすい概念である。どちらも、パブリック（ステークホルダー）との間で目的・目標を達成するためのリレーションシップ・マネジメントであるが、さまざまなパブリックに応じてその展開方法は異なる。

また、上記２つの手法と関連をもつものとして「レピュテーション・マネジメント」や「ブランド・マネジメント」がある。これらはそれぞれ相互に関係しあっているが、目的や手法などが異なるため、実践においては厳密に分けて管理する必要がある。

さまざまなリレーションズが主としてインベスター・リレーションズやガバメント・リレーションズのように「ターゲット」によって区別されるのに対して、パブリック・リレーションズ戦略は主に「目的」によって設定されている。ここではマーケティング・パブリック・リレーションズ（PR）とコーポレート・パブリック・リレーションズ（PR）の違いや、その他のコミュニケーション戦略についてアメリカにおける考え方をベースに紹介していきたい。

●マーケティングPRとコーポレートPRの違い

企業が実践しているコミュニケーション戦略のうち、マーケティングPRとコーポレートPRは比較的効果が現れやすい。そこでまず、両者がどのように違うのかをあきらかにしていこう。

①マーケティングPR

マーケティングとは、広義な意味では「財（製品やサービス）の誕生からその消滅に至るすべてのプロセスに関わる活動である」と定義されるが、狭義には製品やサービスの「販売支援活動」として理解されるケースが少なくない。したがって、マーケティングPRは製品やサービスの販売促進をサポートする目的をもったPR活動であるということができる。

その手法はさまざまなメディアへの製品パブリシティをはじめ、製品展示会、セミナー、シンポジウムなどのイベント支援やスポンサーシップ、クライアントが刊行する出版物などの支援といった形をとることが多い。製品情報を広く届け、ときには商品ブランドや製品イメージを高めることで販売拡大をはかる戦略である。ターゲットは主に顧客や消費者、潜在的な顧客であり、そのなかで性別や年齢層などによりターゲットの絞り込みを行い、コミュニケーション効果や効率を高めていく。

②コーポレート PR

これに対しコーポレート PR は、企業が自らの哲学や理念をメッセージとして伝えることで企業への好意的なイメージを創り出すことを目的としており、コーポレート・コミュニケーションとほぼ同義語。

コーポレート PR は通常、優先される活動として CEO（最高経営責任者）をはじめ COO（最高業務責任者）、CFO（最高財務責任者）、CTO（最高技術責任者）など経営の中枢に携わるマネジメントが社外・社内に対しコミュニケーション活動を行うものである。

手法としてはメディア・リレーションズやコーポレート PR の範疇にあると考えられている主張広告などのコーポレート・インスティテューショナル AD（企業・団体広告）、種々の講演会やイベントでのスピーチや表敬訪問などがある。経営理念にとどまらず、経営計画や経営戦略、そして IR や CSR（環境や福祉問題、教育事業など、128ページ参照）への取り組みを明示的に伝えるタイプと、メッセージ性を露骨に前面に出さずイメージを醸し出すタイプとがある。

ターゲットは広範囲にわたり、メッセージの内容や実施時期によって異なる。コミュニティ・リレーションズ、ガバメント・リレーションズやインベスター・リレーションズ、インダストリー／アソシエーション・リレーションズなども含まれる（第2章第2節を参照）。リストラや合併などの場合、社内の組織環境の変化に対応し、従業員をターゲットにしたエンプロイー・コミュニケーションも重要になる（第2章第2節、64ページのボーイング社の例を参照）。また、就職活動が本格化する前などは、ターゲットを卒業を控えた学生に絞るし、教育事業に熱心であるイメージを構築したい場合には、小学生やローティーンの学生がいる家庭がターゲットとなる。

③企業戦略への有効活用

マーケティング PR とコーポレート PR は、いずれも異なった目的で実施される戦略ではあるが、それぞれが独立しているものの前述のように関連性がまったくないわけではない。販売の促進を目標に、製品パブリシティや製品のイメージ形成を助けるさまざまなイベントなどのマーケティング PR を行った結果、製品に付加された好印象を通じて企業イメージがアップすることがある。また、コーポレートPRによって構築された良好な企業イメージが、その会社の製品購買意欲へとつながることもある。

つまり、両戦略は協力関係にあり、結果としてそれぞれの戦略の派生効果が現れるということである。しかし、企業のイメージアップを目的にマーケティングPRを行ったり、製品販売の拡大を目的としてコーポレートPRを行うと、目的と手法との間に食い違いが起こる場合が多い。マーケティングPRとコーポレートPRの相関関係はそれぞれの派生効果によって密接不可分の重複部分が生じていると考えるのが妥当だろう。

ただ、重複部分があるからといって、つねに相乗効果が期待できるという意味ではない。企業イメージと製品イメージの間に違和感が生ずる場合や、一方の戦略の失敗が他方の戦略に悪影響をおよぼす場合もあり、この意味でも密接不可分な関係として両戦略は扱われなくてはならない。

ここでは派生効果としての企業や製品のイメージアップを取り上げたが、マーケティングPRとコーポレートPRにおいてどちらか一方だけが重複部分を一括して管理できないことは、これまでの説明で理解できるだろう。そして、イメージがもたらす効果は販売にだけ影響するのではなく、イメージを通じての企業評価などによって株主や投資家など他のパブリック構成員にもプラス・マイナスを含めて影響を与えている。

そのため、イメージなど企業評価にいたる諸情報との関係を管理することが必要になる。じつは、これがレピュテーション・マネジメントやブランド・マネジメントの分野なのである。

●レピュテーション・マネジメント

企業に対する品格・評判（レピュテーション）管理は、マーケティングPRやコーポレートPRなどコミュニケーション戦略活動の効果測定をもとに、企業や組織が中央集権的に高いレベルで行うことが望ましい。なぜなら、企業品格（コーポレート・レピュテーション）は、企業イメージや製品イメージだけでなく、企業収益、株主への配当額、CSRの関わりや企業の将来性などさまざまなファクターが関係し合って構築されるからである。これらの必要なファクターを総合的に把握・管理するのがレピュテーション・マネジメ

図表4-4　「賞賛」の基準となる９つの属性

1. 優秀な人材を誘致し、保持する能力
2. 経営の質
3. コミュニティと環境への社会的責任
4. 革新的であること
5. 製品またはサービスの品質
6. 企業資産活用の賢明さ
7. 財務の健全性
8. 長期的な投資をする価値
9. グローバルにビジネスを行う有効性

ントなのである。言い換えれば、レピュテーション・マネジメントは戦略的諸活動に支えられているのである。

『フォーチュン』誌では1997年からヘイグループと共同で「世界で最も賞賛される企業」(World's Most Admired Companies) ランキングをスタートさせている。これは、世界各国で活躍するビジネスリーダー・企業経営者１万5000人を対象に、最も賞賛・尊敬する企業を質問し、その回答をもとに上位50社をランキング形式で発表するもの。図表４-４は、「賞賛」ランキングの基準となる９つの属性を示している。

図表４-５は、『フォーチュン』誌による「世界で最も賞賛される企業」(2023年) のベスト50社ランキングである。

全業種対象の世界ランキングでは、アップルが2008年より16年連続で１位を維持し続け、２位にマイクロソフト、３位はアマゾンという結果で、トップ３の顔ぶれは前回と変わらない。トヨタ自動車はトップ50の中に入った唯一の日本企業で、2023年においては前年の34位から36位へランクを下げており、日本企業が50社の中の１社だけというのはあまりにも貧弱である。ちなみに、この調査の始まった1997年の全業種ランキングの中に、日本企業はトヨタ、ホンダ、ソニーの３社がランクインしていた。日本企業が厳しいグローバル競争の中でブランディングやトップのストーリーテリングなどパブリック・リレーションズに注力してこなかったことがランキング結果に影響しているのではないだろうか。

とりわけSNS時代では、当事者の発言する姿や行動が瞬時に世界を駆け

図表4-5　世界で賞賛される企業ベスト50(『フォーチュン誌』、2023年)

順位	企業名	順位	企業名
1	アップル	26	USAA
2	マイクロソフト	27	ノルドストロム
3	アマゾン	28	BMW
4	バークシャー・ハサウェイ	29	ネットフリックス
5	JPモルガン・チェース	30	3M
6	ディズニー	31	シンガポール航空
7	コストコ	32	アクセンチュア
8	ファイザー	33	CVS Health
9	アルファベット	34	ペプシ
10	アメリカン・エキスプレス	35	UPS
11	セールス・フォース	36	トヨタ自動車
12	デルタ航空	37	バンク・オブ・アメリカ
13	ウォルマート	38	マグドナルド
14	スターバックス	39	IBM
15	コカ・コーラ	40	モルガン・スタンレー
16	ナイキ	41	ネッスル
17	マリオット・インターナショナル	42	サムソン電気
18	フェデックス	43	ダナハー
19	ゴールドマン・サックス	44	パブリック巣
20	ホーム・デポ	45	Nvidia
21	ターゲット	46	ユニリーバ
22	ジョンソン・アンド・ジョンソン	47	Visa
23	サウスウェスト航空	48	ロッキード・マーチン
24	プロクター・アンド・ギャンブル	49	ロウズ
25	ブラック・ロック	50	チャールズ・シュワブ

巡る。また、進化する映像メディア環境、とくにリアルタイム報道では、非言語コミュニケーションが高い有効性を示す。これについて「メラビアンの法則」で有名な米国の心理学者アルバート・メラビアンは、見た目の印象の重要性を説いているが、とくにライブ映像や選挙キャンペーンなどでは大きな効果があるとされている（第6章第3節、225ページ参照）。

レピュテーション・マネジメントは、まさに企業のパブリック・リレーションズ戦略の中心ともいえ、企業・組織体のトップがこの任にあたらなければならない。欧米のグローバル企業では、CEOは自分の活動時間の50〜80％を自社のレピュテーション高揚のために費やしているといわれる。CEOの評判はそのまま企業の評判につながる。メディア社会にあってCEOの行動が企業の評判や品格を決定するといっても過言ではない。SNSが普及して誰もが情報発信できる時代にあって、トップ自ら種々のコミュニケーション活動に関わる傾向は、今後ますます強まっていくだろう。

●ブランド・マネジメント

ブランドの概念は複雑でとらえがたく、一言で語れるものではない。それは製品の名称であり、製品を差別化するロゴやイメージでもある。ブランドは部分と全体の両方であり、有形・無形にステークホルダーを満足させる包括的な価値でもある。購買行動はブランドの力によって影響を受け、同じような製品でもブランド力によっては高価にも安価にもなる。つまりブランドの価値は情報発信者（企業）が決定するのではなく、受容者である消費者や他のステークホルダーによって決定される。企業ブランドの価値向上のためには、顧客、投資家、従業員など、つねにステークホルダーの視点やCSR的な視点をもち、それぞれの立場で企業ブランドの分析・評価を行うことが企業価値の高揚につながっていくのである。

近年、企業ブランディング（ブランド構築）に注目が集まっている。その理由の1つには、いまや日常茶飯となっているグローバル・スケールでの企業合併や買収がある。ついこの前まで存在していた巨大企業が合併や買収によって一瞬のうちに消え、新たな企業を誕生させる。ブランドは株価にも影響を与え、企業経営上キャッシュフローを生み出す重要な経営資源として位置づけられ、直面する企業価値におけるその重要性はこれまで以上に大きな意味合いをもっている。

M&Aにみられるブランド価値（ブランド・エクイティ）の見方には2つの側面がある。1つは買収額で、買収側が払う金額が買収されるほうの物理的な資産より高くなるのは常識である。買収する資産は、設備、人材、ノウハウに加え、企業が長年の努力で育ててきた目に見えないブランド価値も含まれる。2つ目は時間を買うことである。買収側がある事業に進出するため、ゼロから商品を開発し立ち上げるより、すでに消費者に信頼されているブランドの買収により、成功への近道のための時間を買うのである。

日本企業の例として2005年の花王のカネボウ化粧品買収があげられる。買収の一番の理由は、カネボウがもっている化粧品ブランドを獲得ことにあった。実際のところ、花王はすでに化粧品ブランドをもってはいるが、ブランド力はカネボウと比べるべくもない。花王は時間を買ったのである。1つのブランドを育て消費者に認めてもらうことの大変さを考えると理にかなった選択だったといえる。

ところが、2013年になって花王は子会社のカネボウ化粧品の生産・研究・販売部門を、花王に統合させる方針を打ち出した。これは、肌がまだらに白くなる「白斑（はくはん）」問題があきらかになり、一度失墜した「カネボウ」ブランドの信用の回復は容易ではないと判断したためとされている。化粧品はブランド・イメージがいかに重要であるかの証左となる事例である。

一方、雪印乳業のように2回のスキャンダルにより瞬く間にブランド・イメージが崩れ、スーパー・マケットから雪印製品が取り除かれてしまったケースもある。ブランド構築には長い時間がかかるが、崩れるのも早い。それゆえ間断のないパブリック・リレーションズが必要となるのである。

ブランド・マネジメントへの関心はブランド・イクイティ（商品や企業のブランド価値）が上述のように（流動的）資産価値をもち企業価値創造を可能にすることが認識されるようになって急速に高まりをみせている。

自社のブランドを管理するブランド・マネジメントとは、市場でのポジショニングやそのために必要とされる情報収集と分析、また競合会社との競争の中でどのように顧客と独自の関係性を築くのか。顧客に対して自社のブランド戦略をいかに伝えていくか、限られた経営資源を有効活用して、いかに市場でブランド・アイデンティティを確立し、優位性を確保するか、といったことを統合的に管理することである。

フランスのビジネススクールHECのジャン・カプフェレ教授は『ラグジュアリー戦略――真のラグジュアリーブランドをいかに構築しマネジメントするか』（2011）の中で、ブランド・マネジメントは「製品割り当てモデル」と「ロイヤルティ・モデル」に大別されるとしている。前者の製品割り当てモデルは欧米企業に多くみられ、「マックスファクター」、「ジョイ」などの商品ブランドをもつP&Gや、「リプトン」、「LUX」などのブランドをもつユニリーバなどがそれにあたり、ブランドを細分化させる戦略をとっている。対照的に後者のロイヤルティ・モデルは日本企業に多くみられ、自動車や化粧品、アパレルのような一部の業界を除いて1つの名前（社名）、1つのブランドだけの上に信頼を築き上げるモデルである。

ひるがえって企業経営に影響をおよぼす危機管理の視点でみると、企業名は力、継続性、地位を具象化するうえで最も適したブランドの名称であるが、ブランド名が企業名と同一の場合、リスクは高まってくるといえる。

一方、ブランディング論の第一人者で米国UCLAのデービッド・アーカー名誉教授は、ブランド戦略を以下の4つに分類した。① Branded House（マスター・ブランド）、② Sub Brands under a Master Brand（サブ・ブランド）、③ Endorsed Brands（保証付きブランドともいうが、親ブランドを使って子ブランドに信頼性と実体を与える）、④ House of Brands（個別ブランド）。

上記の4つの基本分類は企業や製品の成長・発展の度合いによって講ずる戦略やプログラムが異なってくる。両極に位置する①マスター・ブランド戦略と④個別ブランド戦略は、表現の違いはあるものの、カプフェレ教授のモデル分類とその内容には共通性がみられる。

ブランド・マネジメントの具体的な計画と実行において、ケビン・ケラー教授は『ケラーの戦略的ブランディング』（2003）において、戦略的ブランド・マネジメントのプロセスについて次の4つの主要ステップを紹介している。

①ブランド・ポジショニングおよびブランド価値の明確化と確立

ブランドの意味や競合ブランドに対する位置づけから始まり、消費者やターゲットとする顧客の中にブランドの優位性を育むために企業が提供物やイメージをデザインする。

②ブランド・マーケティング・プログラムの計画と実行

ブランド・エクイティ構築のために消費者に対し強く、好ましく、ユニークなブランド連想を育むための計画・実行。

③ブランド・パフォーマンスの測定と解釈

ブランドに関するマーケティング・プログラムの費用対効果の測定でトラッキング調査とブランド・エクイティ管理システムの2つをおさえる。

④ブランド・エクイティの増大と持続

優れたマーケティング・プログラムの設計・実行により、確固としたブランド・ポジショニングが構築でき、強いブランド・リーダーシップが得られる。そのためには、長期的視点での取り組みによりマーケティング環境における外部変化と、企業のマーケティング・プログラムにおける内部変化を見通し、対応しなければならない。

これら４つのステップを実践する際にパブリック・リレーションズの視点で重要なことは、それがブランド価値を上げるための目標であれば、その目的達成に必要なPRプログラムを構築することである。ケラー教授がいうように、地理的境界、文化、市場セグメントを超えた、つまりグローバルなブランド・エクイティ管理が必要となってくる。

ブランド・エクイティは流動性の高い資産といえ、いかにプロセスを踏んで創り上げたブランドであっても、外部変化や内部変化の影響を受けるために長期にわたって将来が保障されるものではない。それゆえ不断の対応が求められるのである。これらをサポートするのがパブリック・リレーションズである。

企業とブランドの区別はマネジメントレベルでは必要であっても、一般大衆（パブリック）のレベルにおいては明確となりえない。したがって大衆にとって、ブランドは彼らが収集したさまざまな印象（イメージ）の蓄積から成り立っているがゆえに、企業への批判がなされるとブランドのイメージ全体に影響がおよんでしまう。こうしたことからも、長期的で戦略的な取り組みが必要となり、まさに企業経営に重大な影響をおよぼす危機管理とは対を成すものなのである。

日本企業は従来、ブランディングがマーケティング手法の１つとしてみなされていた関係で、経営トップの間ではブランドを軽視する傾向にあった。しかし近年、コーポレート（企業）・ブランドの重要性が叫ばれるようになり、トップこそコーポレート・ブランド形成と管理に直接関わるべきとの意識の高まりをみせている。

コーポレート・ブランドの構築はPR主体でなされるが、製品フォーカスのブランド・コミュニケーションを行ううえでは広告とPR（主にパブリシティ）の協働は欠かせない。しかしながら、最近はよりPRを重視する傾向が強まっている。

米国ではPRの目覚ましい台頭によりPR業界が活況を呈しているが、ここで広告・PR業界に強い衝撃を与えた書籍を紹介したい。マーケティングの専門家であるアル・ライズ&ローラ・ライズは『ブランドは広告でつくれない』(2003)、「広告の時代は終わりを告げた。昨今の企業は、きわめて重要な戦略立案について、もはや広告代理店を頼ることはない。以前はマーケティング上のパートナーであった広告代理店が、いまでは一納入業者になり下がってる」とし、企業のマーケティングの上級管理職が、「ブランド構築を広告代理店に任せていると答えたのはたった3％」であると語ったことを紹介している。戦後広告業界が長きにわたってコミュニケーション分野で主導権を握っていたが、同書の刊行は広告・PR業界に強い衝撃を与えた。同書はまた、米国広告連盟（AAF）の1800人の企業幹部に対する調査を行い、「広告よりもPRのほうを重視する、という結果が出ている」とし、「将来、クライアントは、ブランド戦略の方向性を定める助けを得るためにPR会社に相談することになるだろう」と米国企業のPR会社に対する強い期待を示している。

以下は、そのときのAAF調査で、企業が成功するために最も重要な部門を列挙してもらう質問に対する回答である。

・製品開発部門　29％
・経営戦略分門　27％
・パブリック・リレーションズ（PR）部門　16％
・研究開発部門　14％
・財務戦略部門　14％
・広告部門　10％
・法務部門　3％

パブリック・リレーションズ部門は製品開発部門、経営戦略部門に次いで第3位で、広告部門は下から2番目にランクされている。

このような傾向について、マーケティング界の世界的権威である米国のフィリップ・コトラー教授は、『コトラーのマーケティング講義』(2004年）でマーケティング・ミックスにおいて重要性を増しているツールは何かという質問に対して、興味深い回答を示している。「広告は氾濫しすぎている反面、PR（パブリックリレーションズ）は十分に行われていない」というもので、

PR の重要性ばかりか、PR 先進国である米国の将来においても、さらにその需要が拡大するであろうことを指摘している。

ブランドはマスメディアや SNS などの発信する（第三者的な立場での）情報によって構築される。米ブランドコンサルティング大手のインターブランドによる2022年の世界ブランドランキング「トップ100」によると日本勢ではトヨタ自動車が６位（前年７位）、ホンダが26位（前年25位）、日産自動車が61位（前年59位）となった。自動車大手３社の中で順位を上げたのはトヨタのみである。

自動車メーカー以外の日本企業では、ソニーは39位（前年41位）、任天堂は68位（前年70位）、パナソニックは91位（前年88位）、キヤノンが97位（前年79位）。日本勢は計７社がトップ100入りしたことになる。順位が上がったのは３社のみであったが、ブランド価値に関してキャノン以外の６社は増加となった。

「トップ100」の首位は10年連続で米アップルだった。２位から５位まではそれぞれマイクロソフト、アマゾン、グーグル、サムスンで昨年と同じ結果となり、７位はコカ・コーラであった。米国企業のトップ５社は伝統的企業と新興企業とが数を分け合っているが、日本の７社は、すべてメーカーがいずれも創業70年以上の企業で新興企業の台頭はみられない。

中国企業は、Xiaomi（シャオミ）が84位となり、86位の中国通信機器大手の華為技術（ファーウェイ）に続き中国企業として２社目のトップ100入りした。こうしてみると、日本のトヨタをはじめ首位のアップル、マイクロソフト、アマゾン、グーグル、サムスン、コカ・コーラなどのように、前述（123ページ）のアーカー教授のブランド戦略③エンドースト・ブランド（親の下にある保証付きブランド）を採用している企業が多い。

インターブランドによる調査は、財務分析やブランドが消費者の購買動向に与える影響などを評価し、ブランド価値を金額に換算してランク付けしている。毎年『ビジネスウィーク』誌で紹介されており、馴染みあるデータとなっている。

パブリック・リレーションズの視点でブランド・マネジメントを考えるときには、コーポレートを基点としたものか、製品を基点としたものかでその対応が変わってくる。いずれも株価に影響を与えるものであり、コーポレート・ブランド・マネジメントは「レピュテーション・マネジメント」ときわめて近いところに位置しているといえよう。

ブランドは、われわれに親しみを与えてくれる。世界中で登録されている何百万というトレード・マークに限ることなく、とりわけSNSの時代では、われわれ1人ひとりも含めたすべての固有名詞がブランドであることを忘れてはならない。

●トップのストーリーテリングが企業ブランドを形成する

グローバル競争下でリーダーに求められる資質は、新しい企業像・ビジョンをトップ自らが世界に示すことが不可欠になる。グローバルビジネスにとってパブリック・リレーションズは基盤。情報がリアルタイムで世界中を駆け巡るグローバル社会にあって、さまざまなステークホルダーとの関係構築を効果的に行うためには、外部環境の変化をただちに読み取り、総合的な情報分析を瞬間的に行うことが求められるからである。

進出国での知名度や信頼感を高め、ブランド構築していくためには、まず、現地進出時に現地の地域社会（ステークホルダー）に対して、「私たちはこういう者で、これからこの地で社会によりよい貢献を果たしながら、ビジネスをします。よろしくお願いします」と自己紹介をかねた挨拶を地域、消費者、行政、取り引き先などのステークホルダーに対して行い、メディアを通じた発信も行う。「なぜ、この地（この国）に来たか？　この国にどのように貢献できるのか？」（自分の想いを入れる）、「自社の製品（産物）は現地の消費者にいかに喜んでもらえるか？」、「自社製品やサービスの優位性」（味・品質・価格・サービス、サポートなど、他とどう違うのか？）、そして「将来目指す目標は何か？」（優秀な現地社員採用にもつながる）といったことを、道徳的なリーダーシップを発揮し、ストーリーテリングすることで、しっかりアピールする必要がある。トップ自らが絶え間ない情報発信を行うことで、その企業のブランド形成を質の高いものにすることが可能となるのである。しかしトップのストーリーテリングにはその後のフォローアップがともない、たんなる話に終わらせることなく具体的なソリューションを示さなければならない。

近年、「パーパス経営」が注目を浴びているが、社会貢献を軸とした自社の経営理念をしっかり伝えることが必要となる。そのためには、マーケティング活動を強化し、高付加価値をもたせた販売方法の確立や展示会などへの積極的な出店、そして後述するCSRなど、現地のステークホルダーとの積極的な関わりを通して、統合的なパブリック・リレーションズを展開しなければならない（パーパス経営については、SDGsとの関連でもう一度ふれる（135ページ））。

●CSR（企業の社会的責任）

21世紀に入り、CSR（Corporate Social Responsibility：企業の社会的責任）への注目がこれまでになく高まった。一般的にCSRとは、経済、社会、環境の3つの分野をベースに、企業が社会的責任を積極的に果たすことで、企業の利益追求のみならず地球環境の保全や社会全体の持続的な成長を可能にする取り組みを指す。

20世紀に企業が追求してきた利益至上主義は、貧富の差の拡大や地球環境の悪化など、その負の部分を露呈し、行き詰まりをみせている。グローバル化により出現した巨大企業群は地球規模で環境や社会に影響を与えている。また、インターネット時代の市民意識の高まりはステークホルダーへの配慮なしにビジネス活動を続けることをきわめて困難なものにしており、企業が環境や社会に積極的に関わるCSRへの取り組みに大いなる関心を集めるのは必定といえる。

CSRの起源は、1920年代に欧米の教会を中心とした、たばこ、アルコール、武器、ギャンブル関連企業への不買運動や投資抑制運動にあるといわれている。

米国では1950年代、企業による社会活動への関わりを制限する法規制が撤廃され、社会貢献活動を担当する社内部署設置への動きが広まった。60年代に公民権運動や公害問題に対する市民運動の高まりにより、企業の社会的責任が問われ、企業はたんなる利益追求のためだけでなく、より社会に根づいた組織体として存在することを求められ、多くのパブリック・リレーションズ実務家により、さまざまなプログラムが実施されるようになった。

1970年代、80年代には、メセナやフィランソロピーといった慈善事業が本格化したが、89年にアラスカ沖で発生したエクソン・ヴァルデス号の海上石油流出事故が、同社の慈善事業への投資が事故の解決に寄与しなかったとし、教訓として、以降、本業を生かした慈善活動へとシフトしていく。90年代に入り、AT&T は企業基金をはじめとして、マーケティングや技術支援、従業員参加型ボランティア活動など、経営戦略に沿った慈善活動を実施すると同時に、経営資源を活用することで自社の各部門と連携し、慈善事業を行う新しいモデルを提唱した。

2000年以降、エンロンやワールドコムなどの不祥事による相次ぐ大企業の崩壊は企業倫理の再考を促し、加えて2001年9月11日に起きた同時多発テロは、人々に社会問題への関心を高めさせ、企業の社会貢献活動への期待が高まった。

2002年の Cone Corporation Citizenship の調査によれば、米国における消費者の84%が価格と品質が同じ商品であれば、社会問題に取り組む企業の商品に切り替える、という結果も出ており、米国では CSR への取り組み強化の動きがいっそう強まった。

一方、日本では1970年代に公害問題や企業不祥事の発生を受けて市民の意識が目覚めた（第3章第4節参照）。そして80年代にはバブル経済を反映し、利益還元策としてメセナと呼ばれる芸術・文化支援活動が活発化したものの、バブル崩壊とともに衰退。90年代後半からは、企業の不祥事が相次ぎ、企業統治や企業倫理を問う形で CSR への関心の高まりをみせるようになった。

ここで、CSR についていくつかの定義を紹介したい。これらの定義には、20世紀にもてはやされたメセナ、フィランソロピーといったたんなる慈善活動的な社会的貢献との相違点がみてとれる。

フィリップ・コトラーとナンシー・リーは *Corporate Social Responsibility*（2005）の中で CSR について以下のように定義している。

「企業の社会的責任は、自主的な取り組みと経営資源の貢献を通して、地域

図表4-6　フィリップ・コトラーによるCSR活動手法の６つのカテゴリー分類

	CSR活動手法の６つのカテゴリー
①	社会問題の認知度をあげる活動（Cause Promotions） 社会問題の認知度を上げる取り組みを支援する
②	社会問題に関連したマーケティング（Cause-related Marketing） 製品販売から収益の一部を貢献や寄付に還元する
③	コーポレート・ソーシャル・マーケティング（Corporate Social Marketing） 個人の意識や行動に変化を促す取り組みへの支援（健康促進や環境保全など）
④	コーポレート・フィランソロピー（Corporate Philanthropy） チャリティなどに貢献する最も伝統的な形の慈善活動
⑤	地域社会へのボランティア活動（Community Volunteering） 社員が地域社会の諸団体でボランティア活動を提供
⑥	社会的責任を果たす事業活動（Socially Responsible Business Practices） 地域社会の向上や環境保全に役立つ社会問題を支援する事業や投資

社会の向上へ取り組むべき責務である」

つまり、本業を生かし、その枠組みの中で社会貢献を行うべきであるとしている。

一方、サンフランシスコに本部を置くNPO Business for Social Responsibilityは、CSRを「倫理観、法令順守、商業活動など、社会が企業に対し求める基準を満たすだけでなく、その期待以上に貢献する形でビジネス活動を行うこと」と定義している。

これらの定義で共通しているのは「自主性」である。短期的に倫理観や法規制に対処するにとどまらず、長期的かつ地球規模の視野に立ち、自主的に行動することが示されている。

コトラーは、CSRの活動手法を６つのカテゴリーに細分化して示すことにより、広範囲で曖昧になりがちなCSRに具体性を与え、取り組みそのものをより明確化している（図表４-６）。

世界180カ所に拠点をもってビジネスを展開し、15万人以上の社員を雇用しているデル社は、コトラーによると、サステイナブル（持続可能な）事業部門を設置し、コンピュータ製品のリサイクルと、環境にやさしい製品づく

図表4-7　CSRの３つの分野

①	経済分野	収益性、成長性
②	社会分野	企業統治、法令順守、倫理観、ステーク・ホルダーとのリレーションズ（人権保護、労働環境、顧客や取引先とのリレーションズなど）
③	環境分野	地球環境の保全への取り組みなど

りをテーマに、上記の６つのカテゴリーにわたってCSR活動を展開し、成果をあげている。たとえば、費用負担によるリサイクル促進や、環境負荷の少ない製品づくりを推進すると同時に、HPやIBMなど競合他社と製品の統一をはかり、コストを削減するなど、企業、社会（ステークホルダー）、環境とのWIN-WINを実現している。

ここで、CSRの概念とともに登場したSRI（Socially Responsible Investing：社会的責任投資）やESG（環境・社会・ガバナンス）投資にも少しふれておく。SRIは社会的責任を果たす企業への投資であり、ESGは環境・社会・ガバナンスを考慮した投資や事業活動である。近年、日本でもESGを重視したサステナブル投資が注目されている。2023年３月末の日本のサステナブル投資残高は、537.6兆円となり、前年に比べ8.9％増加した。この傾向は定着しつつあり、総資産残高の65.3％を占めるまでになっている（NPO法人日本サステナブル投資フォーラム（JSIF）公表データによる）。

CSRへの取り組みは、図表４-７にあるように、３つの分野に分けられ、それぞれ広範囲におよぶ。これらの取り組みから期待できる成果は、売り上げアップと市場シェアの拡大、ブランディングの強化、企業イメージの向上と影響力の拡大、人材活性化、コスト削減、インベスターや金融関係者との良好な関係などである。その実現には、双方向性コミュニケーションによるステークホルダーの視点の確保と、経営に直結したCSRの実践が不可欠である。パブリック・リレーションズの実務家やCSR担当者には、組織体とステークホルダーのインターメディエーターとしての役割が期待される。つまり、双方の対話を促し、ステークホルダーの声を組織体にフィードバックするとともに、ステークホルダーに組織体の取り組みを知らせる。そしてフ

図表4-8　CSR企業ランキング(東洋経済、2023)

順位	社　名	総合得点
1	富士フイルムホールディングス	574.0
2	日本電信電話(NTT)	572.9
3	中外製薬	572.0
4	NTTドコモ	570.2
5	積水ハウス	570.0
6	三井物産	568.9
7	花王	567.9
8	KDDI	567.6
9	NTTデータ	567.3
10	JT	566.7

ィードバックされたステークホルダーの評価を分析し、必要な修正を加えることによりCSR活動に反映させ、さらなる進化・発展につなげなくてはならない。

PRの研究者であるグルーニッグがいうように、「パブリック・リレーションズの実務家は組織体が影響を与えるパブリックに対して責任を果たしていく活動家」であり、エドワード・バーネイズが語ったように「パブリック・リレーションズは社会的責任の実践」であるならば、CSR活動はある意味でパブリック・リレーションズそのものであるといえる。

1920年代に欧米で誕生した社会貢献活動は、幾多の変遷を経て90年代にCSRとして登場したが、時代の流れの中で今後も変容を遂げていくことだろう。日本企業はCSRを経営の中枢に据え、経営戦略に沿った貢献をすることで企業価値を高め、業績の向上を実現させることが可能となるであろう。

1980年代に流行した日本でのメセナへの取り組みは一過性に終わってしまった。表面的な活動に終始せず、CSRの概念と活動を日本社会と企業に長期的に根づかせ機能させるには、パブリック・リレーションズの枠組みの中でいかに戦略的に取り組むかが鍵となる。

東洋経済新報は「信頼される会社」を展望するための「CSR（企業の社会的責任）企業ランキング」を毎年発表している。

図表4－8は2023年2月に発表された第17回調査のランキングで、トップ

は富士フイルムホールディングス。富士フイルムホールディングスは前年は5位で6年ぶりのトップとなった。同社は部門別では、人材活用37位、環境29位、企業統治＋社会性8位、財務16位とトップクラスではなかったが、総合ポイントで他社を上回る結果となった。2位は昨年1位の日本電信電話となった。財務部門のポイントのみ富士フイルムホールディングを下回り、総合ポイントでおよばなかった。以下、3位中外製薬、4位NTTドコモ、5位積水ハウスと続く。かつて常連としてトップ10の上位を占めていたソニーやシャープ、パナソニックなどがトップ10外となり、このランキングから時代の移り変わりもみてとれる。

●CSRからCSVへ

CSV（Creating Shared Value：企業の共通価値の創造）は、ハーバード大学ビジネススクール教授であり、企業の競争戦略論で知られるマイケル・E.ポーターが中心となり2011年、CSR（企業の社会的責任）に代わる新しい概念として提唱されたものであるが、コトラーの提唱する「本業の延長線上」のCSRによりマネジメント上に具体性、論理性をもたせた概念といえる。ポーター教授は、CSVが進化すると「営利と非営利の境界の区別がつきにくくなる」と論じている。企業の社会化が進み、非営利組織の営利化が進む。CSVの価値は「競争に不可欠で、コストと比較した経済的便益と社会的便益」にあるといわれる。

製品、プロセス、経営手腕においてイノベーションを起こし、これを土台として独自性がある戦略を実行し、その結果として業界において高い収益性を達成・維持している企業を表彰するため、2001年7月に「ポーター賞」（一橋大学）が創設された。

この「ポーター賞」は、いうまでもなくマイケル・ポーター教授に由来するもの。ポーター教授は競争戦略論と国際競争力研究の第一人者として知られ、米国はじめさまざまな国々で多くの企業や政府機関のアドバイザーとして活動し続けている。

2023年の第23回ポーター賞を受賞した企業は、アイリスオーヤマ株式会社、地主株式会社、株式会社ビズリーチそしてユニ・チャーム株式会社の4

図表4-9　ESG：Environment（環境）・Social（社会）・Governance（企業統治）

社であった。それぞれの受賞理由の詳細は控えるが、受賞企業には、ポーター教授が提唱する企業の社会的価値と経済価値の双方を同時に実現していくというコンセプトが色濃く反映されている。この点に関しては、日本にも近江商人の「三方良し」（「売り手良し」「買い手良し」「世間良し」の３つの「良し」）の考え方や経営土壌もあり、ポーター教授が提唱するコンセプトとの共通性が認められる。今後、こうした社会的利益を重視する企業活動が主流となっていくことは間違いないだろう。

●ESG

先に述べたように「ESG」とは、環境（Environment）、社会（Social）、企業統治（Governance）を配慮した経営を指す（図表４-９）。

「E」では二酸化炭素排出量の削減、大気や陸・海の汚染対策、事業を通じた環境問題の解決、「S」では人種・人権問題への対応や女性登用、児童労働、ジェンダー平等、人材育成、「G」ではコーポレート・ガバナンス、経営の透明性やコンプライアンス、下請け企業保護などが含まれる。

ESG は、2006年に国連が提唱した PRI（責任投資原則：Principles for Responsible Investment）をきっかけに、欧米の機関投資家を中心に企業の投資価値を測る新たな指標として世界的に注目されている。PRI の署名機関はリーマンショック後に増加しており、2006年の発足時には、署名機関数63、署名アセットオーナー数32、運用残高合計8.5兆ドル（850兆円）だったが、2022年末現在で5314機関にのぼる（2020年末の約1.6倍）。運用資産合計は121.3兆ドル（1ドル＝135円換算で約1京6000兆円）で、日本の GDP の約30倍になる。

日本でも年金積立金運用独立行政法人（GPIF）が2015年に署名し ESG 投資が一躍注目されることになる。2022年6月時点で、合計117社（機関投資家81社、アセットオーナー25社、サービスプロバイダー11社）が署名している。

国際組織「世界持続可能投資連合」（GSIA：Global Sustainable Investment Alliance）によると、2020年の世界の ESG 投資額は約35.3兆ドル（約3900兆円）と2018年から15％増加している。しかし、日本の ESG 投資金額自体伸びてはいるが世界全体の8％にすぎない。

●パーパス経営と SDGs

SDGs（持続可能な開発目標）は、2001年から2015年の国連の専門家主導で策定した MDGs（Millennium Development Goals）の後継として2015年9月の国連サミットで採択された。SDGs は、「持続可能な開発のための2030アジェンダ」に記載された国際目標であり、「地球上の誰一人として取り残さない」ことを理念とし、人類、地球およびそれらの繁栄のために設定された行動計画である（図表4-10）。「誰一人取り残さない」という理念は、倫理観をベースに功利主義と義務論が補完関係となっていることがわかる。

具体的には、国連加盟国193カ国が2030年までの地球規模の優先課題を定めた17の新たなゴール SDGs と169のターゲットが採択されたもので、2030年までに、貧困や飢餓、エネルギー、気候変動、平和的社会など、持続可能な開発のための諸目標を達成するため、国家だけでなく企業活動、そして個人も取り込んで世界規模でのアクションが本格化している。

ただし、企業が SDGs に取り組む場合、まずは自社の存在意義をしっかりと見定めることが優先される。自分たちのパーパス（あるいはミッション）があり、それを実現するために社会貢献活動をしており、それが SDGs で掲

図表4-10　SDGs：17の目標

1　貧困をなくそう	10　人や国の不平等をなくそう
2　飢餓をゼロに	11　住み続けられるまちづくりを
3　すべての人に健康と福祉を	12　つくる責任つかう責任
4　質の高い教育をみんなに	13　気候変動に具体的な対策を
5　ジェンダー平等を実現しよう	14　海の豊かさを守ろう
6　安全な水とトイレを世界中に	15　陸の豊かさを守ろう
7　エネルギーをみんなにそしてクリーンに	16　平和と公正をすべての人に
8　働きがいも経済成長も	17　パートナーシップで目標を達成しよう
9　産業と技術革新の基盤をつくろう	

げられている項目とも共通しているという順序で進められるべきである。

3　政府・自治体におけるパブリック・リレーションズ

「政府が大衆の支持を受けていても、大衆のことを知らなかったり、知る手段をもっていなければ、やがては茶番劇か悲劇、あるいはその両方を招くことになる」（米国第４代大統領ジェームス・マディソン）

●政府・公共機関におけるパブリック・リレーションズの役割

本来、政府・公共機関（パブリック・セクター）はパブリック（一般社会）のあらゆる場面に接触をもつものであり、中央政府、地方自治体などすべての政府機関はパブリック・リレーションズと緊密な関連をもち、それに依存している。政府のパブリック・リレーションズ担当者が多くの企業と異なる点は、パブリックの一部のセグメントだけをターゲットとし、他の部分を無視することが許されないという点にある。たとえば自動車メーカーなら、自動車を買う可能性がある成人だけをターゲットとすればよいが、政府の場合は、すべての納税者をターゲットにしなくてはならないのである。

また、政府機関のPR・広報はシビル・サーバント（公僕）として住民（納税者）にサービスを提供することにとどまらず、納税者への説明責任も生じてくる。いかに納税者の税金が有効に使われ、住民の生活水準や生きがいを感じさせる生活環境を実現させているのかなど、知らせるべき情報は多くある。

前述のジェームス・マディソンの言葉からも読み取れるように、きわめて実質的な意味において、民主主義の目的そのものが、公的機関によるパブリック・リレーションズの目的と重なる部分が多いのである。民主主義において政府が成功するためには、国民や有権者との相互理解と双方向性コミュニケーションに基づいたリレーションシップを維持しなくてはならない。しかしながら、効果的なパブリック・リレーションズにとって最大の敵は、社会の無関心と無知なのである。

国民や市民が十分な情報をもたず活動的でない場合、選出・任命された公務員は、有権者や住民の本当のニーズや利益を把握できなくなってしまう恐れがある。その結果、あるニーズを過大評価し、それに対応するため何十億円、何百億円もの公金を注ぎ込んでしまったり、他のより差し迫ったニーズがみえなくなってしまう可能性さえある。また、意思決定が特別な利益団体に牛耳られてしまう恐れもある。また水面下でくすぶっていた市民の不満が突然噴出すれば、過度に単純なメッセージが民衆心理をあおり立て、問題を深く理解しようとする態度を吹き飛ばしてしまうかもしれない。

社会のさまざまな問題や圧力によって、政府機関への期待と重圧は増大していく。これら政府・自治体に求められるサービスは、個人が提供するサービスと異なり、交通・運輸機関、金融・財政、社会福祉、環境、防災、防衛・治安維持、司法、美術館・博物館などの文化施設、野生動物の保護など多岐にわたっているが、こうしたサービスは、公務員によって管理されているものの、元来は一般市民のニーズに応えるためのものである。社会のニーズが多様化・複雑化するにつれて、政府機関もすべてのレベルで拡大し、その結果、さまざまな局、室、部、課、そして委員会、審議会、理事会など複雑で、巨大な迷宮を形づくるようになり、膨大な量の書類や報告書を生み出すのである。それら書類のほとんどは専門用語や官庁用語を用いて書かれ、ほとんどの民間人には理解が困難なため、政府機関とのやりとりで混乱をきたすことが少なくない。

前述のように、パブリック・セクターによるパブリック・リレーションズの難しさは、無関心で異なった価値観をもつ国民に、どのように自らの政策や方針を伝え理解してもらうかにある。広聴を怠り、パブリックを知ることのない、お知らせ一辺倒のPR・広報では、これからの時代のニーズを把握することは不可能であり、国際社会の中で日本のプレゼンスを高めることもできない。

長い間、日本のパブリック・セクターにおいては新聞・雑誌広告やTVコマーシャルを用いたコミュニケーション活動が主体であったが、近年、PRに対する関心の高まりとともに、広告会社からPR会社へ業務のシフトがみられるようになっている。また、日本の地方自治体は中央政府からの財政的自立を求めるなかで、中央の庇護（規制）によらない自主独立意識が急速に高まっている。北川正恭氏は三重県知事時代に生活者起点を掲げ、民間経営の手法を行政に採り入れて行政改革に取り組んだ。これに呼応するように、他の自治体も決算に公認会計士を起用し、民間企業で行われている会計手法を導入するなど、産学との積極的な協働を試み、ステークホルダー（納税者、消費者、地域コミュニティ、行政と関わりをもつ組織・団体）との関係強化のためにPR・広報重視の姿勢をより鮮明にするようになった。ある意味で、財政難に苦しむ自治体が生き残りをかけた競争に自らを晒すことにより、従来型のお知らせ中心の行政広報から、マーケットを意識し双方向性をもったPR・広報に重心を移動させようとしているといえる。北川知事が生活者を起点に実践した、広聴→政策立案→PR・広報はパブリック・リレーションズの手法にきわめて近いものがある。

第3章の冒頭でも紹介したように、米国第3代大統領トーマス・ジェファーソンが、選挙キャンペーンで初めてパブリック・リレーションズという言葉を使ったとされている米国では、政府のパブリック・リレーションズ活動は、「パブリック・アフェアーズ」「パブリック・インフォメーション」「パブリック・コミュニケーション」といった名前で呼ばれ、さまざまな組織目標に政治・行政が対応するなかで発達してきた。パブリック・リレーションズは行政システムを構成する重要コンポーネントの1つであり、国民と行政府の間のギャップを埋めることを目的としている。米国政府に雇用されているパブリック・リレーションズ実務家の数を正確に把握することは困難だが、NAGC（全米政府コミュニケーター協会；National Association of Government Communicators）は、行政機構のすべてのレベルを合計すると、米国には現在およそ4万人を超える政府コミュニケーターが働いていると推計している。

これに対し、日本の政府・自治体におけるPR・広報部門の従事者の数ははっきりした数字はないが、筆者の独自調査によると、内閣広報室をはじめとする、1府11省2庁、全国47都道府県や1700を超える市町村ほぼ全部にPR・広報部門やPR・広報担当者が配置されており、合わせて推計7000名超が広報業務に従事しているとみられる。しかしその多くは、省内のジョブ・ローテーションのためにPR・広報の未経験者で、PR・広報に対する意識も一通過点での仕事としかとらえておらず、この分野における日米間の格差は途方もなく大きい。

カトリップの *Effective Public Relations*（2013）によると、米国のパブリック・セクター（政府・公共機関）におけるパブリック・リレーションズ活動の具体的な目的は政府のレベルやタイプに関係なく、一般的に次の7項目にまとめることができる。

①有権者に対し政府機関の活動について伝える。

②国家プログラム（投票、舗道のリサイクリング）への積極的な協力や、規制プログラム（シートベルトの着用義務、禁煙条例）を順守することを確実にする。

③制定した政策やプログラムを市民が協力するよう育成する。たとえば、国勢調査への協力や近隣による犯罪監視活動、個人の健康管理キャンペーン、災害救援活動支援など。

④政府閣僚に対して世論を伝える。たとえば、世論を意思決定者に伝達する、組織内の公共問題をマネジメントする、一般人が政府関係者に面会できるよう奨励する。

⑤内部のための情報管理を行う。たとえば、職員向けの組織に焦点を絞ったニュースレター、電子掲示板、組織のインターネット・サイトのコンテンツ。

⑥メディア・リレーションズを円滑にする。具体的には、地方報道機関との関係を維持する、あらゆるメディアからの照会に組織の窓口として対応する、組織自体の活動やその方針を報道機関に知ってもらう。
⑦コミュニティや国家をデザインする。その際に、政府が後援する国民健康キャンペーンやその他の国民安全保障プログラムを利用し、各種の社会プログラムや開発プログラムを促進する。

●メディアの政府に関する報道

ニュース・メディアは、記者不足に悩みながらも政府の活動を報道するという困難な仕事に取り組んでいる。国民の知る権利に対する意識の高揚やグローバル化とインターネットの普及により、政府関連ニュースの扱いの幅と奥行きは広がってきており、国家財政、国際問題、環境問題、エネルギー、少子化問題、老人福祉・医療問題等に関する論争など、政策テーマは一昔前とは比較にならないほど複雑多様化している。このような政府機関の難解な仕事を理解するためには本来訓練を受けたメディア専門家が必要になるわけだが、その人材は不足している。

●合衆国情報庁にみるグローバル・パブリック・リレーションズ・プログラム

米国政府のパブリック・リレーションズ専門家の主な仕事は情報提供である。そして、米国政府の情報提供は合衆国の国境を越え、必然的に自国のイメージ構築もはかったグローバルな活動になる。

ここで合衆国情報庁（1953～99年）の活動をとおして、米国政府がグローバルPRをどのように展開してきたかを観察してみたい。

合衆国情報庁（United States Information Agency：USIA）は1953年にアイゼンハワー大統領によって米国の明確なイメージづくりを行う目的で創設され（資料2、285ページ参照）、大統領直属の政府行政部内の独立外務担当機関であった。この組織は第1次世界大戦時にジョージ・クリールによって設立されたCPI（Committee on Public Information：別称クリール委員会）や第2次世界大戦時にマッカーサーによってエルマー・デービスを責任者として設立されたOWI（Office of War Information）の流れを汲むものであった。

米国は第2次世界大戦以降、国際コミュニケーションの諸問題、とりわけ他国の国民に合衆国の外交政策の動機と目的を理解してもらうという課題に取り組んできた。USIAは、米国の「完全で公正な姿」を世界に対して示す責任を担っていた。合衆国の対外パブリック・リレーションズ・プログラムはこれまで、次の2点を主な目標としてきた。
①敵対的な国が行う有害なプロパガンダに対抗するとともに、その他の国々において合衆国の政策の完全かつ友好的な理解を促進すること
②開発途上国が技術的な知識を利用できるようにすること

その後、東西の冷戦が強まっていくなかで共産主義との違いを明確にするために、米国の考え方や精神を世界中に伝えようとしたのである。そのための活動として、パブリック・アフェアーズの担当者（PAOs）を世界中の米国大使館に常駐させ、①現地メディアとの対応にあたらせたり、②現地での書籍や雑誌の発行、③米国映画やTV番組の配給、④アメリカ舞踊やミュージカルの派遣、⑤美術展覧会、⑥フルブライト奨学制度のような学生や研究者の交換プログラム、⑦米国の作家や知識人の現地国での講義や講演開催の支援、などを積極的に展開したのである。このように、USIAはその目的を達成するため、個人的な接触やインターネット、印刷媒体、ラジオ、テレビ、映画、ライブラリー、書籍、芸術作品、展示会といった手段を用い、合衆国のメッセージを海外に送り出した。そして双方向性コミュニケーションを促すため、世界中の学者、ジャーナリスト、学生、文化団体などの文化的・教育的交流を促進するプログラムを推進したのである。USIAの活動で最も広く知られていたのはおそらくVOA（ヴォイス・オブ・アメリカ）であろう。VOAは第2次世界大戦中に設立されたラジオ放送ネットワークで、戦争地域の米軍や合衆国市民に情報を提供することを任務としていた。

USIAは、冷戦のピーク時には年間9億ドルの年間予算と1万2000人のスタッフを抱えていたが、1990年代初頭にソ連の崩壊とともにその役割は弱まり、VOAなどの放送機能（現在、独立した連邦政府機関として活動）を除き、1999年には国務省と統合された。

それでも現在なお世界約170カ国、250カ所以上で合衆国の情報・教育関連活動の調整をはかったり、海外世論の把握、分析を行い、連邦政府へのフィ

ードバックを行うなどしている。

ひるがえって日本政府の対外PR・広報活動は、現在（2023年）、外務省本省の文化交流海外広報課、国内広報室、IT広報室等の7つの課・室のほか、国際文化交流審議官（広報文化外交戦略課、文化交流・海外広報課等の5つの課・室）が担当し、兼館と合わせ293在外公館（大使館、総領事館、領事館、政府代表部等）をとおして行われ、このほか内外の経済活動支援のためのPR・広報活動は海外55カ国に拠点をもつJETROや海外25カ国に拠点をもつ国際交流基金（The Japan Foundation）などの現地事務所をとおして行われている。また放送は、NHKの海外放送が全世界へ放送しているが、USIAのような組織は存在しない。外国を例にとると、英国のブリティッシュ・カウンシル、フランスのアリアンス・フランセーズ、そして中国の孔子学院などが自国の言語や文化の普及活動に一役買っている。日本の国家戦略を考えると、このように国と現地の国際機関が協働して世界への情報発信機能を一刻も早く強化し、「ソフトパワー国日本」の「文化GDP」国家ブランドを構築すべきであろう。

●パブリック・リレーションズ本部設置による組織の統合化

現在多くの組織体では、対外的な情報発信機能として、広報やコーポレート・コミュニケーション、渉外などの部門が設置されている。また別の機能として、危機管理やCSR、IR、コンプライアンスなどがそれぞれ独立して存在しているが、こうした組織は外部環境の急激な変化と流れに組織として十分な対応ができているのだろうか？

これまでパブリック・リレーションズのさまざまな機能について述べてきたが、多くの日本の組織体にいえることは、目まぐるしく変化する社会や市場の変化つまり外部環境の変化に、迅速に対応することができていないということである。とりわけ加速度的に進化し、今後さらにさまざまな分野へ浸透すると思われる、生成AIをベースとした大量の情報の波の中で、日本の企業や組織はどのようにかじとりをすればよいのか。経営層の多くをシニア世代が占めている日本の組織体にとって、深刻な問題となってくることは容易に想像できる。

図表4-11　パブリックリレーションズ本部の概要

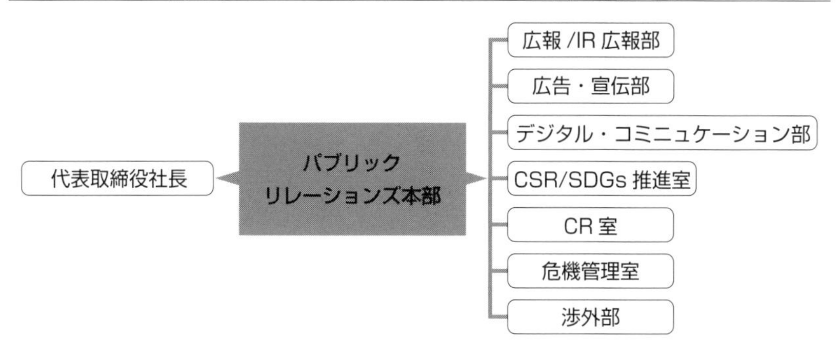

内外からさまざまな情報が組織に入った際に瞬時に情報に対する真偽をチェックし、重要案件ではトップが統合的に情報を把握しスピーディに判断をすることが求められるだろう。そのためには、これまでと同じような縦割りの組織体制では十分に機能しえない。本章第1節でも述べたように、日本の現状的課題は、失われた30年からいかに脱却するかにあるが、そもそも失われた30年の元凶は、外部環境の変化に日本の組織体が適応できなかったことの結果であることはまちがいない。今後、同じ失敗を繰り返さないためにも、レジリエンスのある組織体制を構築することが強く求められている。

ここで、強靭な経営組織体制を構築するためにパブリック・リレーションズが果たす重要な役割を1つの提案をしておきたい。

図表4-11をご覧いただきたい。図表にあるように、社長直轄のパブリック・リレーションズ本部を設置し、本部長（役付き役員が望ましい）の下に、規模や業態によって6～8つの部門を配置する。こうすることによって、社内外の情報の収集・発信を一元化する。事故や事件、M&A、公官庁の動向、財務上の変化、そして競合相手の変化など、事態の把握・対応しだいでは、1つ間違えば問題を悪化させ、解決に時間を取られてしまい、組織全体を揺るがす致命的な状況に陥らせかねない。トップマネジメントに直接レポートするPR本部の設置により、関連部署の統合化による情報の一元化で、スピーディに問題の解決をはかることができる。本部を構成するそれぞれの部門としては、広報部門を始め、IR広報、カスタマー・リレーションズ

(CR)、渉外（ガバメント／コミュニティ・リレーションズ）、危機管理（コンプライアンス）、CSR ／ ESG ／ SDGs などの部門が考えられる。とくに広告予算が全体のコストバランスで肥大化する傾向が強い日本企業では、宣伝・広告部門を下につけることで、偏重のないバランスの取れた予算編成が可能となるのではないだろうか。また全社を俯瞰するポジションであることから、パブリック・リレーションズ本部長は将来組織のトップリーダーになりうる人材が好ましい。いくつかの企業でこうした動きが出てきているが、周囲にさまざまな問題を抱えながら活動する企業にとっては、これまで以上にスピード感のあるコミュニケーション（およびストーリーテリング）能力を有する経営トップの登場が求められている。

4　パブリック・リレーションズ専門家に求められる資質と能力

●実践に必要な専門家の条件

パブリック・リレーションズ担当者あるいはそれを専門業務とする実務家には強い目的意識と高い資質・能力が要求される。その内容は時代とともに変化し、パブリック・リレーションズの社会的認知度が高まるにつれて要請も厳しくなっている。

従来パブリック・リレーションズの仕事に携わる者は、資格試験での免許制度や技能認定制度などに支えられていなかったために専門家としてのあるべき基準がきわめて不透明であった。パブリック・リレーションズが社会に与えるインパクト、社会や所属する組織内での認知度や役割などからその意義や価値が決まっていたといってよい。つまり、パブリック・リレーションズを実践する担当者や実務家のあり方がパブリック・リレーションズの社会的位置づけを決定していたともいえる。

資格制度については、筆者も委員会メンバーに加わり公益社団法人日本パブリックリレーションズ協会（PRSJ）による資格認定制度が2007年度からスタートした。日本パブリックリレーションズ協会ホームページ（2023年11月現在）によると、PR プランナーの資格認定試験は2023年まで34回行われ

(26回〜28回試験は中止)、延べ１万5373名が受験し、１万1412名が合格。そのうち３次試験に進んだのは6778名で、3339名がPRプランナーの資格を得ている。

①１次資格認定検定試験合格者（PRプランナー補）１万1412名のプロフィール

PRプランナー補は、一般企業（PR・広報関係者その他を含む）が5986名（52%）と最多数を占め、次いでPR/PR事業関係が2707名（23%）、第３位は学生で1156名（10%）となった。世代別にみると、20代が4501名（39%）で30代が4262名（39%）、そして40代以上が2649名（23%）である。

②３次資格認定検定試験合格者（PRプランナー）3339名のプロフィール

PRプランナーは、一般企業が1860名（55%）、次いでPR/PR事業関係者が1098名（32%）と両者で80%以上を占めている。世代別にみると、20代が673名（20%）で30代が1618名（48%）と20〜30代で過半数を超え、40代以上が1048名（31%）である。

では、多様なステークホルダーとのリレーションシップ・マネジメントを実践するパブリック・リレーションズの専門家・実務家には、具体的にどのような資質や能力が必要とされるのだろうか。それらは、実践の場においてビジネスに関する基本的な知識のほかに、少なくとも以下のような資質や能力があげられる。

●PR専門家の10の資質・能力

①統合能力
②判断力
③文章力をともなったコミュニケーション（プレゼンテーション）能力
④マーケティングに関する知識と実践力（調査力、分析力）
⑤フレキシブルで明るくオープンなマインド
⑥クリエイティビティ
⑦誠実さ
⑧指導力と問題解決（カウンセリング）能力
⑨理解力（好奇心）と幅広い知識

図表4-12　パブリック・リレーションズ専門家に求められる5つの基本条件と10の資質・能力

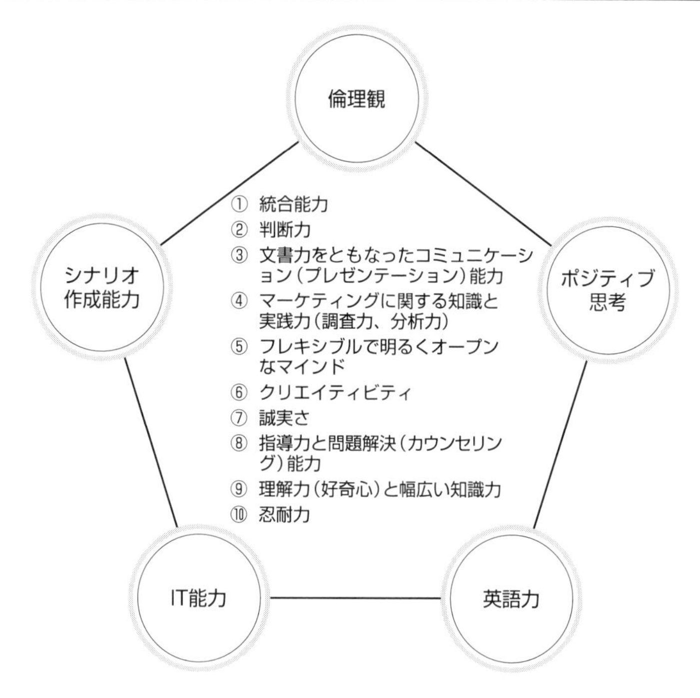

⑩忍耐力

これらがPR専門家として必要な条件となる。しかし、現在、日本企業や組織体が抱えている根本的な問題のソリューション（解決）を考えたとき、これらに加え、以下の5つの基本的な要素が求められる（図表4-12）。ここでは、その内容を説明するとともに、そのための専門教育のあり方についても述べたい。

●PR専門家の5つの基本条件

①倫理観

序章でも述べたように、一般的に倫理観とは「人間の行為における善・悪の観念」とされるが、より深くは「功利主義」と「義務感」が補完関係をもつ倫理観である。

世界にはさまざまな宗教に立脚した倫理観があるが、「功利主義」と「義務感」が補完する倫理観は、現在欧米先進国で主流をなすものであり、本書の定義する倫理観ともなっている。

特殊技能や能力をもったプロフェッショナルと呼ばれる個人・集団は、社会に対しさまざまな影響力をもち、同時に大きな責任を負っている。社会から高い期待が寄せられ、多くの場合その発言や行為が無条件に信頼される傾向にあるからである。社会の期待に応えプロフェッショナルとして適正に職務を遂行するには、目先の独善的な利益追求にとらわれない、自らを律する「プロ意識」とそれを支える「倫理観」が不可欠となる。

パブリック・リレーションズにおける倫理観不在の活動は、ともすれば情報発信者に有利な不確実な情報を一方的かつ強力に発信する、いわゆる「プロパガンダ」に陥る危険性をはらんでいる。一方、世界は組織体や個人がリアルタイムで情報の発信・受信を可能にする高度情報化社会の潮流の中にあり、覚醒したパブリック（一般社会＝ターゲット）が、情報発信する個人・組織体の行動や対応を注視する社会では、WIN-WIN 的発想が欠落したパブリック・リレーションズは機能しえなくなっている。

このようにパブリック・リレーションズには、つねに高い倫理観が求められる。このことを肝に命じ、企業や組織の PR・広報担当者や PR 会社の実務家は自社やクライアントの経営トップへのアドバイスを真摯に行わなければならない。そして、「倫理観をベースにした行動が、結果として最短距離で目標達成を可能にする」との立場に立ち、組織内においては暴走への歯止めとなる役割と機能を果たさなければならない。

グローバル化する経済下では、他国の人々や多様な文化、習慣などを尊重する姿勢も倫理観といえる。倫理観を持ち合わせないコミュニケーション集団はたんなるプロパガンダ集団でしかない。

なお、国際パブリックリレーションズ協会（IPRA）には、実務家の実践すべき倫理についての規定が盛り込まれている（巻末の資料1を参照）。

②ポジティブ（積極的、肯定的）思考

パブリック・リレーションズ担当者やプラクティショナー（実務家）はポジティブでなければならない。クライアントあるいは自己の所属する組織とさまざまなパブリック・リレーションズの対象との間のよきインターメディエーター（仲介役）としての役割をつねにポジティブな態度で果たさなければならない。ポジティブ思考の環境は、柔軟性のあるフレキシブルな行動を容易にし、自己修正をともなった戦略的でクリエイティブなパブリック・リレーションズ・プログラムを可能にするのである。

ポジティブ思考は「あらゆることに感謝する心」から生まれ、他者のみならず自己をも受け入れ、現状を肯定的にとらえることである。この思考は前向きでフレキシブルな行動を促し、自己修正のベースともなる。

激変する複雑な社会で、さまざまなターゲット（パブリック＝一般社会）と良好な関係を継続的に築くには、深く幅広い知識や経験を必要とする。ときとして個々の知識や経験で対処しきれないこともある。そのために日頃、協力を要請できる人間関係を構築しておくことが不可欠である。ポジティブ思考をもつ人間のまわりには自然に人が集まり、多様な知識や経験をもつ知的ネットワークが広がる。そのネットワークには、専門知識集団といった「深さ」と、多様性を受容するさまざまな職業・国籍を有する人々との連繋を可能にする「広さ」が兼ね備えられていることが望ましい。情報収集や意見交換をとおして専門性の高い協力を得ることは、目的達成を加速させる。また、個人や組織体の橋渡しをするインターメディエーターとしても絶大な効果を発揮する。

一方、ネガティブ思考の環境には、アミカブル（親しみある）で相手を受け入れる発想や柔軟性に欠ける。したがって相手の視点をもたない一方向的な活動に偏りがちとなり、１つ間違えれば相手を不安定な状態に落とし入れ、コントロールするプロパガンダ的行為に陥ってしまう危険性がある。

パブリック・リレーションズを行う際には、最初に最善の状態を想定すること。そのあとで障害や課題、失敗の危険性を抽出し最悪の状態へ備えるべきである。またパブリック・リレーションズ活動を行うなかで、文化、言語、思想、信条、法律、制度など大きな壁がいくつも立ちはだかり、苦境に立たされることも多い。しかし、設定された目標を安易にスケール・ダウンさせたり、方針変更を行っては大きな成果は得られない。困難で危機的状況にあっても目的達成への肯定的な態度を失わず、達成完遂に向かっていくことがプロフェッショナルとしてのあるべき姿といえる。また、立案されたプログラムの実施中に状況は刻一刻と変化していく。その過程で間違いを発見したときに、相手の立場や自分たちが置かれている状況を受け入れ、早い段階で自己修正を行う必要がある。そのことが結果として、最短距離での目的達成を可能にする。

ポジティブな態度には２つの意味が含まれている。１つは激しく変化する社会や経済の流れに後れをとらないよう情報や知識を獲得するための積極的態度であり、もう１つは獲得した情報や知識を生かし、直面する状況を前向きにとらえようとする肯定的態度である。

パブリック・リレーションズ活動はさまざまなステークホルダーとのリレーションシップ・マネジメントであるが、実行にあたる担当者や実務家は多種多様な課題に直面する。文化、言語、思想、信条、法律、制度などがあたかも高い塀のように前に立ちはだかることがあり、広さと深さのある知識がしばしば要求される。このとき、塀を乗り越えようとする前に、最初から否定的な態度や考え方で計画や方針の変更へと向かってしまっては専門家としては失格である。

塀を飛び越えるためには何が必要で、どのような方策があるかという前向きな姿勢が必要なのであり、課題をクリアするための検討作業の中で計画や方針に問題がみつかったら修正すればいいのである。「最初から無理だったんだ」という否定的態度をとったのでは、自己修正どころか、課題を解決する推進力にはならない。

③シナリオ作成能力

パブリック・リレーションズのプロにとって先を見通す能力は必要不可欠である。眼前にある課題を乗り越えられても、その先の展開を十分に読み切っておかなければ、どこに落とし穴があるかわからない。課題を乗り越えるためにとった手段が、次の場面でマイナスに働くようでは意味がない。そのため、次にどのような展開があり、どういった結果に導くのが最善か、といった戦略性のあるシナリオを描いて実現していく能力が必要となる。

たとえ話をしよう。

ある製薬会社Ｓ社が、問題のある薬品と知りながら海外から輸入して販売活動を行っていた。やがてその薬品を使った多くの人々が生命に関わる病気に感染し死者まで出る結果となり、大きく報道され社会問題となった。遺族や感染患者は販売元であるS社を相手取り裁判を起こして賠償と責任追及に乗り出した。捜査機関も感染の危険性を知りながらしかるべき処置を講じなかったのは業務上過失致死傷の疑いがあるとみて調べを開始した。

不買運動が広がるなかにあっても、S社はマスメディアなどを通じて「危険性を認識していなかった」と釈明しつづけ、事態はますます悪化。

パブリック・リレーションズの専門家であるK氏は仕事でニューヨークに出張していたが、S社と電話でやりとりし、「すべての事実を正直に話すなら、対応を引き受ける」と説得し、感染の危険性を認識していたことを認めさせたうえで危機管理プログラムを引き受けた。報道を通じて薬害事件を知っていたK氏は、すぐにシナリオを描いてS社に電話で指示を与えた。

S社はK氏の指示に従い、まず過失責任を認める記者会見を開き謝罪した。そして、被害者遺族や感染患者に対し救済に向けての強い意思表示を行ったのである。これを境にそれまで嵐のように連日吹き荒れていたメディアによる報道がふしぎなくらい収まった。

この話の中で、K氏の描いたシナリオの根本思想は、死者まで出した薬害問題で本当の救済はできないものの、会社は非を認め、社会的責任を果たさなければならないというものである。最重要課題は被害者遺族と感染患者の救済であり、そのためには補償するべき製薬会社の存続が必要であった。会社がつぶれてしまえば救済の道は険しくなり、問題となった薬品販売と関係のない社員の生活も奪われることになる。これら重複する課題を乗り越えるために、K氏は頭の中で次のようなシナリオを描いた。

「S社はまず責任を認める会見を開く。真摯な反省の態度を十分に伝えうる謝罪とトップ自ら問題解決に必要な方策の表明を行い、それまでのマイナスイメージを少しでも払拭し、それによって不買運動を鎮静化させる。それにより会社を存続させることで、企業活動の収益を被害者救済に振り向ける。また、直接責任のない社員の生活を奪わない一方で、救済責任を負う会社の一員として社会的責任を果たしつづける……」

問題が深刻になり一刻を争う非常事態の中でこそシナリオ作成能力の真価が問われる。究極の社会利益を冷静に見抜かなければならず、クライアントに対して情に流されてはならない。先のたとえ話では、専門家にとって、目先のクライアントの利益のみを考え、いかに責任を回避するかというシナリオを描くことは許されないのである。

④ IT（情報技術）能力

パブリック・リレーションズのプラクティショナー（実務家）は、世界のインターネット人口が50億人を超えている現在、IT に対する基本的な理解とそれを利用する技術が要求される。

PR・広報担当者やパブリック・リレーションズの実務家には、日々進化を遂げる IT に対する基本的な理解と、PR 活動への効果的な利用法の考案が求められる。インターネットの登場・普及はコミュニケーションのリアルタイム性や双方向性を高め、そのあり方を根底から変革させている。その変革の真っ只中で、専門的な知識をもつ技術者と連携しながら新しい技術を採り入れ、時代の流れにあったリレーションシップ・マネジメントを展開することが必要である。点（個人）から点（個人）へダイレクトでインタラクティブ（双方向的）なコミュニケーションを可能にするインターネットやソーシャルメディアの活用は情報流通の形態と質を変化させ、パブリック・リレーションズの手法も必然的に変わってくる。

詳しくは第8章で紹介するが、たとえばブログや X（旧 Twitter）、Meta（旧 Facebook）、LINE といったソーシャル・ネットワーク・サービス（SNS）のような分野で次々に出現する新しいメディアの利点と欠点を理解し、パブリック・リレーションズに効果的に使用したり、新しいデジタル技術を利用してスライドやビデオといった視覚や聴覚に訴えるプレゼンテーションを効果的に行うことなどがあげられる。

メディアの発達やインターネットの普及により情報が氾濫している環境においては、必要に応じてほしい情報を取り出す情報検索能力も重要になる。また、獲得した情報の中から本当に重要なものを選別する力も業務遂行上不可欠である。

とどまることのないネット社会の拡大は、オープン性ゆえに従来は想像しえなかったかずかずの問題をも提起してくる。2010年末に北アフリカのチェニジアに始まり、エジプト、リビアなどアラブ世界に広がった「アラブの春」では、Twitterなどによる情報がリアルタイムで世界を巡り、チュニジアやエジプトなど30年以上続いた長期独裁政治が、数カ月足らずの間に相次ぐ民衆のデモ活動で揺らぐことになった。しかし、その後の混乱をみるにつけ、これらSNSの情報伝達スピードやリアルタイム性がときとして、組織体を制御不能に落とし入れることを示している。このような環境下にあっては、実務家自身がITに対する能力と見識を持ち合わせていることが必要不可欠である。

⑤英語力

英語力（とくに会話能力）はパブリック・リレーションズの専門家がぜひマスターしておきたい能力である。国際間でのビジネスだけでなく、インターネット上で世界にアクセスする基本的な能力の１つといえる。

現在の世界の英語人口は英語を第一言語や第二言語としている人の数に加え、英語を読み、書き、話すことができる人の数を合わせると、約15億人にのぼるともいわれる。したがって英語の習得は、１億2700万人の日本語世界から抜け出し、新たに15億人の友人とのコミュニケーションの扉を開くことを意味する。アクセスできる情報が飛躍的に増え、獲得できる情報に幅と深みを与えると同時に、他国の人々とのコミュニケーションを通して異文化に接することで、国際性をより深く理解することにもつながる。

しかし、たんなる英語など外国語の習得だけでは、国際的なパブリック・リレーションズの実務家としては不十分である。英語などの外国語能力はコミュニケーションの１つのツールであり、情報として伝えるものをもっていなかったり、伝え方に問題があれば、そのツールを生かしきることはできない。仕事に必要な関連知識の獲得や高いコミュニケーション能力など、それらを生かす素地が備わっていることが英語力を生かす大前提となる。最近はAIの登場により英語力のない人でも翻訳ツールを上手に使うことで自分の英語環境を変えることができるが、PRのプロフェッショナルには、より深いレベルでのコミュニケーションが求められるのではないだろうか。

5　PR 会社の機能と役割

●組織体と PR 会社の良好な関係とは

社内に PR・広報セクションを置いている大手企業ばかりでなく、この数年、わが国の PR 業界の環境変化にともなって、ベンチャー企業や特色のあるビジネスモデルや製品・サービスをもつ中小企業においても、積極的な PR・広報活動がみられるようになった。また、この傾向は地方分権を叫び、変革を目指す自治体においても同様であり、コミュニケーションの主体を「広告」から「PR・広報」へシフトすることにより、よりきめこまかい住民サービスやローカル性を生かしたブランド構築を行おうとしている。

こうした背景の中で、これまではどちらかというと組織体の PR 活動における部分的なサポートやプロジェクト単位の依頼が多かったが、PR 会社が本来的に有するコンサルテーション機能に期待した内容へと変容してきている。

本来は、組織体が PR 会社をパートナーとして受け入れ、ブレーンとして使ってこそ、その専門家としてのノウハウや人脈に基づいた活動の真価が発揮され、もっと有効なパブリック・リレーションズが展開できる。

パブリック・リレーションズの真価に気づかず、その結果、組織体のイメージを落とすだけでなく莫大な財政的損失を被り、組織の存亡に瀕するケースも少なくない。雪印乳業の食中毒事件やオリンパスの不透明な M&A と社長解任劇にみられるように、危機管理不在の受け身の PR・広報対応をとったことで、会社を危機に晒すことになったケースが多々ある。これは人間の体にたとえると、体が機能不全を起こし、外部からの刺激や変化に適切に対応できなくなっている状態といえる。人間の疾患を治療し機能回復させるのが病院であるとすれば、組織にとってその機能を果たすのが PR 会社である。

そして、病院にも心臓外科や胃腸科、精神科などの専門分野があるように、PR 会社にもインベスター・リレーションズやメディア・リレーションズを専門とするところがある。また、体調不良の原因がわからないときは、問診や各種の検査をすることで具体的な疾患部分があきらかになり、対応処置がとられる。組織体とPR会社の関係もコンサルテーションから始めて、課題があきらかになれば、最善の対応を行うことができる。そのための総合病院的なPR会社もある。

●PR会社の機能と役割

PR会社はクライアントとなる組織体のパブリック・リレーションズ戦略全般に関するコンサルテーションを提供するのが基本である。その一番の狙いは、PR会社がもっている機能を有効に働かせて、クライアントにとって最適なパブリック・リレーションズを展開させることにある。もちろん、第三者的立場でのアドバイスにとどまるケースもあるが、その内容は、組織体トップが意思決定する場合に貴重なソリューションを提供するものでなければならないし、そこにPR会社としての存在価値もある。

日本では、組織にクライシス（危機）が発生したとき、第三者の視点をもつ外部の専門家と契約していなかったために、事前・事後の対応に遅れをきたしたり、あるいはトップが判断を間違え、暴走しかねない例がしばしば見受けられる。対応を誤ると、最近のビッグモーターやジャニーズの例でもあきらかなように、致命的な経営危機につながるケースもある。こうした状況に陥らないためには、企業・組織は日頃から有能なPR会社と関係をもっておく必要がある。

また、スピード経営の環境下では、カウンセリングができる専門家はクライアントから緊急時に判断を求められた場合、瞬時に答えを出さなければならない。プロフェッショナルにはつねにリアルタイム性が求められるのである。

PR会社はその機能を効果的に発揮するために、さまざまなノウハウ、成功事例、さらには会社がもっている知見や経験をはじめとして、人脈、知脈、ビジネス・ネットワークを活用して、クライアント企業の目的・目標達成に貢献するのである。

たとえば、筆者の会社（井之上パブリックリレーションズや日本パブリックリレーションズ研究所（JPRI））では、独自に開発したライフサイクル・モデルを基盤にしたパブリック・リレーションズのコンサルティングを実践している。ライフサイクル・モデルとは、リサーチ&シチュエーション・アナリシス（現状把握と分析）→目的・目標設定→ターゲット設定→戦略設定→計画立案→実行→結果の分析・評価→フィードバックと自己修正→目的・目標設定という連環するパブリック・リレーションズの活動モデルである（第6章第1節で詳述）。つまりこれらがグループで、実践を通して最先端のPR技術を習得し、それを研究所で理論体系化するという車の両輪としての機能を併せ持っている。ちなみにパブリック・リレーションズの正しい普及のためにJPRIでは、京都大学、九州大学、北海道大学、東北大学などでの講義・講座の提供や小中高での普及のためのテキスト開発などに取り組んでいる。

また、PR会社は通常、国外のPR会社とネットワークを有している。これを介して国外拠点でのパブリック・リレーションズ活動の展開や現地での情報収集などを行うが、日本でネットワークを有するPR会社はまだ一部でしかない。井之上パブリックリレーションズは独立系PR会社であるが、グローバルなPR活動についてはグローバルネットワークをもつPR会社と協力関係や各国のPR分野で有力なローカルPR会社との協働を通してグローバルなパブリック・リレーションズ・サービスを提供している。

最後に付け加えておくと、パブリック・リレーションズやコミュニケーションの問題は、現地の文化や言語と深く結びついている。どのように優れた日本語のリリースでも現地語にローカライズする時点で、現地語のクオリティはもとより現地に合った編集が求められる。そのため「グローバル戦略のもとにローカルに展開する」ことがPR会社の基本となる。

●ゼネラリストとスペシャリスト

PR会社は専門家集団であるが、ゼネラリストとスペシャリストの違いについて、少し説明を加えたい。

図表4-13の三角形は、底辺が分野を表し、高さが専門性（経験年数）を表している。三角形の頂点に近い人はその分野のスペシャリストといえる。頂点に近づくためには実務経験や従事期間にある程度の長さが必要である。

日本の組織体では1つのセクションに数年いて異動することが多いが、別

図表4-13　ゼネラリストとスペシャリストの相違

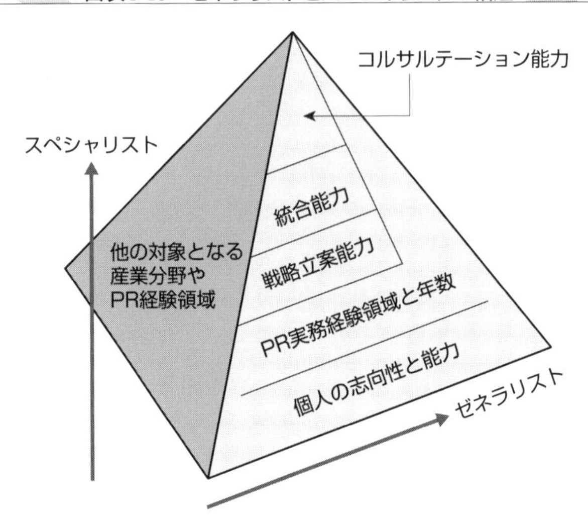

のセクションに移っても同じ三角形で説明することができる。それがもとの三角形の左隣りに接する三角形である。異動ごとに三角形をつなぎあわせていくと、錐型の多面体ができあがる。この多面体のとがった上部の部分はスペシャリストの部分であるが、これを切り離してみる。すると、残った部分はさまざまな分野で経験を積んでいるが、それほど専門性の高くないゼネラリストということになる。そして、切り離されたとがった部分がスペシャリストの集団であり、さまざまな分野のスペシャリストが集まっていることがわかる。

おのおののスペシャリストは得意分野に秀でており、集団となることで組織がゼネラリストとしての機能を果たすことも可能となる。これがPR会社と考えると理解しやすいだろう。半導体、自動車、金融、政府機関といった具合にPRの実務家として各分野の経験度合いによってスペシャリストにも、ゼネラリストにもなれるのである。

6　企業・組織によるパブリック・リレーションズ業務のアウトソーシング

●アウトソーシングとコソーシング

企業・組織が、元来専門性が高いパブリック・リレーションズ業務の一部もしくは全部をPR会社に委託する場合がある。いわゆるアウトソーシングである。日本市場に進出して間もない外資系企業などは、PR・広報担当者が不在でパブリック・リレーションズ業務のすべてをPR会社に委託するケースが多い。

一方、企業・組織のPR・広報セクションとPR会社が共同してパブリック・リレーションズ業務を行うのをコソーシングという。たとえば、統合化されたパブリック・リレーションズ戦略のもとに、本国では従来どおり企業・組織のPR・広報セクションが行い、海外拠点のパブリック・リレーションズ活動はPR会社のネットワークに任せるといった場合がこれにあたる。

アウトソーシングはパブリック・リレーションズ業務の外部依託であり、コソーシングはパブリック・リレーションズ機能の拡充である。日本においては人材が、パブリック・リレーションズ専門家の数が他の先進諸国と比べて圧倒的に少なく、急速には育ちにくい環境にあるため、プロ集団であるPR会社に業務委託することは非常に有効な選択であるといえる。加えて、人件費やオフィスコストの高い日本の組織体にとって、アウトソーシングはリストラの面からも現実的なものであるといえる。

●アウトソーシングのコスト効果

PR会社は専門家集団によって効率的なパブリック・リレーションズ業務を遂行することを前提とする。経験を積み上げる前に別のセクションへと異動することが多い日本企業におけるジョブ・ローテーションを考えると、PR・広報セクションの人件費と専門家集団であるPR会社への契約料とのコスト・パフォーマンスを考慮することも重要である。

また、PR専門家の関与によって、企業のPR・広報セクションの専門家育成が可能となり、教育効果も期待できよう。専門家によるパブリック・リレーションズは企業全般やPR目標遂行に付加価値を与えるものであり、業務依託する場合にはその貢献度を適正に評価する必要がある。

PR会社を、企業・組織のPR・広報セクションの手足としての活動性に期待している段階では、アウトソーシングにせよコソーシングにせよ、その真価を引き出すことは難しい。

PR会社はクライアントの情報開示を前提に、業務上知りえた機密事項について守秘義務をもち、このことは契約書に必ず盛り込まれる。このため、PR会社は同業他社を同時にクライアントとしてもたない「1業種1社制」を原則としている。アウトソーシングやコソーシングは企業とPR会社の上下関係ではなく信頼関係（パートナーシップ）で成り立つものなのである。

●アウトソーシングで契約する際のポイント

企業がPR会社にパブリック・リレーションズ業務をアウトソーシング（あるいはコソーシング）する場合、考慮すべきファクターがいくつかある。

第1に、契約しようとするPR会社を自社が必要としており、自社のスタッフに欠けているリレーションシップ・マネジメント能力やPRに関する優れた知見、人脈をもっているかどうかという点である。自社にその能力があるなら、それを生かすべきであり、アウトソーシングする意味は薄れる。

第2に、契約内容となるPRカウンセリングや戦略構築、問題分析、特別プロジェクトが一時的に必要なのか、それとも継続的に必要とされているのかという点である。これは予算編成にも影響する。

第3に、現在抱えている問題が、PR専門家のカウンセリングや独自な分析、見解を求めるほど重要な局面なのか。瑣末であればPR会社との契約は先延ばししてもかまわないが、重要性が高ければ契約を急ぐ必要がある。

第4に、年功序列型の企業に多いが、企業組織がトップダウン式の傾向が強く、客観的な意見がトップに届きにくく、かつ届いたとしても相手が社内（部下）の意見を受け入れたくない状況にある場合、PR会社が客観的な意見を具申したり、軌道修正を助言する機能を有効に発揮できるか否かは、重要なポイントとなる。この機能がないと組織は暴走することになる。

最後に、PR会社と契約した場合と、自社で取り組んだ場合とで、結果にどれだけの違いが出るか。同じ結果であれば、PR会社との契約は不経済ということになる。

●アウトソーシング予算の考え方

さまざまなファクターを考慮したうえでPR会社と契約することにした場合、契約料金はどう考えるのがよいのだろうか。PR会社の契約料金体系は、基本的には年間契約を前提として月額を算出するリティナフィー・ベースとなっている。料金はサービス内容によって異なるが、フィー設定はタイムフィーが基本である。

契約を結び、月ごとに料金を払うことで企業とPR会社との間には安定的な関係ができあがる。そしてPR会社は、AE（アカウント・エグゼクティブ）を中心としたアカウントチームによって、パブリック・リレーションズ業務を遂行することになる。

PR会社と契約するにあたって、パブリック・リレーションズ業務の年間予算額を決める方法はいくつかある。

①対前年比で増減を決める方法

②売り上げや収益に対して一定比率で算定する方法

③経営者が独断で決定

コラム6 リティナフィーとプロジェクトフィー

リティナフィーとは特定のサービスに対して支払われる依頼料のこと。PR会社とクライアント（顧客）との基本的な関係はコンサルテーションを核に継続的な業務をベースとした年間契約で、その内容によって月額のリティナフィーが設定される。フィー換算はタイムフィー（1時間当たりの料金）に基づく。トップレベルからスタッフレベルまでキャリアによってタイムフィーは異なる。一方、プロジェクトフィーは契約外の業務に対して適用され、この場合もタイムフィーがベースとなる。

この3つは、どれも算定方法が簡単なので一般的に採用されることが多いが、企業の将来的方針や将来のニーズを反映させることができないところに課題が残る。

望ましい予算策定は、企業の中・長期の経営、事業計画をベースに単年ごとのPR目標を設定し、このゴールを達成するためのPR計画に基づいた予算を算出する方法である。

前節「PR会社の機能と役割」で記したように、井之上パブリックリレーションズの場合、ライフサイクル・モデルを基盤にした総合的なパブリック・リレーションズ・サービスを提供している。通常、このモデルに沿ってPR計画が作成され、予算案を提出することになる。企業のもつ年間PR・広報予算とPR会社から提出された予算案とが一致すれば問題はないが、多くの場合、両者の間に開きが生じる。年間数億、数十億の広告予算をもつ企業でもPR・広報予算はかなり限定されているが、近年広告からPRへのシフトの機運が高まっている。企業向け商品サービス広告予算の販売（B to B）と消費者向け商品サービス販売（B to C）によってバランスが変わってくるが、広告などすべてのコミュニケーション予算の10～20%のレンジでPR予算が編成されると、多様なPRプログラムの策定と数倍のコミュニケーション効果を容易に可能にすることができる。

予算策定の最終段階で両者の予算が合わない場合は、目的や目標達成のために何を優先事項にするかという基準で、PR戦略やプログラムを見直すことで調整をはかっていくことになる。

パブリック・リレーションズ業務に対する契約料金は、外注費（損失利益）として考えるのではなく、企業ブランド（イメージ）や収益増大といったIR的視点でとらえた付加価値創出のための「投資」あるいはイクイテイ（資産）として考えることが望ましい。

7　急がれるパブリック・リレーションズ専門家の育成

前述したような日本社会におけるさまざまな不祥事は、パブリック・リレーションズの専門家からみれば、専門教育を受けた実務家が対処していれば問題を最小限に食い止められていたであろうと考えられる。また、多様化するグローバル社会にあっては専門家が対処せねば解決できない問題も多く浮上してきている。これら専門家とは、学問的にも実践的にも幅広く、奥行きの深い守備範囲をもつPRの専門教育を受けた実務家であり、そこにPRの基本・実践教育の必要性が生じてくる。本章では、筆者が提唱する「広報・コミュニケーションの高度専門職育成のあり方」をベースに、さらに幼児からの「きずな教育」に触れ、日本社会がこの問題にどう取り組むべきかを提言する。

(1) 幼児教育から初等・中等・高等教育を通じた一貫教育導入の必要性

筆者が2004年から早稲田大学で、これからのグローバル社会で必要となる、日本になじみのないパブリック・リレーションズの普及のために、「パブリック・リレーションズ論――次世代のリーダーのために」（概論・特論）をスタートさせたのは、「個」の確立した「人間力」ある人材育成が重要と考えたからであった。

授業を始めて20年が経過した現在、グローバリゼーションは私たちの予想を超え、猛スピードで進行している。パブリック・リレーションズこそグローバル社会を生きる人々の知の基盤であると考える筆者は、その一刻も早い導入・普及は喫緊の課題であると考えている。そのためには、幼児期からのパブリック・リレーションズ教育の導入が求められる。つまり、大学や大学院だけでの教育では遅すぎるということである。

パブリック・リレーションズは目的（目標）達成のための「リレーションズ活動」、すなわち「以心伝心、あうんの呼吸」といったハイ・コンテクスト型ではなく、目的（目標）意識をもち、「考えていることを相手に明確に伝える」ロー・コンテクスト型のさまざまなステークホルダーとの「関係構築活動」である。「きずなづくり」を他の言葉に置き換えたものが、まさに「関係構築活動」である。「関係構築」という言葉は子どもの世界には似合わない。幼稚園（保育園）、小学校、中学校において、パブリック・リレーションズの概念を伝える際は、「きずな教育」という言葉に置き換えるとしっくりくる。「きずなづくり」の真髄はパブリック・リレーションズそのものなのである。

パブリック・リレーションズの日本社会への導入は、企業や組織はもとより、小学校をはじめとする教育現場や地域社会など、社会のあらゆる階層で引き起こされているさまざまな問題の具体的な解決策を考えるうえで危急の問題である。パブリック・リレーションズの教育対象者は、社会を構成する個人を基本に考えなければならない。グローバル化が進展する今日、欧米人と比べ、集団主義的文化が色濃い日本人の「個の確立」の後れが問われて久しいが、個の確立による人材強化が帰属する共同体を強化し、その影響力は日本社会、ひいては国際社会へと肯定的に波及していくはずである。

そのための教育方法は、教育機関によるものや、外部専門家を使った企業内教育、また、PR 協会のような業界団体あるいは広報関連学会による教育などさまざまに考えられる。しかし、社会への本格的な導入を実現させるためには幼児教育を始め、義務教育段階での PR 教育も視野に入れた学校教育現場でのシステム構築が必要となる。日本パブリックリレーションズ研究所（JPRI）では、2018年から、幼児用絵本シリーズの「なかなおり」（第１作）に始まり、小中高生向けの「パブリック・リレーションズ for School」の「ベーシック版」と「スタンダード版」を発行し、教育・普及活動を行っている。最初のその対象となる教育機関は、幼稚園（保育園）から小学校における「きずな教育」に始まり、義務教育を終えたのち最年少の社会人を送り出す中学校、続いて高等学校、短大、４年制大学、大学院における「パブリック・リレーションズ」教育が考えられ、これらに有機的に対応できる統合的教育システムの構築が求められる。ここでいう幼児・児童期における「きずな教育」は人との関わりをベースとした教育である。

パブリック・リレーションズの社会への導入はその性格上、世代を越えた長期的な時間軸で考えるべきものである。しかし、組織体における不祥事・事件が頻発し、PR 教育が急務である現状をふまえれば、まず実務家養成のために高等教育機関における人材育成が最も優先されるべきである。育成された人材は、将来の幼児教育および義務教育過程での導入時に必要とされる有能な教育者としても期待される。

本書では、紙数の都合もあり、まず最優先課題でもある教師の人材育成に力点を置いた高等教育を中心に考えたい。

(2) 高等教育におけるパブリック・リレーションズ専門家の育成

高等教育における教育プログラムを考えるうえで有効な方法は、半世紀にわたって米国教育界に組み込まれてきたPRカリキュラムを参考にすることである。100年を超える現代的パブリック・リレーションズの進化を経験している米国では、パブリック・リレーションズの理論体系がほぼ完成されており、その手法も標準化されている。日本の専門職育成にあたって、統合的な資格制度が確立されている米国でのカリキュラムやプログラムを研究する必要があるが、主に① PR・広報専門家育成のための教育、②資格制度、③組織体での受け入れ態勢、④教育現場で指導する教師の育成、といった4つの問題についての対応を考える必要があるであろう。

●米国の大学・大学院におけるPR教育と資格制度の現状

現代PRの発祥地であり、PR先進国である米国の場合、PR実務家エドワード・バーネイズが1923年にニューヨーク大学で最初のパブリック・リレーションズの授業を始めている。また、1939年にスタンフォード大学でレックス・ハーロウがパブリック・リレーションズのコースを開設し授業を始め、1947年には、ボストン大学で米国初のパブリック・リレーションズ学部をスタートさせている。スタンフォード大学でパブリック・リレーションズの教授であったレックス・ハーロウによると、1945年頃からパブリック・リレーションズ教育が始まり、1946年までには30の大学で47の講座が開かれるようになった。

PRSA（米国パブリックリレーションズ協会）のHigher Education Programs Online Directoryには約400校が登録されており、PRに関する高等専門教育が多数の大学で行われていることを物語っている。資格制度については個々の大学が所定の授業数と一定の成績を満たすことを要件に、PR修得者に対し終了証明書を発行している。

●日本の大学・大学院におけるPR・広報・コミュニケーション教育の現状

日本パブリックリレーションズ研究所は規模別大学一覧表（2013年5月1日）に記載される450を超える国・公立、私立大学（4年制で単科大学を除く）を対象に2014年9月～10月においてパブリックリレーションズ（PR)、広報関連の学部、学科、そして講座の設置状況について調査を行われた。学部、学科に関する情報ソースは各大学のホームページで、講座についてはシラバスから検索した。検索では「パブリック・リレーションズ」、「PR」、「コーポレート（PR、コミュニケーションズ)」、「広報」、「コミュニケーション」、「メディア」をキーワードに設定した。

この調査によると2014年10月には、学部に関しては2校（江戸川大学：メディアコミュニケーション学部／東京経済大学：コミュニケーション学部）で、学科・専攻が15、講座が41、その他なんらかの形でPR教育を実施している大学（併設重複含む）は40を超えた。学科や講座の増加にともない、教員数増加した。一方、PR／パブリック・リレーションズ／コーポレート・コミュニケーション（C.C.）は、最近になって導入されたということもあり、PRの15講座とC.C.の4講座を合わせ講座数は19、実施学校数は12であった。1995年の東京経済大学にパブリック・リレーションズ講座が開設されたのを皮切りに、2004年度から筆者が早稲田大学（現グローバルエジュケーションセンター）および公共経営大学院などでも開講し、同じく2012年からは京都大学経営管理大学大学院、2019年から九州大学、2022年から北海道大学、東北大学などでも講義が始まるなど、教育界で関心の高まりをみせている。

●わが国の大学・大学院における望ましいPR教育

①大学教育における利点の活用

大学では、実践的で内容があり経験豊かな教師を講師として招聘し、十分な時間配分のもとで適正なカリキュラムに基づく最先端の授業を行うことが可能である。IT環境の整った教育設備や国際性なども考慮された充実した教材により、理論と実践を教えることができる。また、PR関連の理論／実践の教育（部分的には企業内外の商業施設でも可能）はもとより、学部を超えた学際的教育が享受できる。そして、PR専門家に必要な全人的教育（価値・倫理教育などをとおした、健全な倫理観・道徳観を有する人材の育成）ができるところは大学しかない。

②問題点

教師の数が不足しており、一般的にいままでのやり方に固執しがちで、現場の知識・経験が生かしづらく、ITを用いた新しい手法や、グローバル化に対応する英語環境への対応が困難なことなどがあげられる。

③解決法

現在の大学教師への研修（国内／海外）をはじめとし、外部講師としてPRの実践経験者の積極的な参加を促し優遇する。また、大学側の英語環境を整えると同時に、海外からパブリック・リレーションズを教えている教師を招聘する。つまり、教師、設備・機器への投資を行う。

④PR講座・コース導入にあたっての留意点

開講にあたっては、(i)カリキュラム、(ii)配属講師、(iii)資格認定・証明書の発行、(iv)卒業後の学生の社会（企業・公的機関等）での受け入れ態勢などの状況を把握し、教育環境を整えることが重要となる。また、MBAコースをもっている学校はプログラムにも組み込む。

カリキュラム・シラバスについては大学研究機関や、日本広報学会、日本パブリックリレーションズ協会、経済広報センター、そして民間の研究機関などが協力しあって開発していくことが好ましい。

(3) 組織体における受け入れ体制の整備

どのように教育機関が人材育成をしても、PR・広報を専攻したり講座を受講した学生の卒業後における社会的環境の整備（就職）なしには継続性をもたない。そのためには、修得者が社会に出てからの受け入れ先となる組織体の理解と体制づくりが必要となる。組織体およびそれに携わる人の意識改革が求められる。

(4) パブリック・リレーションズ専攻学生の卒業後の社会的環境整備

●社会的位置づけの再確認

パブリック・リレーションズをたんなる宣伝・広報とみなすのではなくマ

ルチステークホルダー・リレーションシップ・マネジメントの実践者として、より広範で戦略的技量と専門知識を要する専門家の仕事であると気づかせるとともに、個人として21世紀の国際人に求められている概念であることを認識させる。

●企業内でのPR・広報専門家の扱い、処遇の改善

PR・広報専門家の価値・重要性を認める環境づくりを積極的に行い、企業などにおいては人事採用の際の抜本的な見直しを行い、組織体内にパブリック・リレーションズ・オフィサー的な専門エグゼクティブの設置を促す（将来、大企業では代表取締役副社長あるいは専務）。また、組織体へのたゆまぬ啓発活動と協力要請プログラムを考える。必要であれば、外部実務家を積極的に中途採用する。そして、企業トップの要件として、PR・広報経験を必須にする（図表4-11参照）。

(5) 国家的取り組みの必要性

わが国でのパブリック・リレーションズは、幾多の歴史的、社会的な障害を乗り越えてきた。そして、繰り返し起こる企業・政官界の不祥事・事件の根本的要因の1つがパブリック・リレーションズの日本社会への未定着にあることも理解されるようになってきた。パブリック・リレーションズはある一部の人や組織体でのみ必要なものであると理解されていたものが、広く社会にとって必要とされる概念であると認知されるようになってきたといえる。パブリック・リレーションズの社会への普及のためには長期的な展望と構想力が求められるが、当面の問題は基本知識の習得と実践教育である。専門家育成に必要な教育環境をもつ大学・大学院が、有効なプログラムのもとで良質な人材供給を行うことのできる体制を構築することが何よりも求められている。

そうしたプログラム受講者が修得したものをどのように生かすのか、具体的な社会的受け皿づくりも課題となる。大学・大学院で単位を取得するレベルの知識、技量では、受け入れ側の企業は満足しない。組織体の受け皿づくりと一対になり、専門家としての質を高めるシステムづくりが必要となる。

ちなみに米国では高度専門家育成のために、PRSA（米国パブリック・リレーションズ協会）が1964年からパブリック・リレーションズ認定（APR = Accredited in Public Relations）を独自に実施してきたが、1998年にPRSAをはじめ Agricultural Relations Council、Religion Communicators Council など10の団体が参加する「ユニバーサル認定プログラム」（Universal Accreditation Program）へと形態を変え、PRにおける幅広い知識、経験、そしてプロとしての判断を示せる高度なパブリック・リレーションズのプロフェッション獲得者としてAPRの称号を授与しており、1万名以上の有資格者が活躍している。日本でも、社団法人日本パブリックリレーションズ協会が「PRプランナー」資格認定制度を2007年にスタートさせたことは本章第4節で述べたとおりである。

これらの対応は、日本でのPR産業の拡大にきわめて重要なことといえる。繰り返せば、専門知識と実務経験をもった教師による指導・育成、専門教育を受けた学生を採用する企業側の受け入れ態勢、生涯の職業として明確な目標がもてる環境整備が問われているのである。

また国家的課題としての、パブリック・リレーションズの義務教育過程での導入には、「産・学・官」の連携が必定となってくる。社会に役に立つ「倫理観」をもち、「双方向性コミュニケーション」、「自己修正」を実践するための必要なベースとなる知識と理論を学ぶことの重要性は疑うべくもない。当面の対応として全国1万76の中学校と4856の高等学校（総務省統計局「日本の統計2023」より）におけるPR・広報教育は、卒業前の3～5時間が現実的と考えられる。この底辺教育の実現のための最大の障害は、カリキュラムはもとより教鞭をとる教師をいかに確保するかということにつきる。こうした環境整備のために2021年11月に、日本パブリックリレーションズ学会が設立された。小中高の先生方に加えこれまでのアカデミシャン、PR実務者、企業経営者などで構成されたさまざまなブリック・リレーションズの関係者のユニークな学会で学生会員は大学生にとどまらず、広く中高生にも門戸を解放している。また今後、高等教育でパブリック・リレーションズを修得した者がPR教育の現場でその任に就くことが求められ、教育者の養成は大きな課題でもある。

PUBLIC RELATIONS

第5章

企業・組織における危機管理

1　欠かせない危険・危機への備え

急速に進展するグローバル化と変化の激しい経済環境にあって、インターネットによる情報伝達は瞬時に世界を駆け巡り、企業経営にはつねにトラブルに発展しかねない大きなリスクが潜んでいる。またとくに上場企業の場合、企業の価値は株式の時価総額で評価されるので、株価重視政策を余儀なくされ、企業統治における法令順守（コンプライアンス）に基づく、企業の継続的な発展のために、組織は自らを取り巻くリスクへの対応を迫られる。

かつて二度にわたる不祥事の対応の拙さから１兆円にせまる企業グループが崩壊した食品メーカーの雪印を代表的な例として、食材偽装、薬害・論文不正、認証不正そして教育関連会社や金融機関による個人情報流失問題などは、企業経営者に、危機管理の対応の誤りが組織の存亡に関わると警鐘を鳴らしている。最近でも、ビッグモーターの保険金不正請求をはじめとする一連の不祥事、あるいはジャニーズ事務所のジャニー喜多川氏による性加害問題など、危機対応の誤りから企業存亡の危機に陥るケースが後を絶たない。また危機発生後の対応に費やすエネルギーは、発生前の予防や準備に要するエネルギーに比べ格段に大きく、対応いかんでは風評被害も加わった顧客の買い控えによる売上減や株価急落などで企業は容易に崩壊し、国民生活と国家経済をも脅かすことになりかねない。

こうしたリスクを回避するため、またクライシス発生時におけるダメージを少しでも軽減するため企業や組織は、常日頃からトラブル、事件、事故を未然に防ぐ対策を講じておくことが必要となる。同時に、これらの好ましくない事態が発生した場合に、いかに迅速に的確な対応がとれるかが、その後の企業の命運を左右する。その際、顧客をはじめとするステークホルダーとの緊密なコミュニケーションは信頼するに値する企業としてのイメージを高めることにもなるが、対応の結果によっては、商品の不買運動や株価の下落、そして従業員の会社への不信感の増大など直接企業経営に悪影響をおよぼすことにもなる。

こうしたリスクやクライシスへの一連の対応を危機管理と呼ぶが、企業において危機管理は企業トップやPR担当者が最も優先して取り組むべき重要課題の１つである。大企業の中には、危機管理の専門コンサルタントや弁護士などと連携して、広範で密度の高い調査・分析を行っているところもある。

ところが、多くの場合は、事件や事故が発生して初めてその重大性に気づくといった企業がほとんどであり、その対応すら満足にできていない。企業グループが、危機対応の稚拙さにより消費者の不買運動や株価急落などを招き、いとも簡単に崩壊するといったことが現実に起こっている。

ネット社会の今日、企業がこれから厳しい競争社会を生き抜いていくためには、危機管理システムを構築し、事前にリスク要因の収集と冷静沈着な分析に基づいたリスク回避やその最小化に向けた努力の積み重ねが欠かせない。そして、実際に危機が発生した際には迅速・万全な対応が求められる。

本章では、近年高まりをみせる企業の危機管理について、それがどのようなものなのか、組織体はいかに危機を回避すべきか、また発生した危機にどのように対応すべきか、その問題解決のための方法などを、これまでさまざまな実務を通して得た知見をもとに記す。

2　危機管理を構成する３つの概念

危機管理はどのような危険や危機に対して行う必要があるのだろうか。危機管理とは、総じていうならば、将来発生しうるさまざまな危機をあらかじめ想定し、有効な対策を策定・準備し、必要に応じて対応・実施していくことである。企業を巡るトラブルは前述のようにさまざまなレベルや内容のものがあるが、日本では危機管理に関する解釈が曖昧で、いろいろな考えや用語が混在し整理されていない感がある。また、内容がそれぞれ重なる部分もあり、どういったタイプの危機を対象とするかによって使い方が異なってくる。

以下は、筆者が実践的な観点から危機管理を３つの概念にまとめたものである（図表５-１）。

図表5-1　危機管理の３つの概念

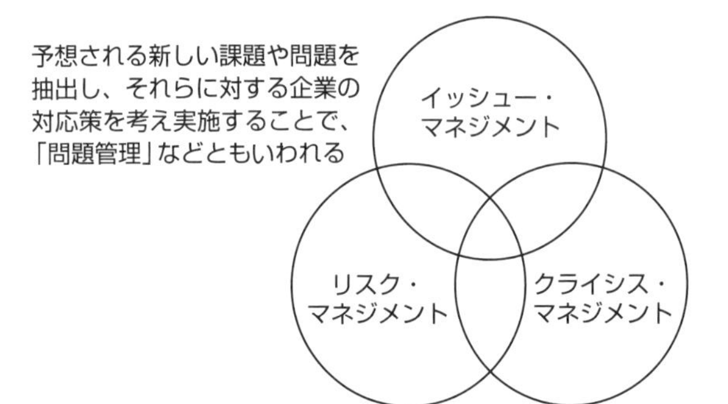

(1) イッシュー・マネジメント（Issue Management）

予想される新しい課題や問題を抽出し、それらに対する企業の対応策を考え実施することで「問題管理」などともいわれる。日本にはほとんど紹介されていない、馴染みのない概念である。

ここでいう課題・問題とは、政府の法規制など政策に関するもの（ガバメント・リレーションズなど）や、国の内外を問わず地域社会でマーケティングやプラント事業など企業活動を行う場合に考慮しなければならない習慣やタブーなどである。イッシュー（課題・問題）の無視はクライシスを引き起こす確実なトリガーとなる。クライシス・マネジメントと比較してアクション志向が低く、本質的に予測的で変化の可能性を見分け、その変化が企業にマイナス効果を与える前にそれと関連する決定に影響をおよぼそうとする点において予防的手法である。

1970年後半に米国で誕生したこの概念は、当初、雇用や、社会問題に関するきたるべき政府立法を未然に防ぐ方法としてとらえられ、解決のための大きな出費を回避する効果的な手段であると考えられてきた。今日では、米国の多くの企業がイッシュー・マネジメントを経営上の戦略的プランニングとして不可欠なものとしてより踏み込んだ形で位置づけている。とくに大企業は、イッシュー・マネジメントを自社生き残りのための基本要素とみなすようになっている。イッシューの処理の仕方によっては、収拾不能な危機状態を招く可能性をもつ一方で、予防的解決策が奏功すれば企業利益がもたらされる。つまり対処のいかんで損失と利益という対極的な結果をもたらす。

グローバル企業にとっては、国内の常識や習慣が現地と異なることが事業の失敗を導くこともある。現地での政策や習慣の違いを調査し、企業活動に与える影響を分析し、対策を講じることもイッシュー・マネジメントの1つの課題である。しかし分析の結果、その企業の活動に大きな支障を生ずる事態が十分予想される状況の場合は、後で紹介されるリスク・マネジメントの範疇に入ってくる。

危機管理プログラムの格好の事例として、本章第3節に紹介されている米国のジョンソン＆ジョンソン社の事例がある（本章第3節、183ページ）。1982年にジョンソン＆ジョンソンの頭痛薬「タイレノール」にシアン化合物を混入するという事件が起こった。多数の犠牲者を出し、全米を震撼させたこの事件は、緊急事態発生に対して、ジム・バーク会長を中心とするプロジェクト・チームのスピーディな対応で同社の危機を解決に導いたが、その後の不正開封防止パッケージ導入のための法規制と新法制定に対する取り組みはイッシュー・マネジメントに相当する。同社は悪意ある犯人によってもたらされたクライシスの中で、将来の政策実施に機敏に反応し、ビジネス・チャンスを創出しており、イッシュー・マネジメントの好例ともいえる。

企業・組織はイッシュー・マネジメントを有効に利用することにより、
①マーケット・シェアの増大
②株価の安定
③コーポレート・レピュテーション（企業品格）やブランディングの高揚
④資金の節約
⑤重要な関係構築の促進
⑥経営の安定化
などの効果を期待できる。

⑵ リスク・マネジメント（Risk Management）

リスクの認識と予見を通してその回避策を講じること、つまり危険に遭う

図表5-2　リスク・マネジメントの対象となるもの

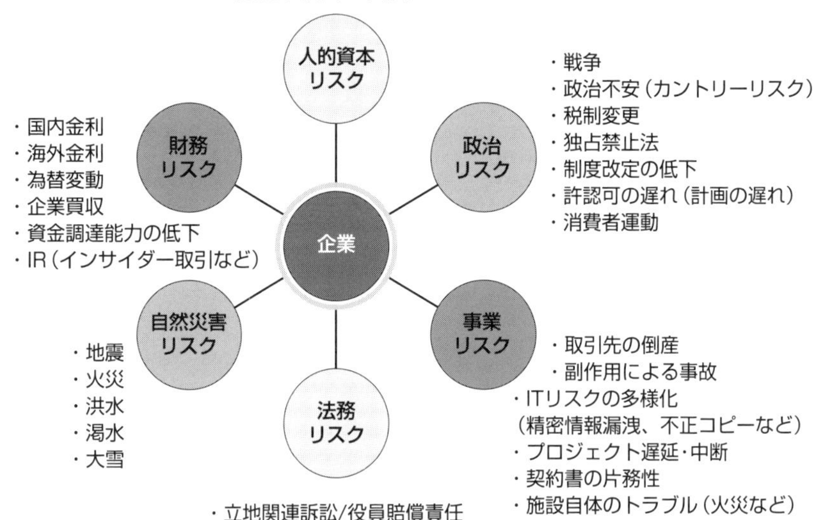

可能性に対する危機管理である。不可避なリスクに対して、それを第三者に転嫁するか、保険で担保するか、あるいは自己が危険負担するといったプロセスをもリスク・マネジメントの範疇に含まれる。一般的には、為替変動や貸し倒れ、製品の故障など、保険加入などの通常業務範囲内で対応可能となるリスクを抽出し、対応策を考え実施することである。

リスク・コンサルティング大手のエーオンリスクサービスジャパンはリスク・マネジメントの対象を以下のように設定している（図表5-2）。

①財務リスク（金利や為替変動、企業買収など）

②事業リスク（取引先の倒産、不良債権化・貸し倒れなど）

③政治リスク（戦争、許認可の遅れ、消費者運動など）

④人的資本リスク（従業員の喪失、労働争議、従業員・役員の不正など）

⑤自然災害リスク（地震、火災、洪水・渇水など）

⑥法務リスク（特許権・著作権の侵害、環境汚染賠償責任、役員賠償責任など）

たとえば家電メーカーが製品の故障発生率を過去のデータから算出して無償修理を一定期間保証し、そのためのコストを製品に均等に負担させるなどの方法や、貨物輸送にあたって損害保険に加入するなどして資産保全をはかる方法である。通常の企業活動にビルトインされているケースが多いが、予想できない事態、あるいは予想されてもその発生が許されない事態も一部含まれる。

また、電車など公共交通機関の運用システムの開発・製造を行っているメーカーでは、システム上の問題で運行ストップなどの事態を未然に防ぐ前提で企業活動をしているが、ときとしてトラブルが発生する。その場合、保守代替システムが作動したり、手動運転に切り替えるなど、短時間で運行再開できるように準備しておくこともリスク・マネジメントの1つである。

一方、実際に列車を運行している鉄道会社にとっては、システム・トラブルなどによる緊急の運行停止の場合、乗客のケガを最小限にするためにとがった部分のある備品の使用を避けたり、クッションを取り付けるなどの対応のほか、乗客を可能な限り短時間で最寄り駅に移動させて乗客の不安を抑える手段を確保することもリスク・マネジメントである。

これ以外にも、エネルギーや通信業界などにいて規制緩和や事業民営化に起因する新たな競争の発生などによる企業への経営上の大きなダメージや、企業の行う投資や資産運用における金融リスクヘッジ、インターネット利用によるｅコマース、ｅトレードにおけるセキュリティ上の対応や近年クローズアップされているAIなどを用いたフェイク情報への対応も、BCP（事業継続計画）の観点からリスク・マネジメントに分類される。

⑶ クライシス・マネジメント（Crisis Management）

前項⑵のリスク・マネジメントで対応されていたものが事件・事故・災害として実際発生した場合、それ以降の対応を指すものとしてのクライシス・マネジメントである。クライシスがどのような状態でいつ起きるかは予測できない。だが発生しうるという前提で準備を整えておくことで、有事の際、決定的なダメージを免れることを目的としている。製品事故を未然に防ぐことは公共的性格を帯びる企業の使命であるが、万が一製品事故が起きた場合を想定し、対策やそれにかかるコストを認識しておくことは、一方では、クライシス発生の防止意識を高めることにつながり、他方では、クライシス発生時の適切な対応策を迅速に講ずることで企業イメージを救うことにつながる。反対に、ここで対応を誤ると株価下落や不買運動を招く結果になりかねない。危機管理の欠如は危機発生時の対策責任者の「心の弛み」を通じて、企業生命をも損ないかねない事態に発展する。

以下は、企業経営にダメージを与える主要なクライシスである。

①公害
②欠陥製品
③工場や作業場での事故
④経営者の死亡・人質
⑤労働争議
⑥コンピュータ事故やネットワーク犯罪
⑦特許侵害等の係争事件
⑧敵対的企業買収

●危機管理広報の心構え

冒頭にも述べたように社会・経済環境が複雑化するなかで、企業や組織は大きなトラブルに発展しかねない危険性（リスクあるいはクライシス）をつねに潜在的に抱えている。

そのため企業や組織は、常日頃からトラブル、事件、事故を未然に防ぐ対策を講じておくことが必要となる。同時に、これらの好ましくない事態が発生した場合に、いかに迅速に的確な対応がとれるかが、その後の企業の命運を左右することになる。

その際、顧客をはじめとする関係するステークホルダーとの緊密なコミュニケーションは信頼するに値する企業としてのイメージを高めることにもなるが、対応の結果によっては、企業経営に大きなダメージを与えることにもなりかねない。

こうしたリスクやクライシスへの一連の対応である危機管理は、企業トップやPR・広報担当者が最も優先して取り組むべき重要課題の１つである。

多くの場合は、事件や事故が発生して初めてその重大性に気づくといった企業がほとんどであり、その対応すら満足にできていない状況である。企業不祥事により前述の2001年と2002年に相次いで倒産した米国のエンロンやワールドコムの例にとどまらず、巨大企業の不祥事が訴訟問題に発展するばかりでなく、危機対応の稚拙さにより消費者の不買運動や株価急落などを招き、いとも簡単に崩壊するといったことが現実に起こっている。

ネット社会の今日、企業がこれから厳しい競争社会を生き抜いていくためには、危機管理システムを構築し、事前にリスク要因の収集と冷静沈着な分析に基づいたリスク回避やその最小化に向けた努力の積み重ねが欠かせないことは先に述べたとおりである。

●東日本大震災後のPR・広報体制

2011年３月11日、突然襲った未曽有の巨大地震と大津波による東日本大震災は、周知のとおり思わぬ二次災害をもたらすこととなった。福島第１原子力発電所は壊滅状態となり、高い安全性を誇る原発先進国日本のイメージから、一転して原発で汚染された危機管理不能の国に陥ったのである。

東日本大震災とりわけ福島第１原発事故に関する主要な情報源は、首相官邸をはじめ安全委（内閣府）、原子力安全・保安院（経済産業省）、そして東京電力などと複数。異なった場所からの情報発信は、情報そのものに正確性を欠きやすくなり、発表のタイミングのずれも混乱を広げる要因となった。その結果、最も重要な官邸から発信される情報内容に齟齬をきたし、風評被害の元凶にすらなってしまった。この震災から得た教訓をもとに危機管理時の情報の一元化とPR・広報部門によるコミュニケーションの統合化が強化された。

東日本大震災はPR・広報部門の危機管理体制・対応についても大きな影響を与え、財団法人経済広報センターが2012年３月にまとめた第11回「企業の広報活動に関する意識実態調査報告書」は、この影響について次のような結果を公表している。

「広報部門において、危機管理についてなんらかの取り組みを行っている企業」は全体の９割を超えている、また、具体的な内容として「広報部門が社内の危機管理委員会のメンバー」が70.5%と最も多い。次いで、「広報部門に危機管理マニュアルがある」が67.5%という結果となった。

広報部門の危機管理体制・対応につき2012年調査と前回調査（2005年）を比較すると、下記のような結果となり、東日本大震災の影響によるものと推測される。

広報部門の危機管理体制・対応（複数回答）の2012年と2005年比較

	2012年	2005年
・広報部門が社内の「危機管理委員会」のメンバー	70.5%	58.9%
・広報部門に「危機管理マニュアル」がある	67.5%	51.7%
・広報部門スタッフが危機管理に関する勉強会などに参加	65.4%	56.2%
・トップ・役員への緊急時のメディア・トレーニングを実施	38.9%	20.1%
・毎年、危機を想定した訓練を実施している	32.1%	18.7%
・トップ・役員が危機管理に関する勉強会などに参加	15.4%	19.4%
・その他	4.7%	10.3%

また、東日本大震災を契機に広報に関して具体的に見直したものとして、以下の項目をあげている。

①広報に関する危機管理体制（事業継続計画（BCP）／危機管理マニュアル）の整備・作成
②「広報人員配置の見直し」
③「本社以外への広報担当者の配置」「地域広報体制の整備」など、有事の際に本社以外でも適切な広報活動が継続できるような体制を敷く
④「情報の受発信手法の見直し」
⑤広報として、「必要な情報の早期入手のための方法検討」や「情報発信の見直し（Facebook/X（旧 Twitter）の活用）」「情報発信機能の強化・早期化」など
⑥その他、役員のメディア・トレーニングの検討や想定問答の作成

●コロナ禍とインフォデミック

2019年末より新型コロナウイルス感染症の世界的流行は始まった。SARS

コロナウイルス2を病原体として重篤な急性呼吸器疾患等を引き起こす恐ろしいパンデミックであった。

全世界が新型コロナウイルス感染症（COVID-19）のパンデミックの危険に晒されたことで、世界規模のロックダウンや入国制限、国際行事の延期や縮小など、人類が過去に経験していない事態に陥った。パンデミックを収束させるために実施されたロックダウンなどの反グローバリゼーション、反民主主義的な側面をもつ政策により、行動の自由は大きく後退し、経済活動は大幅に縮小した。このため、世界の経済状態は一変した。感染症の流行により生活のオンライン化が進んだが、外食、観光、レジャー、興行、運輸などはオンライン化できず、廃業が数多く確認された。したがって、ワクチン接種により行動の自由を回復することが急務となったほか、ニュー・ノーマル（人間活動の新たな常態）への適応も行われた。

SARSコロナウイルス2は研究途上のウイルスであるため、COVID-19ワクチンの普及以後も普通の風邪のように扱ってよいか不明であり、事態は一進一退を続けた。2022年8月時点で、感染は230の国と地域に広まり、感染者は6億人以上、死者は640万人を超えた。一方、ワシントン大学は2021年5月、当時の公式推定の2倍以上となる約690万人が全世界で死亡しているとする分析結果を発表した。世界保健機関（WHO）は、1918年のスペインかぜを超える人類史上最悪クラスのパンデミックとして事態を重く受け止めた。

こうしたなかで注目された言葉が「インフォデミック」である。ソーシャルメディアなどを通じて、不確かな情報と正確な情報が急激に拡散される現象であり、情報を意味する「インフォメーション」と、感染症などが一定の集団や地域内での急激な増加を意味する「エピデミック」を合わせた造語である。

2020年2月、WHOは新型コロナウイルスについて、人々が必要とするときに、信頼できる情報源と信頼できるガイダンスを得るのを困難にする情報が過剰に報告されており、正確な情報と事実に反した誤情報が混在している状況となっていることから、「大量情報伝染」を宣言した。

こうした状況も反映してか、財団法人経済広報センターが2021年にまとめた第14回「企業の広報活動に関する意識実態調査報告書」では、「関心がある危機管理広報」について「地震・台風・異常気象などの自然災害(76.4%)」に次ぐものとして、「新型コロナウイルス感染症などの疫病(69.7%)」があげられている。

今後は大規模自然災害、原発事故そしてパンデミックもイシューに加え、危機管理の広報体制を整備していくことが肝要となる。

3 事例に学ぶ危機管理とその教訓

(1) パブリック・リレーションズの視点でとらえる

●危機管理対策の失敗事例

2015年7月20日、第三者委員会により、東芝経営幹部が関与し、2009年3月期から2014年4-12月期までの期間で、計1518億円の利益水増しによる粉飾決算があったことが報告された。マスメディアでも大きく報道されたこの東芝による粉飾決算事件は、イッシュー・マネジメントからクライシス・マネジメントに至るまでの危機管理を考えるうえで、反面教師的な多くの教訓を残している。この事故をパブリック・リレーションズの視点、すなわち「倫理観」「双方向コミュニケーション」「自己修正」をベースに論評したい。

2016年7月21日には田中久雄社長が職を辞するほか、前社長の佐々木則夫副会長、また前々社長の西田厚聰相談役ら7人が取締役を辞任することが発表された。そして歴代3社長を含む経営陣が7年間に渡りこの事件を主導してきたとして、東芝株主からも株主代表訴訟で訴えられたのである。

●倫理観の欠如

この不正会計処理は、コモディティ化で利益の出にくくなったパーソナルコンピュータ事業やリーマンショックで落ち込んだ半導体事業、そして2006年に54億ドルで買収したウェスティングハウス・エレクトリック・カンパニーの原子力発電所事業(2011年3月の福島第一原子力発電所事故の影響で新規受注が落ち込んだ)で発覚している。これらの事業の不採算によって財務体質が悪化し、赤字をごまかすために粉飾決算を行った。

●双方向コミュニケーションの不足

その後の報道等によれば、社内での「パワハラ」も深刻であったことから「双方向コミュニケーション」が大きく不足していた。経営層が事業撤退を社内にちらつかせつつ、いわゆる達成不能な「チャレンジ」目標の達成を強要したことが、恒常的な「パワハラ」を生み出していた。現場への業績改善圧力がつねに存在したわけであり、目標達成がかなわないときには懲罰人事すらあったようだ。

●自己修正力の欠如

過去の成功体験にしがみついた経営層は「チャレンジ」目標が達成不能となると、過ちを認めないどころか、社員に責任転嫁していたことがあきらかになり、「自己修正」力の欠如を露呈した。その渦中には、週刊誌のリーク的な記事でもあきらかになったように、経営層内部での対立も深く、コーポレートガバナンスが全面的な機能不全に陥っていた。

●求められる企業風土の見直し

このような大事件が発生してしまう背景に、企業体質つまり企業風土が深く関係していることが想像できる。まず、すべてをオープンにして自らを客観的に見据え、組織の階層（ヒエラルキー）を超えて十分な分析・討議を行い、正面から問題に向き合うことがきわめて重要で、そのうえで、企業風土を全面的に見直し、オープンで透明性のある企業文化を育てていくことが必要である。さらに、コンプライアンス（法令順守）を徹底させ、有効な再発防止策を講じなければならない。

東芝のケースは、パブリック・リレーションズを成功に導く要素である「倫理観」「双方向性コミュニケーション」そして「自己修正機能」がことごとく欠落していたために、起こってしまった残念な事件といえる。

●必要不可欠な「危機管理意識」

マーケティングなど平時の企業活動では注目されにくいが、企業イメージや製品イメージを維持するために必要不可欠なのは、先の東芝の事件でもわかるように、つねに緊張感をもった「危機管理意識」である。危機管理は緊急事態を未然に防ぐのが最上であるが、期せずして危機は発生する。

発生したクライシスの原因や現状を内外に伝えたり、双方向性の情報交換をとおしてさまざまに対応していくのがクライシス・コミュニケーションである。たとえば、欠陥商品が露見した場合、企業イメージは傷つく。とくに発生直後のメディアや消費者への対応に問題があると企業イメージが決定的に損なわれる。しかし、対応が適切で素早く行われた場合、一時的な営業上の損失はともなうものの、その企業に対する信頼が増すこともある。日本でいままで起きたいくつかの事故を分析すると、多くの場合、事故後のコミュニケーション上の対応のまずさが指摘できる。

危機管理について考える場合、よく取り上げられる事例がある。1つは失敗の代表例として、フランスのペリエ社が製造販売する飲料水にベンゼン混入が認められたときの対処法である。もう1つは成功の代表例として、ジョンソン＆ジョンソン社製の頭痛薬「タイレノール」にシアン化合物が混入され死者が出たときの対処法である。

この2つの例は世界のパブリック・リレーションズ専門家の間で広く知られており、危機管理意識の有無が企業イメージに与える影響の大きさを如実に示しているケースである。以下に、この2例を紹介する。

(2) 2つの好対照の事例

●ペリエ社の失敗例

1990年、ペリエ社（本社フランス）の飲料水にベンゼン混入の痕跡が認められると報道された。このときペリエ社の経営陣は、ビンの洗浄段階で起きた唯一の例外的事故で、ベンゼンによる汚染は北米地域で数本みつかっただけであり「数日ですべて忘れ去られるような些細なこと」との認識で緊急の対策を講じなかった。

しかし、異物混入が認められるボトルが世界中でみつかり、同社の株価は事態発覚から24時間経たないうちに暴落しはじめ、その後も急落していった。

アメリカ市場では自発的に製品回収の動きが出はじめたが、ペリエ社は「アメリカ人は弱腰だ」と決めつけ、回収の動きを消費者に対する健康面への配慮とは受け取らず、スポークスマンを通じて「フランスでは、消費者はこうしたことは気にしていない」というコメントを発しつづけた。

ペリエ社としては製品イメージを損なわせたくないためのメディア対応であったが、このコメントが報道されたことで、同社の対応は消費者への気づかいが欠如していると受け取られ、世界の主要市場で反発を招くこととなった。フランス本国以外では、消費者に配慮したコメントをする現地経営責任者もいたが、同社が製品回収しないことがわかると、消費者の反発はさらに高まった。

ペリエ社が世界市場から製品回収を決断したのは、ベンゼン混入発見後4日目のことで、その際「回収措置が全世界のペリエ社のイメージを救った」との声明を発表した。しかし、すでに商品イメージは損なわれており、そのうえ、「ペリエ社は決断力がなく問題の深刻さに対する態度に一貫性がない」とみなされる状態に陥っていた。事態発覚から対応までの相手の視点に立った「双方向性コミュニケーション」が欠如し、また自己修正機能が働かない同社の動きは、メディアから嘲笑をもって迎えられることとなった。このペリエ社の例は、クライシス・マネジメントの失敗例といえる。

●ジョンソン＆ジョンソン社の成功例

本章の「イッシュー・マネジメント」でも紹介したように（172ページ）、ペリエ社とは対照的に、迅速な対応で企業と製品のイメージを救ったのがジョンソン＆ジョンソン社である。

1982年9月にアメリカのシカゴで同社の頭痛薬「タイレノール」にシアン化合物が混入しており、使用者から死者が出たことが報道された。この薬品は同社の全利益中15％を占める主力製品であったが、報道直後から同社はカプセル錠剤の入った数百万ボトルの回収を始め、製品を手にしている可能性のある医者、病院、流通業者に対して製品の危険性を警告した。その後、

800万カプセルをテストし、毒物混入錠剤を75個みつけた。

同社製品へのシアン化合物混入による死者は7人まで増え、アメリカ全土に不安が広がった。事件後の調査によると、じつに全消費者の94%が「タイレノール」は毒物との関連性がある薬と答えている。この事件をめぐる報道は、アメリカ各地から寄せられた類似の事例約250についての検証も加わり、同社との関連性を疑わせる論調もみられるようになった。消費者の関心の高まりもあり、最終的にメディアによる検証事例は2500以上も集まった。

事件発生直後、同社はジム・バーク会長を中心とした7人の危機管理チームを編成し、緊急対策を次々に打ち出した。批判的報道が出るなかで、同社の素早い対応は注目を引き、有力紙が「誰かをリスクに晒すより自社が膨大な損失を被ることを選択した」とジョンソン&ジョンソン社の取り組みを評価し、好意的論調もみられるようになった。なかには称賛の声を紹介するメディアも現れた。

製品回収コストは、流通コストの10倍近いという専門家の見積もりもあり、同社が危険性の警告に要した費用だけでも50万ドル近いとみられている。また、同社がタイレノール危機から回復するのに5000万ドル以上費やしたと見積もられている。

ジョンソン&ジョンソン社の対応は「最悪のシナリオ」を前提としていた。製造過程での事故により毒物が混入した可能性はないか、製品回収の遅れが死傷者の増大につながらないか、顧客や消費者がどのような関心をもつかなど、それぞれ最悪の場合を想定していた。同社の信条は顧客第一主義であり、実体不明の段階では即座に回収に乗り出し、誰もが毒物入り錠剤を使用する可能性があるとの前提で警告を発した。

それにともない、製造過程における毒物混入の可能性を検証し、自社製品のテストも実施した。一連の行動は製品事故ではなく何者かの悪意による毒物混入であるという印象を明確にし、最終的に同社の企業イメージを保つことに成功した。さらに注目すべきことは、同社は緊急事態発生に対してスピーディな対応をする一方で、主力製品の再発売を急がず、慎重にビジネス・チャンスを待ったことである。

その後の調査により、この事件は「悪意による毒物混入」であることがあきらかになった。主力製品であれば、毒物の混入が製造過程で起こったのではないことが判明した段階で再発売を急ぎたくなるのは当然だろうが、ジョンソン＆ジョンソン社はその気持ちを抑えた。

この時期、事件を受けて政府や薬品関係の所管当局（食品医薬品局）が薬剤安全法制定に向けて動いており、ジョンソン＆ジョンソン社はそこに注目したのである。

当時、アメリカの鎮痛剤市場は約12億ドルであり、事件前には同社が3割以上のシェアを占めていたが、回収措置をとった直後のシェアはゼロの状態であった。それにもかかわらず、同社は食品医薬品局の課した不正開封防止パッケージなどの新しい諸規制を他社に先駆けて採り入れたうえで再発売した。つまり、必要とされる「修正」を素早く行ったといえる。

ジョンソン＆ジョンソン社の顧客をはじめとするステークホルダーとの「双方向コミュニケーション」をとおした活動はメディアの注目を集めた。新パッケージ導入の動きは大々的に取り上げられ、5カ月後の同社のシェアは事件前の7割を回復した。シェアは減少したものの、ナンバーワンの地位を保ったうえ、他社も不正開封防止パッケージ導入などの措置に追随せざるをえない状況を創り出したのである。

●2つの事例が示す教訓

この2つの事例で明らかなように、緊急事態発生時において一時的な企業イメージのマイナスや損失は免れないが、対応のいかんによってその後の展開が180度違ってくることを、企業トップやPR担当の関係者はしっかりと認識すべきである。そして、適切な対応を可能にするのは、平時から危機管理意識をもつことである。

ペリエ社は事故後、優れた宣伝キャンペーンを行い、問題となった飲料水の人気を回復したが、それはもとの1000ミリリットルのボトルではなく、750ミリリットルのボトルであった。しかも、新ボトルはもとのボトルと同価格であり、同社の怠慢のツケを消費者が支払っているとの意見も一部残った。

また、両社の決断までの差は4日である。ペリエ社の株価が下落し消費者やメディアの反発を招いたことは、インベスター・リレーションズやメディア・リレーションズなどさまざまなパブリック・リレーションズ活動において失敗したことを意味している。

一方、ジョンソン＆ジョンソン社は、双方向性コミュニケーションをとおして企業の社会的責任の意味を消費者に認知させた。また、同社の新法制定に対する不正開封防止パッケージなどの法規制への取り組みは、予想される課題に対する危機管理と考えられ、イッシュー・マネジメントに相当する。同社は悪意ある犯人によってもたらされたクライシスの中で、将来の政策実施に機敏に反応し、必要な修正を加えてビジネス・チャンスを創出したといえよう。そして、同社の事件発生からの一連の対応に対して、「優れたコミュニケーション技術を有する企業」との評価を米国パブリック・リレーションズ協会から受け、同社は同協会が毎年優秀なPRプログラムに授与する、シルバー・アンビル賞を受賞した。

4　企業経営者に高まる危機意識

生き残りをかけた熾烈な競争の中で、近年、日本企業、とくにグローバル企業の経営者の間では危機管理に対する著しい意識の高まりがみられる。一方、企業不祥事で最も悩ましい傾向は、当事者である経営トップの責任回避にあるといえる。これら経営者は、厳しい企業内競争を生き抜き、ようやく手に入れたトップの座に対する執着心の強さから、不祥事発生後の自らの引責をも視野に入れた、速やかな問題や事件の解決に正面から立ち向かうことに概して消極的である。その結果、さらなる事態の悪化を招くことになる。

多くの企業の場合、それまで順風満帆で問題もなくきた企業には危機管理に対する備え（システム）がなく、問題が顕在化したときには無防備状態のままでマスメディアの報道の渦に巻き込まれ、自己制御できない状況に陥り、株主代表訴訟や刑事訴追を受けることにもなってしまう。このような状況の中で、不祥事多発の原因の１つともいえる社内専門家の不在により、第三者的（ニュートラルな）立場でカウンセリングを行う危機管理の外部実務家への期待が急速に高まっている。不祥事発生時の対応いかんでは、経営者の辞任問題にとどまらず、企業の蒙る損失は計り知れないものとなってくる。

また、一般的に事件や事故が発生した際、初動時の素早い対応がその後の危機管理の成否を左右するといわれている。危機回避のためには社内の危機管理システム構築の際、事前段階におけるイッシューの抽出や、リスク要因の収集と迅速で冷静沈着な分析などが、リスクの回避や最小化に欠かせないものとなる。危機発生時には経営トップの強力なリーダーシップが求められる。その後の対応によっては、株価の下落や商品の不買運動、そして従業員の会社への不信感の増大といった直接企業経営に悪影響をおよぼす事態を最小限にとどめることができるのである。

企業にとって戦略的なパブリック・リレーションズをベースとした危機管理機能を有することは、厳しい競争社会を生き抜くうえで強力な武器となる。

5　危機管理の具体的な処方箋とそのポイント

●望ましいイメージ・ストック作用の構築

どのレベルの危機についても緊急事態をある程度想定することは可能だが、それがいつ、どこで、どのような形で発生するのか予想できない。それでも対応策を準備し、つねに「危機管理意識」をもちつづけることは必要だが、完全に緊急事態の発生を防ぐことは不可能である。そのため危機が発生した場合、直後にどう対応するかがきわめて重要になる。

製品事故などの場合、企業イメージやブランドに対する信頼感は一般的に低下するが、それまでの企業努力によって構築された企業イメージのプラスの蓄積がある場合、企業側の対策や対応が適切であれば、損失は最小限にとどめることができる。

ブランド・イメージが定着している企業や、有名企業の場合、メディアはニュース価値があると判断して大きく取り上げようとする傾向があり、危機発生時においては批判的論調になり、危機と本質的に関係のない表面的な対応の悪さなども批判の対象として次々に報道される傾向がある。

しかし、危機状況の解決に向けて企業が的確かつ最大限の努力をした場合、批判的論調の報道が続いていると「過剰な報道だ」などと読者や視聴者から同情が起こるなど、プラスイメージの蓄積が危機発生時においてマイナスを小さくする力として作用することがある。そして、事態収拾後には企業に対する信頼がかえって増すこともあり、これを「イメージ・ストック作用」という。

ただし、イメージ・ストック作用が働くのは適切な対応と対策が実現されている場合であり、いかに優れた企業イメージを定着させていても、危機発生時に講ずべき対策の準備がなかったり、一貫性のない、責任逃れの対応が続いた場合、過去のイメージ・ストックは多大な損失を被り、作用の働きが鈍ることになる。さらにイメージ低下により、事態収拾後のマーケティングなどの企業活動やイメージ回復活動などに困難をともなうことになりかねない。

イメージ・ストックの構築は、消費者の立場や利益に配慮した企業活動に加え、CSR 活動のほか、地域のイベントに積極的に協力したり、環境保全に前向きな姿勢を明確に打ち出すなど長く地道な努力を必要とする。しかし、危機管理意識の欠如による不手際は、それを短期間でもののみごとに崩壊させてしまうのである。

イメージ・ストックがプラスに作用しているケースを古い事例ではあるが１つ紹介しておこう。日経 BP コンサルティングのブランド調査「ブランド・ジャパン2005」でソニーが総合１位に輝いた。当時、ソニーは本業のエレクトロニクス分野での不振が続き、実績を落としていた。また、同調査の評価項目別でみると、ソニー製品の使用についても３年連続で減少し、その順位も前年の26位から64位へと大きく後退していた。こうしたマイナス要因があったにもかかわらず、総合１位の座を占めたのは、なぜであろうか。

このことを特集した『日経ビジネス』(2005年４月25日・５月２日号）は、「ブランド価値は“貯金”できる 本業不振もソニー首位、定番ブランドに強み」と興味深い見出しをつけた。表現こそ違うが、この見出しがイメージ・

ストック作用を強く肯定していることは一目瞭然である。

「ブランド・ジャパン2014」においても、ソニーはコンシューマー市場（BtoC）で一般消費者による評価ではディズニーに続き第2位を占めた。以下、スタジオジブリ、アマゾン、ユニクロ、アップル、ユーチューブ、楽天市場、ヒートテック、そしてキリンビールの順でベスト10を構成している。このソニーの健闘は、まさにイメージ・ストック作用の証左となるものだった。

●緊急時における対応のポイント

クライシス・コミュニケーションを行ううえで注意しなければならないことは、危機発生時に消費者などパブリックが企業に対して抱いているイメージにメディアによる報道が最も影響を与えているということである。したがって、企業は、緊急事態発生時の連絡体制を確立しておくとともに、メディアをにらんだPR・広報体制の整備も十分にしておく必要がある。

連絡体制の整備は、緊急事態の実態を企業として正確・迅速に把握し、かつ社員などの不安を解消するためであり、事実を知ることによって的確な対策をいち早く有効に講ずることが可能となる。PR・広報体制の整備は、メディアに対して正確な情報をできるだけ早く伝え、企業の対策などを明確に打ち出し、誤報や推測を防止する効果が期待できる。

連絡体制のルートでは情報収集を行うだけでなく、指示情報を発信しなければならない。指示内容は情報収集、対策実施などで、つねに状況に対応できるよう組織内で双方向性コミュニケーションを行う。たとえば、工場火災などで周辺住民の避難が必要になれば、避難対策のための人員配置などの指示および現場からの避難状況の情報伝達などが必要となる。生命の危険性のない範囲内で社員を現場に赴かせるなど、状況を把握させることも重要である。当然、警察や消防など関係当局の出動が必要であれば、躊躇せず連絡する。これらのことをスムーズに行うには平時に連絡体制をしっかり構築し、有事の際の行動を適宜、社員に意識させる努力をしておかなければならない。

●メディア対応は的確・迅速に

警察や消防など関係当局だけでなく、メディアに対する連絡も必要である。この連絡に時間がかかるとマイナスの推測を呼ぶことになり、メディアの論調は原因解明以前から批判的になる可能性が高い。メディアの情報収集力は思っている以上にスピーディで、企業が把握している以上の事実を知ろうとする。近年はは SNS により、内部からの情報漏洩も含め瞬時に情報が拡散してしまう。したがってメディアに対しての初動対応が後手にまわると、企業の対応は受け身となり、メディア側は「不利な事実を隠そうとしているのではないか」、「現在進行している緊急事態に対する認識が甘いのではないか」との疑念を抱きかねない。企業にとって不利なニュースであっても、事実を隠そうとせず、適切な対応ができるよう早急に取材対応体制を整備しなければならない。取材が集中するようであれば、積極的に会見を行うなど情報提供には攻めの姿勢で臨めるようにすべきである。とりわけ SNS による情報拡散が瞬時に写真や動画でサイバー空間を駆け巡るので、日ごろの SNS 対応とともに、事故や事件が起きたら、SNS へのきめの細かい対応も求められる。また事故発生後のメディア報道の分析・評価もスピーディな対応を行ううえで重要となる。

一般的にメディアへの初動対応（メディアへの第一報提供までの時間）は、危機発生後30分以内が勝負といわれている（航空業界では、米国大手航空会社にみられるように世界のどの場所であっても 7 分で対応できる体制をとっているところもある)。たとえば、工場火災などが発生した場合、本社など意思決定を行う部署は、関係当局への連絡をすませ、現場からの火災発生の状況や詳細な経過を把握し、場合によっては付近住民の避難誘導などの対策を講じ、同時並行的にメディアへの連絡を行うという、一連の作業を30分以内で一通りすませなければならないということである。実際には、メディアからの問い合わせがあった段階で、本社などの意思決定部署が初めて危機発生の事実を知るということも多く、短時間で対応体制を整備することがいかに難しいことかは容易に想像できるであろう。

●事故、事件発生後におけるメディア報道内容の分析・評価

メディア対応や他のパブリック（ターゲット）との良好な双方向性コミュニケーションを行っていくうえで、報道内容の評価・分析は必須のこととな

る。

私たちが得ている経済、政治、社会、文化などほとんどの情報は、新聞やテレビ、雑誌、SNSなど各種メディアが情報源になっていて、その影響を受けている。したがって、情報源となっているこうしたメディアの報道内容を評価・分析することで読者や視聴者（すなわち一般消費者などのターゲット）が企業の不祥事（事故、事件）についてどのような評価をしているかを分析することができ、コアとなるパブリック（ターゲット）に対する的確な対応を可能とする。

●誠意ある態度で臨む事態収拾後の説明

緊急事態の進行中に限らず、事態収拾後にも事故などの当事者だけでなく周辺住民、取引先、株主などさまざまな関係者にも説明を行うようにする。企業は、直接の被害を与えていなくても、不安を与えたという前提で接することが必要である。

これらのことを行うには、あらかじめ体制整備の責任者を明確にしておくとよい。経営責任者など、指示するにあたって躊躇せず決断できる立場にある人物を責任者として登用するのが妥当である。

ペリエ社とジョンソン＆ジョンソン社の例にみられるように、緊急事態発生時のパブリック・リレーションズ活動を通じて信頼を勝ち取り企業イメージ低下を防止するためには、経営者の高邁な姿勢と社会的責任へのアクションが必要である。

危機発生時こそ企業哲学が広く認知されるチャンスなのである。このことは経営責任者とパブリック・リレーションズ担当者だけでなく、企業の構成員すべてが理解すべきであろう。ちなみにジョンソン＆ジョンソン社は対応措置を決断するにあたり、会議を一度も開いていない。同社では危機発生時の対応について社内コミュニケーションが成立しており、発生直後に「消費者の安全重視」の信条に基づき適切な対策をもって動き出す決断を躊躇なく下した。まさに同社の企業哲学が社会的に印象づけられた瞬間だった。

●欠かせない従業員への説明

重大な事故や事件が発生した場合、従業員がメディアを通じて初めて知らされるのではなく、会社から事前にイントラネットなどを通して、状況や経過の報告を受けることはきわめて重要なことである。

従業員の多くはメディア対応をする立場にはないが、ときとしてその組織体の「代表」として取引先や関係する各方面、また友人・知人にまで説明を求められることもある。そのためには、すべての従業員を対象にした緊急連絡網を構築し、情報がスムーズに流れる体制整備をしておかなければならない。

また、企業トップや危機管理の責任者は、危機発生時はともかく、事態収拾後には従業員に対して納得できる内容説明をすることは当然である。

とくにM&Aのケースでは、買収される側の動揺する従業員に対しては、買収側はもちろん、買収される側の経営トップは細心の心づかいで従業員に対応する必要がある。

●コミュニケーション専門家の登用

クライシス対応に豊富な経験とノウハウをもつ、パブリック・リレーションズ専門家やリスク・マネジメントの専門家の登用は、クライシスによる企業ダメージを最小化するために必須である。

また、初期段階から専門家を登用することで、クライシスを未然に防ぐ役割も果たすことができる。これら専門家の存在は、厳しい競争社会を生き抜くうえで強力な武器となる。

●クライシス発生時におけるメディア対応

これまで危機管理意識をもって緊急事態などを想定し、対策を準備・実施することの重要性を述べてきた。しかし、一通りの作業を終えて安心してしまってはいけない。繰り返すが、危機はいつ、どこで、どのような形で発生するかわからないからである。

それまでに準備・実施した対策をつねに見直し、新たな危機発生要因がないか、すでに不必要になった対策にこだわっていないかと疑ってみることも必要である。それによって危機管理意識を持続させることが可能となるのである。緊急事態は一時的な損失を招くが、適切な対応はむしろその後の企業活動にプラスの効果をもたらすということをしっかりと認識してもらいたい。

緊急事態の発生時におけるメディアへの対応では、発生事故・事件の規模や責任性の度合いによっても異なるが、基本的には次のポイントをおさえて説明する必要がある。

①事故の性格
②事故の発生日時と場所
③犠牲者の数
④被害者の数
⑤影響を受けた地域の詳細
⑥環境へ与える影響
⑦顧客への対応策
⑧首脳陣による謝罪や、復旧活動に携わる関係者への謝意表明
⑨事故の原因究明報告
⑩事故前の安全状況の説明

また、図表5－3に緊急記者会見を催す際のガイドラインを示したので参考にしていただきたい。

なお、メディア対応については平時のメディア・リレーションズと危機発生時のメディア対応や事前準備・実施について、パブリック・リレーションズ専門会社でメディア・トレーニングを実施しているところもある。組織の内側にいたのではみえてこない部分を、PR実務家や危機管理コンサルタントなど外部の第三者によって客観的に評価してもらうことも有効であろう。

●ソーシャルメディア対応

前述のように、新聞や雑誌、テレビなど従来のメディアと比べて、ソーシャルメディアはリアルタイム性が高く、情報が急速に拡散するため、自社に関するリスク情報をいち早く把握し、対応する必要がある。

そのため、平時以上に、危機管理時にはソーシャルメディア上の情報のモ

図表5-3　緊急記者会見のガイドライン

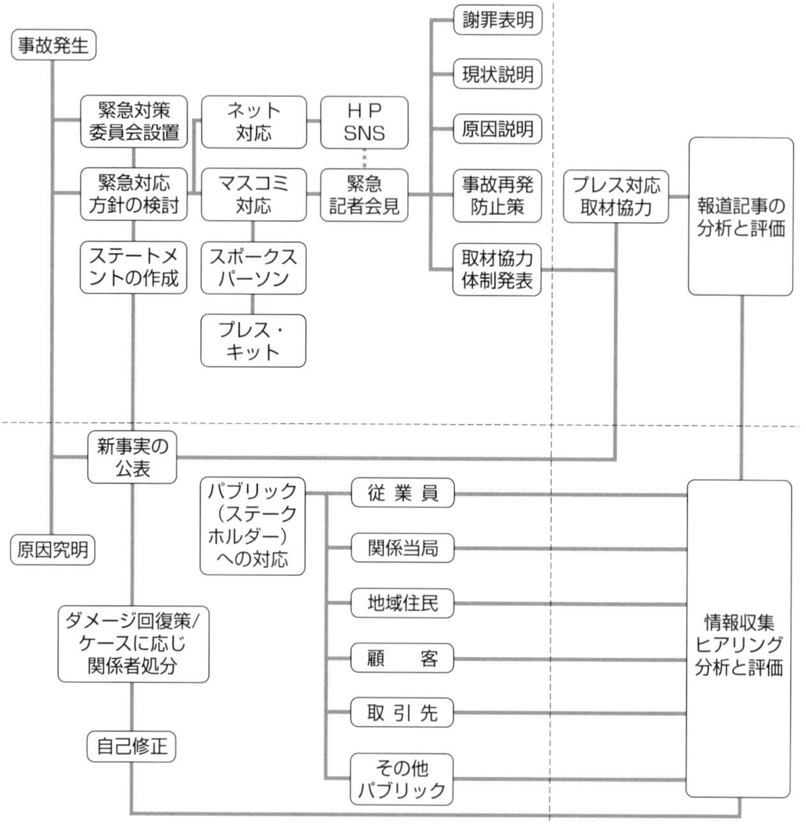

事故発生
緊急対策委員会設置
緊急対応方針の検討
ステートメントの作成
ネット対応
ＨＰ SNS
マスコミ対応
緊急記者会見
スポークスパーソン
プレス・キット
謝罪表明
現状説明
原因説明
事故再発防止策
取材協力体制発表
プレス対応取材協力
報道記事の分析と評価
新事実の公表
原因究明
パブリック（ステークホルダー）への対応
従業員
関係当局
地域住民
顧客
取引先
その他パブリック
情報収集ヒアリング分析と評価
ダメージ回復策/ケースに応じ関係者処分
自己修正

ニタリングが重要となる。外部の口コミ分析ツールやソーシャル・リスニング・サービスを積極的に活用してリアルタイムで情報を収集し、危機管理チームで情報を共有しなければならない。

そのうえで、ソーシャルメディア上の情報の真偽を精査し、新聞やテレビなどの一般メディアの情報も総合的に分析して、事実は何か、自社にどのような過失や問題があるのかを確認し、危機管理チームで対策を考えることになる。自社に問題や過失がある場合は迅速にお詫びと事実情報の提供を行い、誠実な姿勢を示すことが重要である。自社の公式アカウントに批判が集中した場合は、個別対応が不可能なので、企業の公式見解をまとめたステートメントや事実情報を表示した自社サイトに誘導するなど、メディアへの情報発信と連動しながら、自社のアカウント上でも事実や経緯を随時知らせるような対応が求められる。

反対に、自社に過失や問題がないことがあきらかな場合は、静観し、必要に応じて反証の根拠となる事実情報を提供する。近年、ソーシャルメディアの重要性は飛躍的に増しているが、ネット対応においても、的確、迅速、誠実の3点が不可欠だということに変わりはない。

●社内風土の見直しと改善

具体的な社内改革を行っていく場合、まずPR・広報の体制強化をはからなければならない。最も重要なことは、社内のコミュニケーションを円滑にする環境をつくることである。上下関係があっても、情報流通はフラットでなければならない。とくにいまの組織体では、世代間の考え方や行動様式が異なっていることを十分に認識し、スタッフ編成の場合は、そのなかに若いメンバーも入れる必要があるだろう。

事故や事件が発生したときは、現場担当者は事実を明かすことをためらったり、経営サイドは外部への発表に対し受け身になりがちである。そのことが問題を大きくし、組織の崩壊にもつながることを認識しなければならない。社内のミスを正直に報告させる環境づくりも大切となる。「社内で隠せるものは何もない」という精神で、密室会議的なイメージは避ければならない。

また何事にも、オープン、フェア、スピードが求められることを徹底させなければならない。危機が発生したら、迅速に事実関係を掌握し、原因の究明を行い、社内、社外への対応を行うことができるか否かがクリティカルとなるからである。社内の風通しがよくないと、現場からの報告で事実が歪められ、マネジメントに対して間違った情報をもたらすことになる。また緊急時には、社内でいろいろな憶測が飛び交い、情報が錯綜しがちになる。混乱を避けるためにも、前述の東日本大震災の例のように情報の一元化はきわめて重要となる。社内はもとより、外部、とくにメディアに対しては混乱を与えないよう細心の注意を払い、正確な情報を提供しなければならない。社内におけるオープンな環境づくりのために、社内情報を自由に吸い上げることも重要である。

緊急事態におけるトップへのアドバイスは、社内からは難しいと考えたほうがいい。米国では、重大な事態が発生した場合、社内だけでの対応するケースはほとんどなく、外部コンサルタントの招聘により、つねに冷静で、客観的なアドバイスを受ける環境づくりを行っている。日本の組織体のパブリック・リレーションズ・広報責任者は、一般的に社内ジョブ・ローテーションのために在任経験が浅いので、その必要性は米国以上に大きいといえよう。

一刻を争う危機管理には高度な専門経験が求められる。同時多発的に起こる難問に、限られた時間で対応するには経験豊かな外部のパブリック・リレーションズ専門家のアドバイスが必須となる。

長い年月で醸成された組織体の風土は一朝一夕には変わらない。20世紀終盤に登場した日産のゴーン社長のように強いリーダーシップを発揮したケースは、企業存亡の危機的状況の中での例外ともいえる。企業風土を変える場合は、経営トップの強い意思が求められるが、外部の有識者による委員会設置が望ましい。設置された「企業風土（文化）改革委員会」などには、各界で豊富な経験をもつ有識者からの、客観的なアドバイスにより企業風土や組織・体制などの改善が期待される。委員会メンバーには、学者、法曹関係者、ジャーナリスト、外部企業経営者などがバランスよく配置される必要がある。問題を起こした企業は、社内コンプライアンスの確認や、これら外部委員会の設置を積極的にメディアを通じて発表し、経過をオープンにすることが重要となる。

パブリック・リレーションズは、主体（企業・組織）を取り巻くさまざまなステークホルダー（パブリック）との間のリレーションシップ・マネジメントでもあり、「倫理観」「双方向性コミュニケーション」「自己修正」の３つの要素がベースになる。

前述の成功事例には「倫理観」「双方向性コミュニケーション」「自己修正」の３つの要素がしっかり認められるが、逆に、失敗事例や最近頻発する企業の不祥事にはこれら３要素が機能不全となり、クライシスに陥ったことが容易に推測できる。

PUBLIC RELATIONS

第6章

戦略的パブリック・リレーションズの構築と実践

1 パブリック・リレーションズのライフサイクル・モデル

●最短距離で成功に導くパブリック・リレーションズとは

企業や組織が、「第5の経営資源」ともいうべきパブリック・リレーションズ（PR）を効果的で、確実に成果の期待できるよう展開していくには、まずPR責任者や担当者、その関係者がパブリック・リレーションズの今日的意味をよく理解し、そのうえで有効な手法を駆使していく必要がある。

パブリック・リレーションズは、さまざまなステークホルダーとのリレーションシップ・マネジメントを有効にするためにも情報発信者が設定するPR目標から導き出されたメッセージを情報受容者（特定のパブリック＝ステークホルダー＝ターゲット）に正確に、確実に伝えることが第1の目的となる。両者間の双方向性コミュニケーションにより信頼関係を築いていくためには、公共の利益に沿った社会的に有意義で調和ある行動と情報発信者の自己修正能力が求められる。

本章では、パブリック・リレーションズの今日的意味をふまえたうえで、有効で、成果が期待できるパブリック・リレーションズを展開するための具体的手法を紹介していくことにしよう。

●自己修正型ライフサイクル・モデル

図表6－1は、パブリック・リレーションズの自己修正型ライフサイクル・モデルである。これはパブリック・リレーションズの展開に欠かせないプロセスの総合的な体系であり、あらゆるPR戦略づくりの基本となるものである。このPRライフサイクル・モデルは、筆者の関わる井之上パブリッククリレーションズや日本パブリックリレーションズ研究所がクライアントとPRコンサルテーション契約を結ぶ際や総合的なPR戦略を策定する際に用いているものである。

PR会社にとってクライアントは企業に限定されるわけではない。その対象は国家（政府関連機関）であったり、団体あるいは極端な場合、個人であったりもするし、活動エリアも国内にとどまらず海外も包含している。そし

図表6-1　自己修正型ライフサイクル・モデル

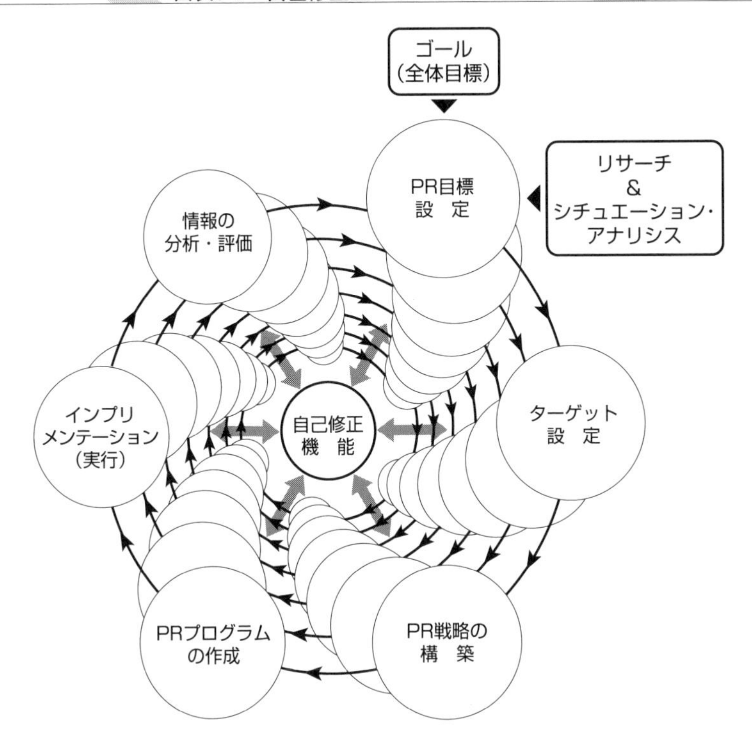

て、ライフサイクル・モデルは、どの場合でも適応することができる。もちろん、企業や組織が独自にPR戦略を展開する場合においても同様に活用できるモデルである。

そこで、ここではとくに企業のパブリック・リレーションズ活動を前提として解説を進めることにしたい。

●PRライフサイクル・モデルの概要

PRライフサイクル・モデルは図表6－1に示すように環を成す継続的な活動であり、そのサイクルは「自己修正機能」によって、スパイラル的に高次元化するモデルである。展開の出発点は、企業があらかじめ掲げているゴールに基づき、自社あるいはクライアント企業（PR会社であれば）の現状を把握・理解するための「リサーチ&シチュエーション・アナリシス」である。ここで収集した基礎データをもとに、「PR 目標（目的）の設定」および「ターゲットの設定」を行う。そして、この PR 目標を社会からの支持を得ながら最短距離で達成するため、ターゲットへの最適な情報伝達の方法であるコミュニケーション・チャンネルの設定を行う。つまり、ターゲット（市場）に対しアクセスするためにメディアあるいはオピニオン・リーダーなどのインフルエンサーを選定する。そして目標達成のためにどのような戦略で望むべきかの「PR 戦略の構築」を行う。

次のステップとなる「PR プログラムの作成」は、戦略に沿った戦術レベルでのプログラム策定であり、具体的で実践可能な計画の立案である。続く「インプリメンテーション」は、前段で立てたプログラムの実行であり、それまでのプロセスがリハーサルとすれば、パブリック・リレーションズ活動の本番ということができる。

そして、これら一連の活動の締めくくりが「活動結果や情報の分析・評価」である。戦略的コミュニケーション活動の結果が、あらかじめ設定したターゲットや業界、社会に対し、どのような効果および影響をもたらしたかについて公正に分析・評価する。発信した情報をフィードバックすることは、前述したように PR ライフサイクル・モデルが「自己修正機能」によって、スパイラル的に高次元化することに役立つ。

それでは、ライフサイクルの各ステップを具体的にみていこう。

●リサーチ&シチュエーション・アナリシス（状況分析）

パブリック・リレーションズ活動を行うにあたっての出発点は、自社あるいはクライアント企業の国内外における現状を把握・理解することである。とくに戦略的な PR プログラムの構築には、十分なデータ収集と分析が不可決となる。それらのデータに基づいて自社（クライアント企業）は競合会社と比較してどこに優位性があるのか、差別化できる要因は何かなどのプラス面、逆にウィークポイントは何かといったマーケットでのポジショニングをあきらかにするほか、マーケティング活動やコミュニケーション活動のレビュー、メディアでの取り上げられ方などポジティブあるいはネガティブなパースペクティブ（見通し）を確認する。

マーケティング戦略や企業戦略立案でよく使われる分析手法に「SWOT（スウォット）分析」がある。これは企業・組織の強み（Strength）、弱み（Weakness）、機会（Opportunity）、脅威（Threat）の4つの軸から評価するもので、「シチュエーション・アナリシス」には有効な手法である。

この段階で企業自身の過大評価や過小評価を適正に修正したり、見落としていたファクターなどを洗い出して客観的に分析する必要がある。この状況分析によって「PRの目標設定」および「ターゲットの設定」に向けたデータが整備されることになる。

リサーチ＆シチュエーション・アナリシスの手法には、一般的にヒアリング、メディア・オーディット、ベンチマーク調査などがある。

①ヒアリング

ヒアリングの対象は自社の経営層、事業部、経営企画室、PR責任者および担当者、一般社員、主要取引先などである。ヒアリングは面談方式などで実施し、質問内容のポイントは企業理念、経営目標、マーケットでのポジショニング、企業の強み（Strength）、弱み（Weakness）、機会（Opportunity）、脅威（Threat）、競合との差別化・優位性である。そのほか、マーケティング戦略、従来のコミュニケーション活動のデータなどを収集する。

②メディア・オーディット（媒体へのヒアリング）

媒体へのヒアリングをメディア・オーディットという。企業が属している業界の記者、編集者5～10人に対してヒアリングを行う。ポイントはプレスがその企業に対してどのような側面に関心をもっているか、どこに優位性を感じているか、さらに、企業のPR・広報担当者との接触度合いなどである。メディア・オーディットの目的は、情報発信者である企業と情報受容者の間に媒介するプレスの、自社（クライアント企業）に対する現状認識のギャップを確認することである。

③ベンチマーク調査

ベンチマーク調査とは、客観的事実をもとに現状におけるポジショニングを静的に把握するための調査である。私たちが得ている経済、政治、社会、文化などほとんどの情報は、新聞やテレビ、雑誌といった既存メディアやソーシャルメディアなどが情報源になっている。こうした報道を通して、私たちは自国ばかりか世界の動向を知り、その情報をベースにつねに何かを判断したり、行動をとったりしている。このように私たちは、好むと好まざるとに関係なく情報、とくにマスメディア報道の影響を受けている。したがって、報道記事の内容を分析することで読者や視聴者（すなわち一般消費者などのターゲット）にどのような効果や影響を与えたかについて評価できるというのが報道分析調査の基本的なスタンスである。

●PR目標の設定

リサーチ＆シチュエーション・アナリシスを通して得た情報に加え、経営目標とマーケティング目標をベースに「PR目標の設定」を行う。

PR目標は、中・長期的な視点に立った継続的で戦略的なコミュニケーション活動により達成されるべきゴールである。年間売上高を10％増にするとか、新製品を100万個販売するといった目標は、それぞれ経営目標でありマーケティング目標ではあるが、ここで取り上げるPR目標とは異なる。パブリック・リレーションズは、企業自体あるいはその事業活動や製品・サービスに対する認知や好感度をターゲットとなるステークホルダーをはじめとして業界や社会に高めていくためのコミュニケーション・ベースの総合的なリレーションシップ・マネジメントであり、結果的に「ゴール」としての経営目標やマーケティング目標の達成に寄与できるものでなければならない。

PR目標には発信すべき情報として「企業理念」、「経営目標」などのほか、競合企業との差別化をはかるために強く打ち出すポイント、優位性を印象づけるためのメッセージの策定が含まれる。

企業の置かれている状況によって設定すべきPR目標が異なってくるのは当然のことである。たとえば、新たに日本市場へ進出する外国企業であれば、企業の知名度や製品・サービスに対する認知を国内市場で高めていくことが優先的な目標となり、株式公開を計画している企業であれば、これまでコンタクトの薄かった投資家やアナリストの間に知名度を高めていくことが不可欠な目標となる。

また、技術開発が弱体とされる企業ではR&D（研究・開発）をフォーカスすることになる。目標設定の項目数は3～5項目が適当である。あまり多くするとターゲットに対するフォーカスがぼやけてしまうためである。

●ターゲットの設定

PR目標の設定に続いて、具体的にターゲットを設定することになる。ターゲットの設定は、何（PR目標）を、パブリック（一般社会）の誰（ターゲット：ステークホルダー）に対して、コミュニケートしていくかという図式を完成させることであり、「PR戦略の構築」以降の方向性を決定することである。

筆者は通常、設定するターゲットを2種類に区別している。第1は「ビジネス・ターゲット」であり、第2は「コミュニケーション・チャンネル」である。

①ビジネス・ターゲット

ビジネス・ターゲットは多くの場合、企業が提供する製品やサービスを実際に購入する層のことであり、PR的な視点からすれば「発信する情報を確実に伝えるべきパブリックの中の最終ターゲット」ということができる。PR活動の主体が国や地方自治体であれば、ビジネス・ターゲットという呼称は適切ではなく、そのサービスを受ける国民や市民ということになる。

組織体がステークホルダーに対するリレーションシップ・マネジメントを実践するうえで、ビジネス・ターゲットについて理解しやすいように具体的な例を示すと、企業の場合はまず顧客があげられる。これは、現在の顧客だけでなく将来的に顧客となりうるポテンシャル・ターゲット層も対象に含まれる。ほかにも製品やサービスを流通・販売するディストリビューター（販売代理店、小売店）やビジネス・パートナー（出資企業・業務提携先企業など）も対象となるし、金融・証券市場から資金調達を行うことをPR目標に掲げている企業では、投資家（機関投資家・一般投資家）などもターゲットとなる。

一方、株式公開予定のない私企業にとって、投資家はビジネス・ターゲットの範疇に入れる必要はないし、直販方式をとっている企業ではディストリビューターはビジネス・ターゲットにはなりえない。

つまり、ビジネス・ターゲットとなるのは企業の業態やPR目標によって異なってくることになる。また、複数のビジネス・ターゲットを設定した場合には、そのプライオリティ（優先順位）もあらかじめ考慮しておく必要がある。

②コミュニケーション・チャンネル

コミュニケーション・チャンネルとは、情報提供者（企業や各種団体・組織など）が発信するメッセージやニュースをより広範なターゲットに効果的に伝達する増幅機能をもつメディアや組織、人（インフルエンサー）を意味する。

なかでもメディアはコミュニケーション・チャンネルとして重要である。たとえば、発行部数が650万部の読売新聞に企業情報が記事として掲載されることになれば、回読率を計算に入れなくても日本全国で650万以上の読者がその情報に接する可能性をもつことになる。また、NHK、民放５社のテレビネットワークは全国を網羅し、重大なニュースは瞬時に全国を駆け巡り、その視聴覚に訴える影響力は非常に大きい（しかしながら、近年はソーシャルメディアがコミュニケーション・チャンネルとして急成長し、その重要性は増している。反面、既存の新聞、テレビ、雑誌のウェイトは相対的に減じている）。

これらのメディアが報道する内容については、社会的な信頼度は高く、世論形成に与える影響も大きい。しかも90％以上の主要メディアが東京に一極集中しており、きわめてコスト・パフォーマンスの高いメディア・リレーションズ展開を可能としており、コミュニケーション・チャンネルとしてメディアが重要視される所以となっている。

なお、PRライフサイクル・モデルにおける「ターゲット設定」の順序については、一般的にPR目標設定の次にくることが多いが、かならずしも固定しているわけではない。リサーチ＆シチュエーション・アナリシスによって、ターゲットが明確に浮かび上がった場合にはそれに適した目標設定を行い、逆に目標が明確に把握できた場合には、目標達成のため的確なターゲットを選ぶことになる。PR目標設定とターゲット設定は密接不可分の関係にあると理解しておくのがよいだろう。

●PR戦略の構築

PR目標とターゲットの設定ができると、いよいよ戦略の構築に入る。PR戦略を構築することにより、何（PR目標）を、誰（ターゲット）に対して、どのような方針（戦略）でコミュニケートしていくのかという、パブリック・リレーションズ活動の骨格が形成されることになる。

PR戦略を構築するということは、設定したPR目標を、ターゲットに対してコミュニケートするための方針を確立させることであり、これによって、次のプロセスである「PRプログラムの作成」の具体的内容が決定され、さらに次の「インプリメンテーション」という以下の流れを方向づけることになる。

●PRプログラムの作成

PRプログラムは、PR戦略を実現するための具体的戦術であり、個々の活動項目がプログラムに該当する。つまり、PRプログラムはPR戦略によって方向づけられ、その内容は構築されたPR戦略によって千差万別である。第4章第4節「パブリック・リレーションズ専門家に求められる資質と能力」でシナリオ作成能力について記したが、プログラム立案にあたってまさに求められる能力となる。

PRプログラムの作成にあたっては、とくに以下の5つの点に留意しなければならない（図表6-2）。

第1は、具体的で実現性のあるプログラムを作成することである。プログラムは作成したが、実際に活動を展開するにあたり、具体的に何をやったらいいのかが不明確ではプログラムを作成した意味がない。

また、実行すべき内容が具体的で明確なプログラムであっても、実行することが不可能であったり、過剰な困難をともなうものであっては現実的なプログラムとはいえない。実行内容が明確で実現可能なプログラムであることを念頭に置きつつ作成しなければ、有効なPRプログラムとはならない。

第2は、PRプログラムの実施スケジュールである。PR戦略に沿ったプログラムは複数のプログラム群であることが一般的である。最も効果的な結果を得るためにプログラムの優先順位を決め、優先順位の高いプログラムを

図表6-2　PRプログラム作成における5つの留意点

①具体的で実現性のあるプログラムであるか？
②プログラムの実施スケジュールは確実なものか？
③予算計画に無理はないか、また、コスト・パフォーマンスはどうか？
④クライアント企業とPR会社との役割分担は明確か？
⑤クライアント企業とPR会社とのコミュニケーション・システムは確立されているか？

中心に実施のタイミングと時期の調整を考慮しておかなければならない。

中期・長期経営計画に基づいたものであっても、実施スケジュールは年単位で考えるのが望ましい。PRプログラム実施の効果が得られるまでの期間は必ずしも明確ではないが、企業活動が会計制度で1年単位であり、効果測定の目処も含めて1年単位が適切と考えられるからである。また、次に述べる予算計画にも関係してくる。

第3は、予算計画である。パブリック・リレーションズ活動全体の予算を前提として、PRプログラムはその予算枠内で最大限有効な結果を得られるという観点からプランを練る必要がある。

とくに企業がPR会社からコンサルティング・サービスを受けたり、業務をアウトソーシングしている場合には、第4章第6節「企業・組織によるパブリック・リレーションズ業務のアウトソーシング」に記したように、年間ベースのリティナフィー契約するのが一般的である。リティナフィーは時間単価を基本に算出されているため、予算枠によって活動できる時間も設定されている。そのためPR会社のサービスを受ける場合、予算枠内でどれだけの時間サービスが受けられ、サービス内容の質がどの程度かも考慮しなければならない。

第4は、クライアント企業とPR会社との役割分担である（アウトソーシングの場合）。PRプログラムの個々の内容を実行段階で誰が担当するかを明確にしておくことは、スムーズにプログラムを実践していくためには不可欠な要件となる。その場合、クライアント企業、PR会社のそれぞれが、どのような人的・知的ネットワークを有しているかということが重要なファクターとなる。PRプログラム作成段階で役割分担が整っていれば、実施段階でプログラムの実行漏れや遅延を防止することができる。

第5は、クライアント企業とPR会社との間のコミュニケーション・システムの確立である。グローバル化の進展にともない、企業の本社機能と支社機能が国境をまたぐことはめずらしくなくなっている。そのためPRプログラムの実施に際して、クライアント企業とPR会社間のコミュニケーションが混乱しないように必ず双方の窓口を明確にしておく必要がある。国内で東京と大阪にそれぞれ本社体制を敷いている場合でも、1つに集約した窓口の設置が望ましい。最近では電子メールを使った連絡が一般的になりつつある。基本は窓口同士の連絡ではあっても、連絡内容によって誰にCC（Carbon Copy）するか、あらかじめ決めておくとよいだろう。そして、何よりもPRプログラムが社会の発展に役立つものかどうか、SDGsの視点で考えることが求められている。

●インプリメンテーション（実行）

インプリメンテーションとは、PRプログラムの実行である。たとえばメディア・リレーションズであれば、プレス・リリースを定期的に配布したり、ニュース・バリューの高いトピックスについて記者会見を催して発表したり、プレス・ツアーを組んで新規の設備（開発センターや工場など）を取材してもらうなどさまざまなプログラムが計画される。

インプリメンテーションで重要なことの第1は、実施スケジュールに沿って、また設定された予算枠の中で確実にPRプログラムが実行されることである。

第2は、PRプログラムを計画どおりに実施した結果が、その効果が期待値以下であった場合、すぐにその原因を分析してカウンター・プラン（対応策）を作成してカバーすることである。たとえば、記者会見を開催したが、その後の記事の掲載が期待値以下であった場合、すぐに個別インタビューを実施したり、特定のメディアを選んでブリーフィングを行うなどの方法でカバレッジを回復させていくのである。

●活動結果や情報の分析・評価と自己修正機能

PR ライフサイクル・モデルに従った PR 活動プロセスにおける最終段階は、「活動結果や情報の分析・評価」である。実行された PR 活動の結果が、あらかじめ設定されたターゲットに対し、または業界や社会に対してどのような効果をもたらしたか、どのような影響を与えたかについて公正に分析・評価することで、より高度なパブリック・リレーションズを実現することが可能となる。

この情報の分析・評価に関しては、次章で詳細に解説するので、ここでは簡単にそのポイントを述べておきたい。

ライフサイクル・モデルのプロセスにおいて、情報の分析・評価は一連の PR 活動の成果をみるとともに、各プロセスの1つひとつを検証するという重要な位置を占めている。

自己修正機能は、PR 活動の効果測定や分析をとおしてみえてきた問題点に対して、その後のより有効なパブリック・リレーションズ活動を行うために欠かせないチェック機能であり、ライフサイクル・モデルの各段階で必要な修正を行うものである。この自己修正機能により、7つのコンポーネントで構成されるライフサイクル・モデルの螺旋階段を一歩ずつ確実にステップアップすることができ、前述したように「PR ライフサイクル・モデルが

コラム7　エージェンシーとコンサルタンシー

PR 会社が顧客に提供するサービスは多種多様な広がりをもっている。大きく分けると、戦略の策定や企画の立案力に強い会社（コンサルティング志向）と、フットワークやオンサイトのサポートを得意とする会社（エージェンシー志向）の2つのタイプがある。PR 会社に「頭脳」（コンサルティング、プラニング）を期待するのか、「手足」（現場の代行業務）を求めるのか、要件を整理して PR 会社の選定にあたらないと、発注側・受注側のミスマッチの要因となる。米国でいうところの PR agency は、PR 代理店とは呼ばない。あらかじめ価格が設定されている「サービス」を間に入って売ることを主業務としないからである。

『自己修正機能』によって、スパイラル的に高次元化する」ことを実現できるのである。

2　日米自動車交渉におけるPR戦略の実践例

前節では、PRライフサイクル・モデルの概要を紹介した。ここでは、米国テネコ・オートモティブ社からの依頼で実施した「日本における自動車補修部品の規制緩和プログラム」を事例に取り上げ、PRの自己修正型ライフサイクル・モデルへの理解をさらに深めるため具体的に解説していこう。

この事例は1994年3月からの調査を皮切りに、1996年5月に至る一連のPRプログラムである。当時は、日米自動車交渉が決裂（94年10月）し、米国が日本に対し通商法301条の適用対象認定という局面まで亀裂を深めていた。この局面を好転させ交渉を成功へと導いたのが、その5カ月前に筆者の会社（井之上PR）で作成した「テネコ・リポート（Tenneco Report）」をめぐる日米でのパブリック・リレーションズ活動であった。

『朝日新聞』（1997年1月14日）は、在日アメリカ商工会議所（ACCJ）が行った1980年から96年までの主要な45の日米通商合意に対する評価について報じている。成功13件、部分的成功18件、不成功10件との評価であり、成功例の1つに95年8月の日米自動車・自動車部品協議の決着があげられている。

この一連のPRプログラムは、その後、97年の国際パブリックリレーションズ協会のゴールデン・ワールド・アワード（GWA）にエントリーされ、世界23カ国167作品の中から、メディアが感情的に取り上げる傾向のある日米経済問題で「市場開放と新たなビジネス・チャンスを創出した」としてアジア・パシフィック地域から初めてグランプリ（最優秀賞）を授与された（写真6－1）。戦略的なPR活動が目標達成に機能することを実証できたプログラムといえる。

この「規制緩和プログラム」は、日本のパブリック・リレーションズ史上、世界の舞台で最初にグランプリに輝いた事例であり、また、パブリック・リレーションズの総合的な要素が統合され、自己修正型ライフサイク

写真6-1
国際 PR 協会の
ゴールデン・ワールド・
アワード・グランプリ
のプレートと楯

ル・モデルを紹介する最適な事例といえる。

●自動車補修部品の規制緩和プログラムの背景

テネコ・オートモティブ・ジャパン（TAJ）は米国の多国籍複合企業テネコ社の自動車部品部門テネコ・オートモティブの日本法人として1973年に設立された。テネコ・オートモティブは世界最大のマフラーのブランド MONROE やショック・アブソーバの TENNECO を有し世界22カ国で事業展開しており、TAJ の設立は日本市場での自動車部品の輸入販売などを目的としていた。

設立以来、セールス・チャンネルの開拓から始め、日本市場適合製品開発のため米国本社内にテクニカルセンターを開設するなど、20年以上のマーケティング努力にもかかわらずアフター・マーケット（自動車補修部品市場）での実績はあがらなかった。シェア低迷の最大の要因について TAJ は、日本におけるアフター・マーケットの排他性や閉鎖性に根づいているのではないかと疑いをもった。

1994年当時、米国の対日貿易赤字は年間総額約600億ドルに達し、その6割を自動車関連分野が占めており、テネコ社だけの問題ではなく日米間の外交問題として早急な改善が求められていた。93年7月に宮澤喜一首相（当時）とクリントン大統領（当時）の間で、日米包括経済協議の枠組みが合意され、自動車部品分野などは優先分野に位置づけられていた。

政府レベルでは米国商務省の調査や日本の公正取引委員会による排他性・閉鎖性の実態調査などが行われたが、マクロ的な実態把握にとどまり、TAJのビジネスと深く関わる製品分野の問題点については解明されるべくもなかった。そこでテネコ本社とTAJは、井之上パブリックリレーションズとパブリック・リレーションズのコンサルテーション契約を結び、「アフター・マーケットの規制緩和と、その後のビジネス展開」をテーマに戦略展開などを依頼した。そこで第1段階として行った独自の調査が後にまとめられる「テネコ・リポート」になるのである。

●リサーチ＆シチュエーション・アナリシス（状況分析）

日本のアフター・マーケット（自動車補修部品市場）の実態を把握するための調査は、1994年3月から5月までの3カ月間行われた。日本のアフター・マーケットにおける政府規制緩和実現を目的とするものだが、これには排他性や閉鎖性の要因として予測した仮説を検証する形をとった。それは車輛の保安基準などを定めた道路運送車輛法による規制（当時の運輸省関係）、重量税に関する問題（当時の大蔵省関係）、日本自動車メーカーの「系列」問題、自動車メーカーが推奨する「純正品」に対する輸入「優良品」のハンディ、全国40万カ所以上にのぼる整備工場の「保守的体質」、流通コスト問題である。

「仮説」の段階では、メディア・リレーションズやガバメント・リレーションズでの説得力に欠けるため、法的規制や非関税障壁の実態をTAJのビジネスに関連した分野で具体化、明確化することとした。図書館資料などのリサーチで道路運送車輛法と同施行規則（運輸省令第74号）の内容を検討、またサンプル数50に対する面接・電話による聴き取り方法で全国陸運局、自動車部品業界、販売店、整備工場、有識者らを対象に調査を実施した。

3カ月にわたる調査で、仮説の多くが現実の問題であることが検証された。かえって仮説のほうが現実よりも楽観的であるかに思える事実も浮かび上がった。それらは運輸省による規制や税制が二重、三重に絡み合って国内アフター・マーケットを保護している実態や、輸入品につけいる余地を与えないほど堅固な「純正品神話」などであった。

調査結果をもとに1994年5月、「テネコ・リポート」が作成されるが、そのなかには2つの視点から提言が盛り込まれた。

第1の提言は、車の分解整備と構造変更検査における規制緩和への提言である。①ショック・アブソーバの取り付けなど軽微な変更は道路運送車輛法に定める検査対象から除外する。②構造変更に関する重量税再納付制度をあらためることでユーザの経済的負担を軽減する。③輸入部品に対する車検時に生ずる不利を改善する。これによって第2の視点である外国製自動車部品の販売拡大への条件を整えるのである。

第2の提言は、①「純正部品」と「優良品」の区別を廃止し、統一基準による「品質認定制度」などを導入する、②認証制度の相互乗り入れを行うことで車検制度による輸入部品に対する不利益を除去する、③運輸省と通産省が共同で保守的な体質のある部品流通業界に対して輸入品購入拡大キャンペーンを展開する、というものである。

1994年10月、日米の自動車交渉は部品分野で行き詰まり、決裂、米国通商法301条の適応対象認定へと発展するが、そのときアメリカ政府の決断において「テネコ・リポート」が日本市場の不公正さを実証する有力資料となったのである。

●PR目標の設定

「テネコ・リポート」に至る調査で、国内自動車部品のアフター・マーケットで輸入部品販売の阻害要因が明確となった。これらの新しい事実は、同じ年にアメリカ商務省が日本の自動車部品市場を調査した結果からも見出されておらず、関係者には衝撃をもって受け止められた。優先すべき課題は規制緩和であり、そのために「テネコ・リポート」が利用された。そして、規制緩和を梃子として需要を創出するための長期的展望に基づいた戦略プランを立て、期間を2年として次の目標達成に向け取り組むこととした。目標は以下の3つである。

①「テネコ・リポート」を有効利用して規制緩和を実現する

②規制緩和を前提に新たなセールス・チャンネルを開拓する

③制度変更などについて消費者を啓発する

そして、この3つの目標に沿って具体的戦略が練られた。

●ターゲットの設定

①ビジネス・ターゲット

「自動車補修部品の規制緩和プログラム」の事例においては、ビジネス・ターゲットを規制の緩和前と緩和後とに分けて考える必要がある。規制緩和は政治マターであり、その目的達成のための中心的なターゲットは日米両国の政府機関である。

規制緩和後のビジネス・ターゲットの中心は国内自動車メーカーであり、とくに新規購買に決定権をもつ担当役員、部門長やマネージャーであった。ほかには自動車修理工場、自動車部品の販売・流通業者、そしてオートバックス、イエローハットなどのカー用品量販店やマニアックなドライバー層などをターゲットとして設定した。

②コミュニケーション・チャンネル

ビジネス・ターゲットを、オーディエンスとする一般紙、経済・産業紙、ビジネス誌などのメディアを核に、有力地方紙、自動車・自動車部品関連業界紙・誌、英字紙、通信社などに設定した。また、規制緩和実現のため、いわゆる「外圧」を有効利用していくため、日本から海外に向けて情報を積極的に発信していくこととした。このため、コミュニケーション・チャンネルとして日本外国特派員協会（FCCJ）に加盟している外国人記者、とくに米国系のキー・メディア（ニューヨークタイムス、ワシントンポスト、ビジネスウィーク、ニューズウィーク、AP通信など）を加えた。

メディア以外では、インフルエンサーとしてTVキャスター、フリー・ジャーナリスト、日米経済問題でマスメディアによく登場する経済評論家や大学教授などを加えた。

●PR戦略の構築とPRプログラムの作成

戦略もターゲット設定と同様に規制の緩和前と緩和後とに分けて構築した。規制前ではガバメント・リレーションズが最重要であり、メディア・リレーションズは規制緩和を促すために世論の支持を得ることが主眼になる。そして規制緩和後ではメディア・リレーションズが核となり、消費者の啓発を通じての需要創造が中心課題となると考えた。セールス・チャンネルの開拓は規制緩和実施のタイミングを見据えて早期から取り組むように決めた。そして、これらを前提に戦略を立案した。

①ターゲット別にキー・メッセージを設定

政府機関やメディアに対しては「規制緩和は日本のアフター・マーケットで新たなビジネス・チャンスを創出する」というメッセージ、そして消費者に対しては「安全運転と車の乗り心地の良さを維持するため4万～5万キロ走ったら、ショック・アブソーバを交換しよう」という啓発のためのメッセージを策定した。

②規制緩和前のPR活動はガバメント・リレーションズをコアとした

規制緩和前のポイントはロビイングによるガバメント・リレーションズであった。まず「テネコ・リポート」のブリーフィングを行うにあたり、ワシントンの米国政府に対してはテネコ・オートモティブ社が、在日米国大使館と日本政府に対してはTAJと井之上パブリック リレーションズとが対応することとし、三者が緊密な連携をとることができる体制を確立した。

メディア・リレーションズについては、規制緩和前は日米交渉の成り行きを見守り、タイミングをみはからって記者会見を開き、「テネコ・リポート」を公表する。この際、テネコ・オートモティブ社のトップエグゼクティブに出席してもらい、日本の主要メディアとワン・オン・ワン・インタビュー（個別インタビュー取材）をセットアップし、規制緩和に関する特集記事などの素材を提供する。

③規制緩和後はメディア・リレーションズと消費者への啓発をコアとする

規制緩和後は日本のマーケティングの拠点となるTAJの宍倉寛二郎社長（当時）を軸としたワン・オン・ワン・インタビューや、規制緩和に対応したTAJのマーケティング戦略の発表、新たなセールス・チャンネルの発表や消費者へのメッセージなどを、記者会見やプレス・リリースを織り交ぜながら積極的に行い、情報発信する。

消費者に対する啓発は、欧米のユーザが気軽に好みに合わせ自動車部品を付け替えていくのに対し、日本のユーザは長期間におよぶ規制により自動車部品を付け替える習慣がほとんどなかったことに着目した。そこで、「安全運転」や「乗り心地」を前面に出し、「4万～5万キロ走ったらショック・アブソーバを交換しよう」とその必要性の面から啓発していくことにしたのである。

●PRプログラムのインプリメンテーション

1994年夏、「テネコ・リポート」は計画どおり、テネコ社からアメリカ商務省経由で通商代表部、ホワイトハウスへわたった。一方、日本ではTAJから在日米国大使館、運輸省、通産省へブリーフィングと併せて手わたされ、モンデール駐日大使（当時）や橋本龍太郎通産大臣（当時）の手へと流れていった。

9月末には日米自動車・自動車部品交渉は決裂し、クリントン大統領は間髪を入れず補修部品を米国通商法301条適用の対象に認定したことを発表した。これによる日本の自動車産業の損失は52億ドルにのぼると推計され、深刻な局面を迎えた。ここで「テネコ・リポート」は日米交渉の落としどころをめぐる日米両国政府の議論の有力資料とされたのである。翌95年6月末にはジュネーブにおけるミッキー・カンター米国通商代表と橋本龍太郎通産大臣との間で妥結するに至り、規制緩和が実現することとなった（図表6-3参照）。

一方、メディア・リレーションズでは、オリジナルプランからの変更があった。それは記者会見を通じて「テネコ・リポート」を公表する予定だったものが、同リポートが日米両国政府の水面下交渉の有力資料となっていたため、その影響を考え変更せざるをえなくなったのである。また、テネコ本社の日本の有力取引先である自動車メーカーへの営業的な配慮もあり、公表を控えたという一面もあった。

1995年4月には円が初めて1ドル＝79円台を記録し、交渉の最終期限月である95年6月、日米交渉の激化は頂点に達し、もし交渉が決裂すれば米国政府は対日制裁（52億ドル相当）を実施すると発表した。それまで正確な情報が得られない状況で、日米メディアによる相手国に対する非難合戦が続いて

図表6-3　日米自動車部品調達問題を伝える各紙

日米包括協議

車補修部品のみ制裁候補

米、301条適用を発表

スーパー301見送り

政府調達分野で日米が合意した客観基準

DE MINISTER RYUTARO HASHIMOTO (right) jokingly holds the end of a bamboo kendo sword to his own throat Monday. Trade Representative Mickey Kantor gave the sword to him as a present before last-ditch auto talks in Geneva.

'Friendly, heated fight' continues

ashimoto, Kantor search for compromise in car talks

トヨタ・日産系ディーラー

米部品を補修用に

テネコ製の緩衝器採用

対日強硬派と関係作り狙う

（出所）左から『読売新聞』1994年10月３日１面、*The Japan Times* Jun. 28, 1995,『日本経済新聞』1995年７月11日

いた。EU も日米経済超大国の衝突による世界経済への悪影響を懸念し、両国の冷静な対応を呼びかけた。

そこで、テネコ本社の了解をとりつけ、国内では政府・業界からの一方的な情報により事態の詳細を把握していなかったマスメディアを対象に、世論の理解と支持を得るうえで影響力をもつ全国紙や専門紙、テレビ局を選び、これまで知られていなかった国内アフター・マーケットの実態と問題点を絞ったオフレコのブリーフィングを個別に実施した。1995年６月末のカンター・橋本会談で交渉は最終決着をみるが、日米交渉の推移とともに各メディアがブリーフィングに基づいた関連記事を載せはじめ、世論形成に大きな影響を与えた。

この背景には、自動車産業分野で逆転している日米の力関係の格差がさらに拡大することに懸念を抱く米国が円高圧力をバックに日本の不公正性を正面から取り上げ、是正を強く迫ってきたことがある。すでに１企業の問題を超える事態の中で、最終的にテネコ本社は、自社の利益（私益）よりも国際経済の安定化（公益）を優先させ、最悪の事態は回避されたのであった。

そのほか、テネコ・オートモティブ社のCEO来日記者会見や、製品価格値下げのリリース、また1995年6月にはテネコ・オートモティブ社トップが交渉合意歓迎を表明するなどメディアでの露出度を高めた。

●活動結果の評価と自己修正機能

1995年8月23日、日米自動車・自動車部品協議は両国政府間で書簡が交わされ決着した。これに基づき運輸省はショック・アブソーバを含む4品目を分解整備の対象から除外し、関連する道路運送車輌法施行規則の一部を改正することとなった。この省令は同年10月20日に公布・施行された。

これに先立つ6月29日には、通産省はアフター・マーケットの外国製部品の市場アクセスを促すため、流通団体に対して「外国製部品を差別しない」とする通達を出した。運輸省も同様に「外国製部品を差別せず、ユーザに選択の機会を与える」ことを求めていた。ここに「テネコ・リポート」に盛り込まれた2つの提言がみごとに実現したのである。

10月にはテネコ・オートモティブ社の経営トップ（スネル社長）が再来日し、新たな販売チャンネルを記者会見で発表した。また、全国6400カ所にあるJOMOステーションで、テネコ社製ショック・アブソーバの販売・交換サービスを始めることを発表した。

1996年4月には、TAJの売上げは国内アフター・マーケットで150%増となった。翌5月には、テネコとジャパンエナジーとが共同記者会見とオープニング・セレモニーを開催した。これはJOMOステーション（東京都世田谷区）を会場に内外の主要メディアから送り込まれたジャーナリスト70人を集めた盛大な記者会見となった。このイベントはクリントン大統領日本滞在中に実施されたもので、大統領にオープニング・セレモニーに参加してもらう予定でホワイトハウスの内諾も得ていたが、残念ながら実現しなかった。

セールス・チャンネルの開拓は、ジャパンエナジー系ガソリンスタンドJOMOステーション以外にもトヨタ自動車系列ディーラーや自動車用品販売大手チェーンストア「オートバックス」（当時、全国約380店舗）へと広がった。

米国においては、1996年5月の訪日直前にクリントン大統領から、ホワイ

図表6-4 「規制緩和プログラム」概要と業界動向

主要PRプログラム	業界動向
1994年3月〜7月 国内自動車補修部品市場の実態調査 **1994年6月** ロビイング活動の開始 **1994年7月** 調査報告書（テネコ･リポート）を日米関係政府機関へ送付 **1995年1〜5月** テネコ･リポートにつき国内キーメディアに対してオフレコのブリーフィング **1995年10月** ●テネコのスネル社長来日にともなう記者会見実施 ●関連政府機関、団体への訪問 ●自動車メーカーとの懇談 **1996年5月** テネコとジャパンエナジー共同記者会見を第1号店となった用賀JOMO-GSで実施	**1994年10月** 日米自動車交渉が決裂 自動車補修部品に対して米通商法301条の適応がアメリカ政府により検討 **1995年4月** 円が1ドル＝79円台を記録 **1995年6月** ジュネーブ会談にて橋本通産相とUSTRのM.カンターとの間で自動車補修部品問題につき合意 **1995年7〜11月** ●道路運送車輌法の改正 ●トヨタ、日産がテネコ製品を大幅に採用 ●ジャパンエナジーが全国給油所（JOMO）でテネコ製品を販売 ●量販店（オートバックス）での販売 **1996年4月** クリントン米大統領が訪日前のホワイトハウス記者会見でテネコの実績を紹介 **1996年9月** 日米合意につき年次協議（サンフランシスコ）で進捗状況を評価

トハウスで内外の記者団を集めて行った記者会見の中でテネコを名指して「数多くの日米交渉の中でも、とりわけテネコの交渉は成功だった」と称賛を受けた。こうした大きな成功を収めるうえでのパブリック・リレーションズの重要な役割は、テネコ社が国際情勢を冷静に分析し、自己修正機能を働かせ、「公益を私益に優先させた」ことにある。

1994年5月末に「テネコ・リポート」を完成させ、日米両政府に規制緩和の働きかけを正式に始めてからわずか1年5カ月たらずのスピードで、日本の運輸省は規制緩和実施に踏み切った。TAJと井之上パブリックリレーションズが行った「テネコ・リポート」を軸とする一連の戦略的パブリック・リレーションズは、規制緩和をもたらし、パブリック・リレーションズがビジネス・チャンス創出に機能することが実践的に証明された意義は大きい（図表6－4）。テネコの規制緩和プロジェクトは、その後の筆者の「自己修正モデル」考案の発端にもなっている。

3　メディア・リレーションズにおける スポークスパーソン・トレーニング

パブリック・リレーションズにとってコア・コンピテンスとなるメディアとの高次元な信頼関係を構築するためのメディア・トレーニングは、きわめて重要である。

●メディア・トレーニングの目的

このトレーニングの目的は、メディアとの適切な対応を実現し、プラス・イメージやメッセージをさらに効果的に伝え、マイナス・イメージを最小限にとどめることにある。

報道の批判を巧みにかわしたり、公表されると具合の悪い事実を隠蔽することではなく、むしろ、そうした対応を排除し、製品事故や社内関係の事件など不祥事発生時の取材から一般の取材まで、企業を取り巻く社会全体の利益の見地から対応することはPR活動の基本であり、そういう意味では第5章「企業・組織における危機管理」で述べた危機管理と通じるところがある。

取材対応はおおむね3つのカテゴリーに大別できる。

第1は、PRプログラムに基づいて企業側から積極的に情報発信する記者会見、記者懇談会、ワン・オン・ワン・インタビューなどである。第2は、メディア側の関心に基づいて取材申し入れに応えるものである。第3は、企業と関係のある事件・事故や、ニュース報道などにより取材が集中する緊急時のメール対応や電話対応、対面対応である。

第3の取材対応については第5章で述べたので、そちらを参照していただきたい。ここではワン・オン・ワン・インタビューを取り上げ、そのトレーニングの概要を紹介したい。

なお、多くの企業がインタビュー取材について、メディア側からの取材申し込みがあり、企業側が応諾した場合に成立するとみる傾向があるが、PR戦略に基づいてプログラムされたメディア・リレーションズでは、PR会社を介してインタビュー取材を積極的に設定することがある。ここで紹介するプログラムは、前者の受動的な取材対応ではなく、後者の能動的な取材対応を念頭に置いているもので、井之上パブリック リレーションズが独自に作成したものである。

井之上パブリックリレーションズのメディア・トレーニング・プログラムの基本構成は4つのパートに分かれている。パート1は、「メディア対応の基本ルール」であり、スポークスパーソンの心構えを中心としている。パート2は、「インタビューで気をつけること」として、より実践レベルに近い具体的な注意点を解説している。パート3は、「インタビューに際しての注意事項」として、実践現場でのアドバイスおよび注意喚起を行っている。パート4は、「スポークスパーソンのためのチェックリスト」を設け、全体をレビューできるようになっている。

このプログラムに基づいて実行されるトレーニングでは、ジャーナリスト経験者を起用してトレーニングを行う。仮想（あるいは予定されている実際）のインタビュー内容、取材場所、録画機材を用意してシミュレーション形式でインタビューを実行する。インタビューの状況はビデオに録画したうえで、トレーニングを受けたスポークスパーソンを交えてレビューし、反省点をチェックしていく。

この録画資料は、インタビューを受けている本人が取材進行中には決してみることのできない自分の姿、態度、印象を客観的に見直せるというメリットがある。たとえば、テレビ取材で実際にインタビューを受けた後、放映された映像をみて「しまった」と後悔するリスクは、メディア・トレーニング・プログラムで未然に防止できると同時に、実際のインタビュー時に、より有効な対応を実現することに貢献するのである。

以下にメディア・トレーニングのポイントを紹介していこう。

●メディア対応の基本ルール

プログラムのパート1は、「メディア対応の基本ルール」である。スポークスパーソンのとるべき態度の基本は、「事実を告げる」ということであり、嘘やごまかしの態度はとるべきではない。これは個別インタビューに限らず、取材対応全般に共通していえることである。

マニュアルでは嘘を2つに分けて戒めている。嘘には、「積極的な嘘」と「消極的な嘘」がある。前者は「Aであるものを、故意にBであると話す」ことであり、後者は「Aであることを知っているが、知らないふりをする」ことである。いずれの場合も、避けなければならない。いずれ嘘はばれるものであり、その際には批判にさらされることになるからである。

また似たケースとして「Aであることを意図的でなくBであると話してしまう」場合も注意しなければならない。いわゆる勘違いなどのケースで嘘とは本質的に異なるが、気づいたら可能なかぎり早い段階で訂正する必要がある。連絡の遅れは実質的に「消極的な嘘」に近づくし、連絡しなければ「積極的な嘘」になりかねない。「いったん口にしたことは活字になることを覚悟せよ」ということでもある。

事実を伝える順序は、質問にダイレクトに答える形で、最も伝えたい重要な事実を最初に話すことが、積極的な情報発信の基本的態度である。

また、「ノーコメント」の使い方にも配慮しなければならない。基本的にはこの言葉は使用しないことを勧める。「ノーコメント」と答える場面としては、「質問された内容を知らない場合」と「質問された内容を知っているが答えられない場合」がある。

前者の場合に、「ノーコメント」を使うのは取材者に「実際は知っているのではないか」との印象を与える反面、コメントできない理由を明確に告げることができず、最悪の場合には取材者に不信感を与えることになりかねないため、最初から率直に「知りません」と答えるべきである。調べて後で連絡するか、他の適任者に回答させるなどの判断を迅速に行うのがベストである。

後者の場合に「ノーコメント」を使用することは必ずしも悪いことではないが、「知っているが、その内容については現時点では答えられない」と応じ、その理由を説明（ひいてはどの時点なら回答できるという説明）をして納得してもらう必要がある。

そのほか、マニュアルでは「専門用語に関する使い方」や「憶測の排除」など、スポークスパーソンの基本的態度についてもアドバイスをしている。

●インタビューの留意点

プログラムのパート2は、「インタビューで気をつけること」である。ワン・オン・ワン・インタビューに的を絞った実践レベルでのアドバイスであり、大別すると、「取材者の質問に対する注意喚起」と「取材者に対して印象を向上させるためのアドバイス」に分かれる。

①取材者の質問に対する注意喚起

取材者の質問には基本的な事実確認のほか、取材テーマや記事の切り口といったアプローチ手法に基づいての質問がある。この場合、不注意に回答すると伝えたい事実をみえにくくしてしまうことがある。たとえば「二者択一型」や「仮定的な質問」などがそれにあたる。

「二者択一型」の質問は、AかBか、と取材者が選択肢を限定してくるタイプであり、回答方法を「Aです」あるいは「Bです」に限定する効果を期待した質問である。しかし、事実を伝えるには取材者が期待する選択肢だけにこだわる必要はないのであり、選択肢に回答がみつからない場合は、事実やメッセージを伝えるために最善の答えとして「Cです」と答えるケースもあるということである。

「仮定的な質問」は、「もし何なになら」という事実にはない前提を前置きとして発せられる質問である。この場合は推測に頼っての回答になりやすいため、「仮定に対するお答えはできない」と回答を避けるか、どうしても回答する場合には仮定であることを明確に断ったうえで回答すべきである。

また、敵意のある質問やトリッキーな質問に対しては、「憶測を入れずに事実だけ」に基づいた回答するなり、「そのような意味で話したのではありません。私がお話したいのは……」と切り返すことも必要である。

②取材者に対して印象を向上させるためのアドバイス

スポークスパーソンは企業および企業イメージを代表している立場にあ

る。それだけにスポークスパーソンのちょっとした表情や仕草が取材者に悪印象を与えることは、その人だけでなく企業イメージをも損なうことにつながる。

スポークスパーソンは、その点を自覚して取材者に対応しなければならない。たとえば、「明るくハキハキと対応する」、「記者の目を見る」、「質問に熱心に聞き入る」という態度はよい印象を与える。逆に、「筆記用具などをもてあそぶ」、「目をいたずらに動かす」という態度はマイナス・イメージを助長する。また「目を閉じる」、「目を天井に向ける」といった態度は取材者に対して無関心さを表すものとなるので、これらの態度は厳に慎むべきである。記者の否定的な質問には、できるだけ肯定的に応えるようにするとよい。たとえば、グラスに半分水が入っている場合、適切な表現は、「半分しか入っていない」ではなく「まだ半分ある」となる。

●実施時における注意事項

プログラムのパート３は、「インタビューに際しての注意事項」である。取材の進行に即して、「事前準備・確認事項」、「インタビュー中の注意点」、「インタビュー後」の３段階に分け、それぞれの注意事項をアドバイスしている。

①インタビューの事前準備・確認事項

スポークスパーソンは、インタビューを受ける前に取材要素を確認しておく必要がある。そして、取材の流れや雰囲気に対し、ある程度の見通しをもつことである。取材要素とは、取材記者の名前、取材目的、質問のポイント、掲載日時などである。そのうえでとくに伝えたいことを頭の中で整理し、回答が不自然にならないよう、あるいは必要以上に回答内容を暗記しないようにすることが大切である。

また、柔軟な取材対応をするには、取材者の立場になった視点で自分なりにニュース素材やトピックスを複数用意することもよい。柔軟な対応は、メディア・リレーションズの最前線における双方向性コミュニケーションの実践そのものである。

②インタビュー中の注意点

取材者に好印象を与え、友好的な雰囲気で取材を進行させるには、前述の「インタビューの留意点」をよく理解し、実践に役立てることが必要である。また、「質問を注意深く聞く（メモを取る）」、「質問を遮らない」、「とっさに回答できないときは数秒間おく（冗長な回答を避ける）」、「素早く考え、ゆっくり話す」、「話の内容をできるだけシンプルにする」（複雑に話すと記事が不正確になる）などに注意する。

また、記者とのコミュニケーションを大切にするために、相手の名前を呼んだり、つねに記者の背景にいる読者を想定して、そこへメッセージを送っていることを意識することも重要なことである。

③インタビュー後

インタビュー後の注意点で一番重要なのは、スポークスパーソンは記事掲載前に記事内容のチェックを申し入れてはならないということである。記事掲載前の段階ではテーマ、内容、切り口などはメディア側の編集権に属する問題であり、基本的に企業側がコントロールできる問題ではないからである。記事内容をチェックしたい気持ちはわかるが、チェックを求めると、取材者やメディアから反発を買う恐れもある。

しかし、記事掲載後で、重要な事実関係に間違いがあった場合は、恐れずに指摘することは必要である。ただし、訂正記事が出るか出ないかにこだわりすぎると、メディアとの関係が悪化することもあるため、大筋で正確であれば細かいミスに対する苦情は控えるのが無難である。

●チェックリスト

プログラムのパート４は、「スポークスパーソンのためのチェックリスト」である。十数項目の主要ポイントを簡潔な質問形式でチェックリスト化し、インタビュー取材をスポークスパーソンの立場からレビューできるようになっている。たとえば、

・メッセージを正確に伝えたか？

・事実を伝えたか？

・肯定的なイメージを強く押し出すことができたか？

などがある。

そして、「メッセージを正確に伝えたか？」に対して、明確にイエスかノーで答えられない場合は、「メッセージ設定が不明確のまま取材に臨んでしまった」という反省につながり、答えが「ノー」であれば、メッセージのどの部分が伝わらず、原因はどこにあり、どうすれば達成できたかという反省となり、次の取材対応へ向けた自己修正へとつながるのである。

チェックリストは簡潔で的を射たものとなっているが、取材は1回限りではなく、次回の情報発信に繋がるように組み立てられており、トレーニングを受けるスポークスパーソンの意識をプログラムの「パート1」へと自然に導いていくのである。

●非言語コミュニケーションの重要性

第2章（120ページ参照）でもふれたように、米国の心理学者アルバート・メラビアンは *Silent Messages*（邦題：『非言語コミュニケーション』）の中で、非言語コミュニケーション、すなわち「言葉」以外の要素、声のトーンや大きさ、ボディランゲージや見た目の印象の重要性を説いている。

メラビアンは、「好意や反感などの感情を伝えるコミュニケーション」という特定の状況下において、言語情報と聴覚情報と視覚情報が矛盾した場合、相手が重視するのは何かという実験を行い、その結果は下記のようになった。

・「言語情報：メッセージの内容」が7％

・「聴覚情報：声のトーンや口調」が38％

・「視覚情報：ボディランゲージや見た目」が55％

記者会見においては言語情報が、より重要性をもつことはいうまでもないことではあるが、併せて視覚情報や聴覚情報についても気を使うべきことをメラビアンは示唆している。経営トップの印象は、その企業イメージとも重なるため、当然、留意すべきことでもある。

●スポークスパーソンのためのチェックリスト

・あなたは次の項目にイエスで答えられますか？

□重要なメッセージを正確に伝えたか
□事実を伝えたか
□平常心を保てたか
□仕掛けられた罠を予測したか
□相手の注意を逸らすような態度をしなかったか
□肯定的イメージを強く押し出すことができたか
□質問を注意深く聞いたか
□敵対的な、または関係ない質問をうまくかわすことができたか
□信頼性を確保できたか
□論争を避けたか
□技術的な情報をわかりやすく伝えることができたか
□身だしなみや言葉づかいで相手に不快感を与えなかったか
□社会との関わりについてふれているか？
□ストーリーテリングができているか（とくにトップの場合）

4　自らを知り、グローバル戦略を展開する

21世紀になってすでに二十数年が経った。20世紀は、多くの国家を巻き込んだ２つの大戦をはさみ、多数の人命を犠牲にして歴史を刻んだ世紀といえる。

社会主義体制が瓦解し、21世紀は国家間の戦争は局地的なものに限定されると思いきや、宗教や民族、文化的な違いや領土拡張主義から生ずる衝突は後を絶たず、2022年２月に始まったロシアによるウクライナ侵略、2023年10月のハマスの越境攻撃に端を発したイスラエルのガザへの侵攻など、混乱は世界的な規模に拡大する危惧さえある。

これらの混乱の多くは相互不信に起因するといっても過言ではない。相互不信は一般的に、情報が互いにシェアされていないことから起き、相互理解の欠如の結果としてもたらされる場合が多い。IT・ネットワーク時代の今日、人類が同じ過ちを繰り返さないためにも、対称性をもった情報が共有されなければならない。

欧州何千年の歴史のなかで初めて20を超える国家が政治、経済を統合し、欧州連合（EU、加盟27カ国）が誕生した背景には、こうした情報の共有化が大きな役割を果たしていたことはいうまでもない。

IT・ネットワークの拡大がますますグローバル化に拍車をかけている今日、世界の中における日本のポジショニングを認識し、日本が国際社会に対してどのような貢献ができるのか、あらためて考える時期にきている。この課題に対してパブリックリレーションズ（PR）の視点から、今後の指標となる筆者の考えを記してみたい。

(1) 日本をSWOT分析する

1968年に当時の西ドイツを抜いて米国に次ぐGDP（国内総生産）世界第2位に躍り出た日本であったが、2010年にその座を中国に明け渡し、2023年にはドイツに抜かれ、第4位となってしまった。

また、世界の政治、経済における米国一極体制が崩れ、中国、インドをはじめとするアジアの国々のプレゼンスが増し、新興国を含めた多極体制が形成されつつある。

こうした国際情勢を俯瞰してみると、情報の共有化においても、日本がそのプレゼンスを内外に示すことにおいても、パブリック・リレーションズ（PR）の手法を磨きあげることが強く求められることが容易に理解できる。どんなに優れた技術でも、知られなければ広く社会の役に立つことはできない。日本のもつ多様な優れた技術を世界に伝え知らせることで、たとえば、人類が生存するうえでの共通テーマである地球環境問題において日本は世界のリーダーの一角を担うことができる。

第1節で紹介したように、マーケティング戦略や企業戦略立案でよく使われる分析手法に「SWOT（スウォット）分析」がある。これは企業・組織の強み（Strength）、弱み（Weakness）、機会（Opportunity）、脅威（Threat）の4つの軸から評価するもので、現状分析にとって有効な手法である。

日本の国についてSWOT分析の構成要素をいくつか例示したのが図表6－5である。この図表から日本の特徴が読み取れるはずである。そして、残念ながら国際社会からの信頼を低下させてしまったかにみえる日本のプレゼ

図表6-5　日本をSWOT分析する

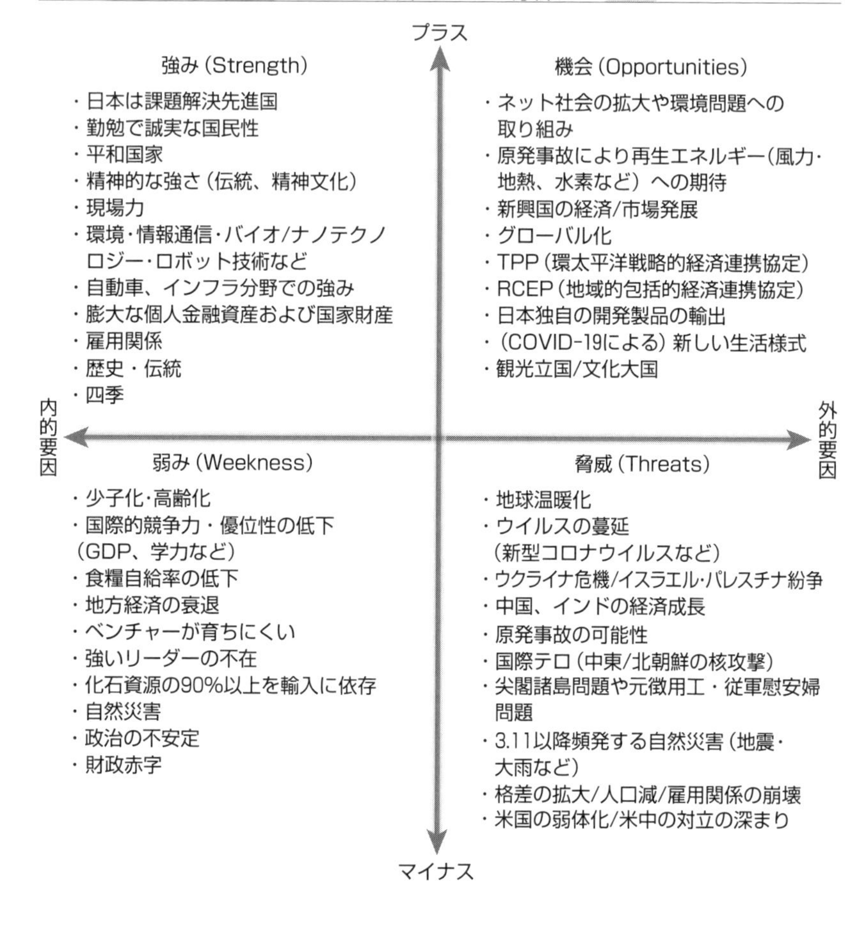

ンスを回復していく道筋がSWOT分析図からみえてくるはずだ。

(2)「ジャパン・モデル」を世界に

SWOT分析にも取り上げているが、筆者は、東日本大震災をはじめ、これまで日本が経済、政治、社会分野で経験した、あるいは今後経験するさまざまな出来事は、他の国々がこれから好むと好まざるとにかかわらず経験するであろう出来事と多くの点で共通するだろうと考えている。他の国が新しい国家づくりの指標となりうるものとして、筆者はこれを「ジャパン・モデル（Japan Model）」と定義している。

以前は世界一の石油産出国で輸出国でもあった米国はその後、石油輸入国となり、そして近年のシェール（ガス、オイル）革命によって、ふたたび輸出国に転ずるポテンシャルを示している。巨大な石油・天然ガス資源をもつロシアがウクライナ侵略に対する制裁を受けるなか、中東情勢の不安定化によって世界のエネルギー市場は不透明感を増している。こうしたなかで、エネルギー資源を輸入に頼る日本は、再生エネルギーへの転換を求められている。一方、中国やインドではかつての日本がそうであったように、高度成長の陰で大気汚染や水質汚染などの公害問題が深刻で、社会問題化している。それどころか、人間の経済活動の規模が拡大していけば、地球の扶養力や廃物浄化力の限界を超えてしまうことになるだろう。

元東京大学総長の小宮山宏氏は日本を「課題先進国」と位置づけた。課題先進国にはその課題を解決することが求められると同時に、課題があるということは、「必要は発明の母」の言葉が示すように、チャンスでもあり、そうした意味で日本の「国際戦略」は、「課題解決先進国」を目指していくことにある、と小宮山氏は主張した。この考えは、筆者のジャパン・モデルのベースとなるものである（図表6-6）。少子化・高齢化、脱炭素、持続的成長、非核化、原発の廃炉などなど、日本が直面する課題はいずれ全世界が直面する課題となるだろう。

日本は、世界唯一の核被爆国であるが、広島、長崎の悲劇を世界が共有できているからこそ、世界は戦後一度も核戦争を起こさずに今日を迎えている。2011年の福島第1原発事故でもチェルノブイリ事故とは異なり、地震と津波で制御不能になった4機の原発をどのように安全に廃炉までもっていくか、これまで人類が体験したことのないチャレンジを、日本は行っている。他国と共有できる要素を内包していることをジャパン・モデルは示されなければならない。

日本は220年におよぶ鎖国ののち、西欧文明を採り入れるために開国した。そして西欧の列強に追いつき追い越すために多くの大胆な改革を行い、行き過ぎて失敗したことがあっても、その手綱を緩めることはなかった。しかし欧米の帝国主義モデルを後追いした結果、第2次世界大戦では近隣諸国を巻

図表6-6　Japan Model 構築のベースとなる考え方とその背景

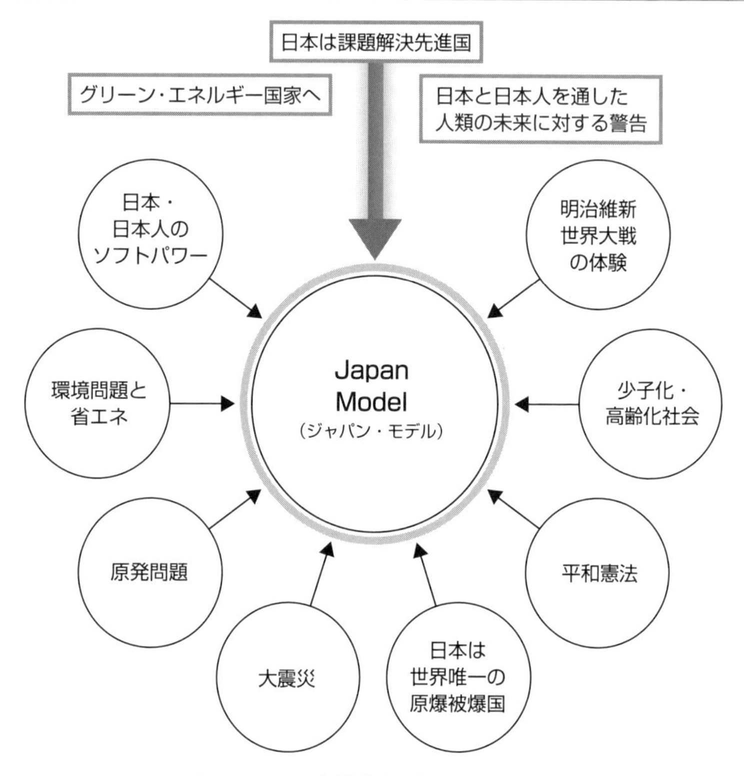

Japan Modelを構成するキー・ファクター

き込み不幸な結果をもたらすこととなった。悲惨な戦争経験をとおして、ものごとは武力では解決できないことを日本人は学んだ。日本は戦争の放棄を謳った「平和憲法」を保持しているただひとつの国であることを私たちは忘れてはならない。

国難に直面したときに日本が驚異的な力を発揮することは、戦後の日本の繁栄をみれば説明できよう。経済の効率化と経済目標を達成するために、日本の科学技術は発展を遂げてきた。原子力もその１つであった。原油をほぼ100％輸入に頼る日本は、1970年代の２回にわたる石油ショックを経験し、原子力発電の積極的導入に踏み切った。その結果、54基の原子力発電所が日本各地に建設され、東日本大震災前には日本の総エネルギーの約30％を原子力に依存するまでになっていた。CO_2問題が急浮上したことで、世界中が原発の導入を考えはじめた矢先に大震災が起こったのである。

そして、東日本の地震・津波の二次災害として生じた原発事故はそのようななかで起こった。なぜ日本でこうした大事故が起きたのだろうか。世界唯一の核被爆国として、核兵器を保有せず、原子力の平和利用しか考えてこなかった日本でなぜ大惨事がもたらされたのだろうか。そのことを考えたときに何か目に見えない力が、日本と日本人を通して、人類の未来に警告を発しているのではないかとの強い思いに筆者は駆られる。筆者の考えるジャパン・モデルはこうした思いを体現したものである。

福島原発事故は、人類に大きな問題解決をせまるものであった。その解決策とは脱原発、脱CO_2（脱石油）を両立させ、加速させることである。代替エネルギーの開発を喫緊の課題とし、あらゆる英知を結集し、太陽光、太陽熱、風力、地熱、バイオマス、水素などの再生可能エネルギー開発に注力せねばならない。東日本大震災をきっかけとして、日本は世界最先端を再生エネルギー国家に生まれ変わらねばならないのである。それが、この災害で亡くなった方々をはじめ多くの被災者の方々、また人類に対する私たちの責任だと考える。

筆者の提唱するジャパン・モデルを構成するキー・ファクターには、日本が3.11後に取り組んでいることをはじめ、被爆国、平和国家、超少子化・高齢化国家、環境・省エネ先進国、これらを総合した文化をベースにしたソフトパワー大国への道が示されている。

日本は、人類がいまだ体験したことのない未知の領域に入ろうとしている。さまざまな課題に直面しながらも、私たちはこのすばらしい地球を、子孫に残していく責務がある。「課題先進国」としての日本は、つきつけられた課題を１つひとつ解決しながら、その範を世界に向けて示す必要があると筆者は考える。

PUBLIC RELATIONS

第7章

パブリック・リレーションズ活動の評価と測定

1 パブリック・リレーションズ活動の評価・測定の必要性と課題

●重要な位置を占めるパブリック・リレーションズ（PR）活動の評価・測定

パブリック・リレーションズを効果的に実践し、より大きな成果をあげるためには、第6章で紹介したようにPRライフサイクル・モデルのプロセスを確実に踏んだ積極的な展開が必要となる。

ところが、このプロセスの中で重要な位置を占める「活動結果や情報の評価・分析」および「自己修正機能」に関しては、それぞれの組織で手法が確立しておらず一般的に実践ではなかなか実行しにくい面があるのが現実のようである。

PRが日本よりずっと定着している欧米においても、戦略的なPRマネジメントを実践していくうえで欠かせない「PR活動の評価・測定」が、実務家間でのセミナーや会議など公の場で議題の中心として広く取り上げられるようになったのは、1990年代以降のことである。

そこで、本章ではまず、PR活動の評価・測定をめぐる問題を取り上げ、次いで実際に使われているさまざまなPR評価手法を紹介し、最後に現在の中心的な評価手法の1つである報道内容分析について詳しく説明したい。

●PR活動の評価・測定に対する障害と克服策

PRの実務家は、PR活動の実際と評価・測定との間にギャップが生じる理由に「予算と時間の欠如」をあげることが多いが、実際のところ、それだけなのだろうか。

経済広報センターは、1980年以降約3年ごとに日本企業のPR・広報責任者を対象とした「企業の広報活動に関する意識実態調査」を行っている。以下では、2017年第13回調査からみえてきた課題について、考えていこう。

PR・広報責任者を対象に行った調査の「広報部門として日頃抱えている悩みについて」では、「広報活動の効果測定が難しい」が、同センターが実施した過去の結果（2011年と14年）と同様、1位にあがっている（図表7-1）。PR活動の評価・測定に関しての総合的な手法がいまだに確立されてお

図表7-1　PR・広報部門としての日頃抱えている悩み

広報活動の効果測定が難しい	67.9%
広報の人員が少ない	32.9%
危機管理	30.3%
ソーシャルメディアの対応	26.9%
広報のための予算が少ない	31.6%
広報に対する一般社員の理解が不足している	29.5%
海外グループ会社の広報活動の管理・運営	26.8%
企業のプレゼレンスが弱い、メディア露出が少ない	26.3%
広報で対応する領域が広すぎる	17.1%
マスコミ対応	24.8%

出典：「第13回企業の広報活動に関する意識実態調査報告書」(2017年)

らず、この効果測定に関しては相変わらずPR業界の「古くて新しい課題」となっている。

では、PR活動の評価・測定を実施するうえでどのような障害があり、その克服には何が必要なのかを考えてみよう。

第1の障害は、PR実務家を評価から遠ざけている「測定されることへの怖れ」である。たしかにPR活動の結果は、PR実務家に心理的圧迫をもたらす面がある。しかし、PR活動の評価・測定の目的は、「過去の行動を振り返る」ためではなく、次の「戦略的な計画立案」に活用するためであり、「自己修正機能」を発揮して双方向性コミュニケーションの実現をはかることにある。

発想の転換をはかり、「怖れ」の意識を払拭して結果と正面から向き合う姿勢が求められる。

第2の障害は、明確で測定可能なPR目標を設定が行われていないことである。正しい目標の設定が行われていなければ、PR・広報活動の効果測定に困難が生じることは防ぎえない。

たとえば、「良き企業市民として地域社会での認知を高める」ことをPR目標に掲げたとする。その場合、

・自社の現在の認知度はどの程度なのか？

・自社に対する好意度はどの程度なのか？

・地域社会とはどの範囲を指すのか？
・対象となるターゲットを特定するのか、それとも地域住民全体なのか？
・何を指標にして変化を測るのか？

などの要素が明確化されていなければ、たとえ効果があがっていたとしてもその程度を測定することが困難であることはあきらかだろう。

また、適切なPR目標の設定とPR活動の評価・測定のためには、コミュニケーション理論に関する知識と理解が不可欠である。

一例をあげると、ある事柄について強固な反対（または賛成）意見をもっている人をPR活動によって逆の意見に変えることはできるだろうか。

Hedging and Wedging 理論によれば、このような強固な考えをもつ人を中立の位置に動かすことはできても、まったく逆の意見へと変えることは一般的にきわめて困難だといわれている。このことを理解せず安易に意見をひっくり返すことが目標だとしたら、評価手法は意味を失うことになる。

十分な予算や時間があっても、PR活動の目標が曖昧だと具体的な評価・測定は困難なのである。また、数値的な目標があっても、その設定数値が無謀であれば、当然、その結果は失望をもたらすものとなるだろう。このように、戦略立案に有用な評価結果を導き出すためには、最初に行うPR目標の設定が重要となる。

2　パブリック・リレーションズ活動の評価手法

●アンケート調査にみる成果測定指標

2017年に実施した第13回調査からPR・広報活動の評価についての質問をみると、広報活動において「プロセス目標」（例：記者発表の実施件数）を設定している企業は33.3％、「アウトプット目標」（例：メディアへの掲載数）を設定している企業は52.6％、「成果目標」（例：企業イメージランキングの上昇）を設定している企業は30.5％（複数回答）であった。その成果測定指標のベスト5は、「新聞等に報道された文字数・行数・頻度」（51.2％）、「自社の報道件数、広告換算などの前年度との比較」（41.3％）、「報道件数、広告

図表7-2　PR・広報活動の成果を測定する指標

指標	割合
新聞などに報道された文字数・行数・頻度	51.2%
自社の報道件数、広告予算などの前年度との比較	41.3%
報道件数、広告換算などの同業他社との比較	29.6%
自社が定期的に行っている企業イメージ調査の結果	24.9%
マスコミ各社が行う企業ランキング調査	22.5%
新聞などに報道された記事を「プラス」「マイナス」「中立」などに分類し測定	22.1%
マスコミ各社の注目度（取材申し込み件数の増減）	19.2%
株価の動向	12.2%
他社、他団体による広報・広告・宣伝関連の表彰	10.3%
求人に対する応募状況や学生の人気ランキング	9.4%

出典：「第13回企業の広報活動に関する意識実態調査報告書」（2017年）

換算などの同業他社との比較」（29.6%）、「自社で定期的に行っている企業イメージ調査の結果」（24.9%）、「マスコミ各社が行う企業ランキング調査」（22.5%）であった（図表７-２）。

多くの企業が、マスコミに取り上げられた回数や文字数のボリュームによる評価とともに過去の実績や他社との比較をも重要視していることがわかる。PR・広報活動の成果をみるうえでは、これらの指標も有効となろう。しかしながら、「戦略的 PR 活動の立案」を前提とした情報として、これらの指標がどの程度重要であるのかは判断しにくい。

●さまざまな評価手法とその特徴

そこで、ここでは PR 活動の評価・測定に実際に使われている評価手法をいくつか紹介しておきたい。それぞれの特徴を理解したうえで、状況に応じて使い分けたり、組み合わせて活用することが望ましい。

①二次的データ

メディアや調査機関が実施し、一般に公表した企業ランキング調査などに基づいて自己評価を行う。調査データの入手も容易であり、調査結果をファイルにまとめたり、ポイントの部分を記入するのに要する時間を除けばコストもかからない。ただし、自社で設計した調査ではないため、ランキングの根拠となる数字の算出方法などには注意が必要である。

②独自調査

自社が独自に企画して実施した市場調査や顧客満足度調査、読者調査、メディア・オーディット（ジャーナリスト調査）などを指す。とくにレピュテーション・マネジメントの評価に有効である。コストは費用、時間の両面でかかるが、最近ではインターネットを利用した安価な調査を利用する場合が

コラム 8　パブリック・リレーションズとジャーナリズムとの違い

PR 専門家とジャーナリストの仕事上の類似点は多々あげられる。たとえば、インタビューを行う、大量の情報を集めて整理する、ジャーナリスティックな文章を書くなどである。実際、ジャーナリストから PR の仕事に転身した人も少なくない。その結果、米国では、PR とジャーナリズムには大きな違いはないという誤解が、多くの人に広がっている。しかしながら、情報を発信するという作業性については重なりが多いものの、この 2 つの仕事はその目的や業務範囲、オーディエンス、情報チャンネルなどの点で根本的に異なっている。

たとえばジャーナリストは、フリーランサーを除けばほとんどの場合、自身が所属するメディア（新聞、雑誌、ラジオ、TV など）のオーディエンスに向けて情報を発信することになる。また、ジャーナリストが提供するニュースや情報には客観的な事実をいち早く伝えるという報道性が重要な要素となる。

一方、PR 実務家はマスメディアだけでなくセミナーやレセプションなどの PR イベント、ニューズレター、インターネット、DM、パンフレットなどさまざまな情報チャンネルを駆使して戦略的に策定されたメッセージや情報を（クライアントになりかわって）発信することになる。これはたんに情報を与えるだけではなく、組織体の目標・目的の実現のためターゲットとなるオーディエンスの心理や行動パターンを変えるといった狙いをもつものである。また、PR がコミュニケーション戦略の構築やコンサルテーションをはじめ、危機管理、IR、ロビイングといった機能をもつことはいうまでもない（Wilcox, et. al., *Public Relations*, 2014から一部抜粋）。

増えている。

③ケース・スタディ

他社の事例をモデルケースとして自社の戦略立案に活用する方法。とくに、クライシス・コミュニケーションでは有効である。他社の良い事例、悪い事例がメディアで取り上げられた際にその内容を参考にすることで、自社の対応策を事前に変更することができる。

④メディア・モニタリング

自社に関する内容が掲載された記事や映像の収集は、ほとんどの企業が実施している。しかし、なんの加工もせずに、そのままで評価に使うと記事の数量だけの判断となるため、好意的でない記事も同等に扱われたり、影響力のあるメディアか否かの区別もつかない。また、自社が伝えたいメッセージが含まれているかどうかも判断できない。記事内容を１つひとつ確かめて評価することが肝心である。

⑤広告費換算

自社が取り上げられた記事スペースやテレビ、ラジオの放送時間数、ネット上の露出を広告費に置き換えて評価する方法である。自社ですべてをコントロールできる広告と違い、一般の記事はその内容が非常に好意的なこともあれば逆のケースもある。間違った情報が伝えられることもあるし、競合他社と比較されることもある（最近は比較広告も出てきたが）。

図表７-２にあるように、「新聞等に報道された文字数・行数・頻度」は比較的多くの企業で使われているが、PR と広告との特性の違いを考慮すると、PR の評価を広告費換算で行うだけでは十分とはいえないだろう。

⑥報道内容分析

これまでの単純なメディア・モニタリングを抜いて、現在、世界の PR 関係者の間で最も広く使われるようになった PR 評価手法が「報道内容分析」である。とくに、欧米ではいくつもの調査会社がより洗練されたサービスを目指して競い合いながら事業展開している。独自調査に比べて速く、低コストで実施できる。PR 活動のすべての結果が報道内容分析で評価できるわけではないが、PR 活動はメディア・リレーションズを中心に行われているという実情もふまえ、メディアが人々の考えや行動に大きな影響力をもつとい

図表7-3　重視するPR・広報活動の対象

	重視	最も重視
マスコミ対応	81.2%	51.2%
危機管理広報	45.5%	10.8%
インターナル・コミュニケーション	34.7%	1.4%
コーポレート・ブランド	34.7%	12.2%
IR	28.2%	10.3%
トップ広報	20.2%	4.7%
CSR	15.0%	0.0%

出典：「第13回企業の広報活動に関する意識実態調査報告書」（2017年）

うかずかずの研究成果をベースとしたこの分析手法は、評価手法の中心的な地位を占めるようになった。

図表7－3に示されるように、PR・広報活動の対象としての「マスコミ対応」自体は前回調査からわずかに減少して81.2%であり横這いだが、「最も重視」は（51.2%）にとどまっていることから、マスコミ対応が大切であることは間違いないとしても、相対的に他の業務の重要性が増加していることがここから読み取れる。

評価は記事の数量的な側面からだけではなく、的確にターゲットにメッセージが伝わっているかなど内容にも踏み込んで行われるため、PR・広報計画立案のためのツールとして有効である。

3　自己修正モデルに基づく報道内容分析

(1) 自己修正マップ

では、ここで第1章で説明した自己修正モデルを使って、報道分析を行ってみよう。

まず分析道具として必要になるのが、自己修正度合いを表すための自己修正マップである。自己修正マップは、自己修正に必要な2つの評価基準と4つの側面を平面図で表したものである。*X* 軸には、倫理観（双方向）ベースの取り組み姿勢の度合いを、Y 軸には修正行為内容の度合いを設定する（図表7-4）。ここでは便宜上、X 軸、Y 軸ともに5段階（$-2, -1, 0, 1, 2$）でプロットできるように設定されている。

自己修正プロットにおいては、置かれている主体によってその位置が変化する。個人や集団が直面する危機の内容（人命に関わる事態か、それほどではない事態、経済的損失の多寡など）や、誰（個人、組織体、地域・国家など）が主体となるかによってプロットの条件が変わってくる。また自己修正行為は外的内的要因によるインパクトにより、X 軸からスタートする。ただし、一方的に変化を強いられる場合（強盗や交通事故などで被害を受けるケース）は、自己修正の対象から除外され、修正マップの俎上にのらない。

図表7-4は、自己修正度合いを X 軸、Y 軸で表すための自己修正マップで、マップ上に自己修正行為をプロットすることができる。これにより、自己修正の経時的な変容が観察できる。プロットされた位置を「自己修正位

図表7-4　「自己修正」マップと4つの領域

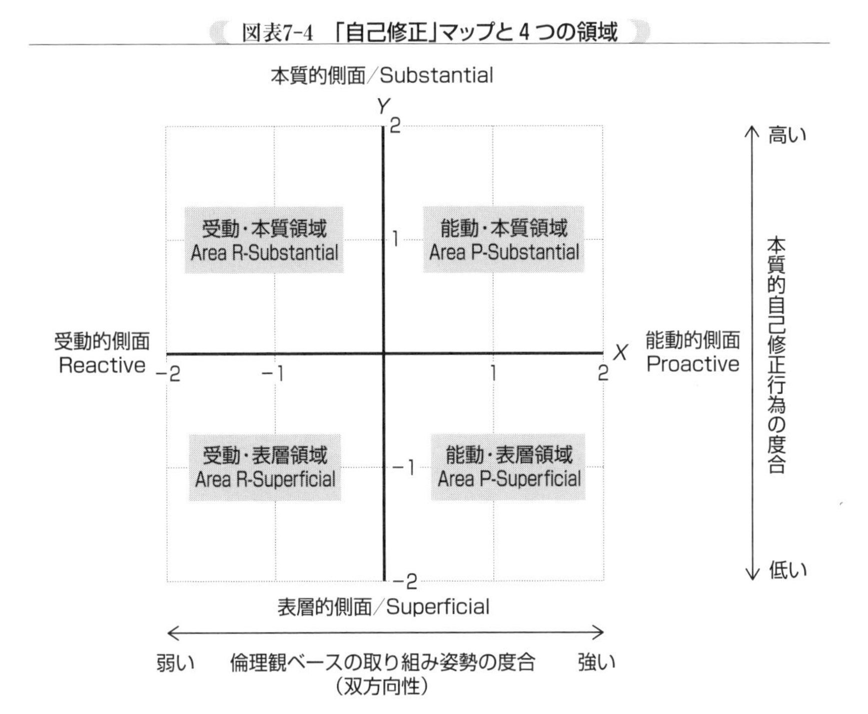

置」（SC-P: Self-Correction Position）と呼ぶ。

図表 7－4 の X 軸は自己修正への取り組み姿勢の度合いを表したもので、倫理観（双方向）ベースと名づける。左側の受動的（reacvtive）行為は、自己修正を行う主体（以下、主体という）にとって、自己修正を促す外的要因となるもので、－2 は最も外からのインパクト（促し）が強く、－1 は 1 段階インパクト（促し）が弱い。右側の能動的（proactive）行為は、自己修正を促す内的要因を決定するものである。

一方、Y 軸は自己修正行為の度合いを表したものである。Y 軸下部の表層的（superficial）な自己修正行為は、主体にとって重要性のある事象に関わらない「気づき」や「反省」などで始まる修正行為（－2）で、Y 軸上部の本質的（substantial）な自己修正行為は主体の根幹に関わる修正行為（2）である。

(2) 報道分析のモデルケース

第 1 章で、自己修正モデルにおける自己修正はパブリック・リレーションズの 3 つの構成要素の重要な要素であることを示したが、個人や組織体において自己修正が行われているとき、自己修正マップ上ではどのような動きがみられるのであろうか？

通常、自己修正には人間の意思決定が介在するので一定の時間を経過する。またまわりの環境変化に影響を受けやすいので修正過程における軌跡が常に同一であるとはいいがたい。しかし自らの意思で行われた修正がどの位置にあるのか現状を特定し、自らを舵取りすることにより最短距離で、世論の位置するあるべき方向（公正な位置）を目指し目的地に到達しようとする。このプロセスこそ自己修正の変容プロセスなのである。

ここでは、自己修正が顕著に表れる危機管理時における自己修正をメディア報道を通し、自己修正モデルがどのように機能し、有効なものであるかを過去の例にもとづいて紹介する。本章では、調査分析対象として日本を代表する経済紙である日本経済新聞を選択している。また、日本経済新聞一紙に絞ることで、事例として取り上げた事件や事故に対する報道記事を経時的に系統だって集計し、分析することができるからだ。報道記事に現われた自己修正行為を、①「アスベスト事件」（成功事案）と②「食品会社の牛肉偽装事件」（失敗事案）の２つの事案を通してその自己修正の経時的変容を紹介する。紙数の都合もあり、ここでは自己修正の変容をイメージしていただくために、事件のあらましとマップ上の推移のみをご覧いただくこととする。

●【成功事案】アスベスト事件

2005年６月29日、アスベストの製造メーカーの１社であるＪ社は、アスベストが原因で工場従業員や外部業者など計79人が、胸膜や腹膜に起きるがん

図表7-5　報道分析１：「アスベスト事件」の自己修正マップ上の動き

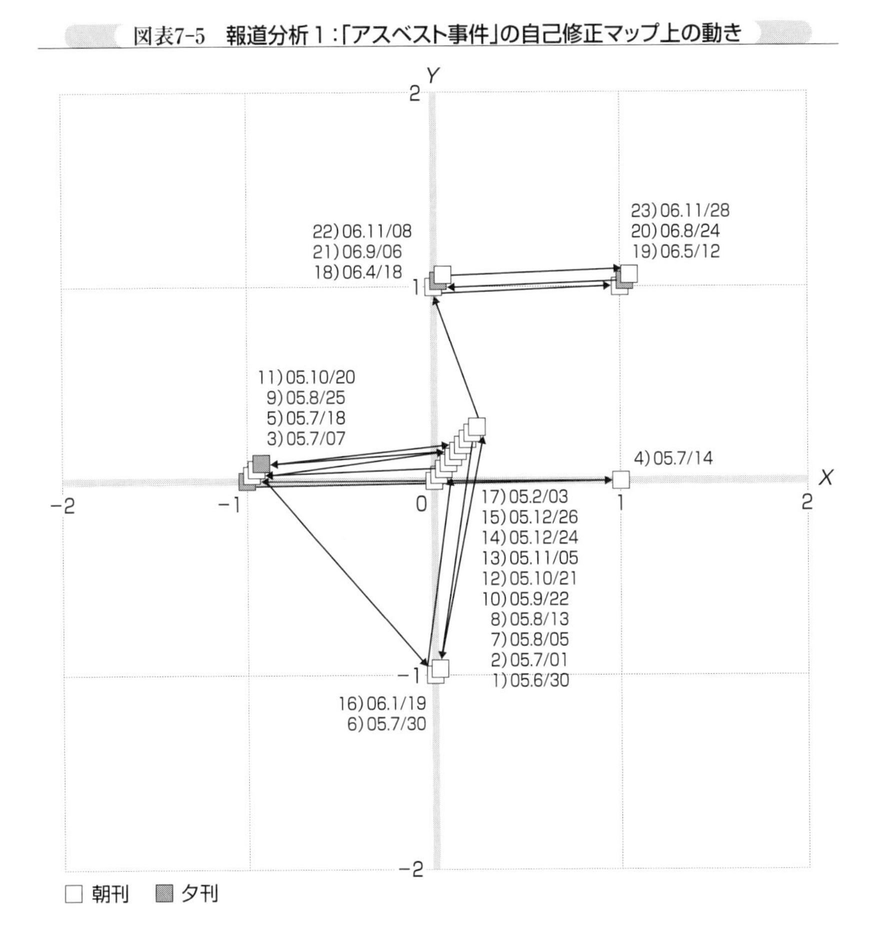

(中皮腫) などで1978年度以降死亡していることを自らあきらかにしたことから始まる。その後、発病についての因果関係や法的責任の有無が確認されていない段階であるにもかかわらず、企業サイドの判断で見舞金を支給したり、亡くなった患者への弔慰金支出の内規を決定したり、また石綿疾病患者治療の基金設立などを検討するなど、矢継ぎ早に対策を発表。こうしたJ社経営陣の前向きな自己修正行為により、この事案は18カ月後の翌年11月には、一応の収束感が見られることとなる。J社による2005年6月29日の問題の公表から、収束を迎えた2006年11月28日までの間に特定の全国紙の朝・夕刊に掲載された「アスベスト事件」の記事23件を抽出し、その自己修正の経時的変容を図表7-5の自己修正マップ上にプロットした。

「アスベスト事件」における経時的な自己修正のパターンを俯瞰すると、当初から前向きの取り組みがみられ、「能動・表層領域」と「受動・表層領域」を行き来し、最終的に世論の位置する方向である「能動・本質領域」への帰結が認められる。マップ上の数値からみると、(−0, −1) から始まった後、最終的には (1, 1) まで回復している。

●【失敗事案】牛肉偽装事件

2001年9月10日に国内で初のBSE (狂牛病) 感染牛が確認された。X社による「牛肉偽装事件」は、BSE対策の一環として農林水産省が行った国産牛肉買い取り事業を悪用し、同社の関西ミートセンター (兵庫県伊丹市) のスタッフが豪州産輸入牛肉を国産牛肉と偽って同省に買い取り費用を不正請求したものである。この事件をきっかけにZ社 (大阪に本社を置く食肉の大手販売会社)、そしてU社の牛肉偽装事件が続き、食品表示への信頼性を失墜させ、消費者の食肉に対する不安感を拡大させる結果となった。

この事件は、偽装牛肉を箱に詰め替える現場となり、X社側から書類の改ざんも要請されたX社の取引先である冷蔵会社 (T社) からの告発によって2002年1月23日に発覚した。

1月23日の記者会見に始まり、その後、3カ月間にわたり偽装工作を立件するための兵庫県警による捜査活動、強制捜査へと発展、会社ぐるみの疑いが濃くなる。こうした状況の中で経営トップが引責辞任し、X社は臨時株主総会を催し、会社の解散が決議されるに至るという、外からのインパクトに終始したケースで、偽装発覚から３カ月にして900億円を超える売上高をもつ企業があえなく消滅した。

そして４月26日の株主総会で会社解散の決議が報じられた席上、社員株主から経営陣に対して「原因を究明しろ」といった叫び声があがり、係員に制止される場面もあった。こうしたことからも、社員と経営陣との双方向性コミュニケーションが不足し、相互の信頼関係が成立していなかったことがうかがわれ、企業解散に追い込まれた大きな要因と見ることができる。双方の風通しがよければ、互いの理解も深まり、現場の実態把握も容易となり、倫理意識も高まり、内部からの能動的な取り組みに対しても迅速かつ的確に対応でき、健全な修正行為の実現により企業解散という最悪の事態を回避できたかもしれない。

図表７-６は、2002年１月23日の事件発覚からから会社解散に至る約３カ月間の記事の中から、とくに本事案にフォーカスされた記事11件を抽出し、その評価（倫理的な取り組みと自己修正行為の経時的変容）を示したものである。マップ上でも、（−1, −1）で始まった後、大きな自己修正が行われないまま、会社解散という最悪な形で事態が収束したことがみてとれる。

「牛肉偽装事件」における経時的な自己修正のパターンを俯瞰すると、「受動・表層領域」と「受動・本質領域」を行き来し、会社解散という最悪事態を迎えるまでＸ社の能動的な倫理対応は認められなかった。「能動・表層領域」と「能動・本質領域」へのプロットは皆無で、実際にも会社解散に追い込まれており、この事案は典型的な失敗事案といえよう。

組織体の危機管理時には、多くの場合、不祥事が原因で外部からのインパクトによって倫理ベースである X 軸はマイナスから始まる傾向があるが、アスベスト事件は、早い段階での能動的取り組みが行われた結果、３つの要素が統合的に機能したものとみることができる。一方、牛肉偽装事件は、不祥事報道に始まり、倫理観、双方向性、自己修正が機能しないまま結末を迎えている。言い換えると、倫理観と双方向性を欠き、能動的取り組みがまったくみられなかったことが失敗の原因となっていることがわかる。

筆者がこれまで考察してきた他の事例を含め共通しているのは、不祥事を

図表7-6　報道分析２：「牛肉偽装事件」の自己修正マップ上の動き

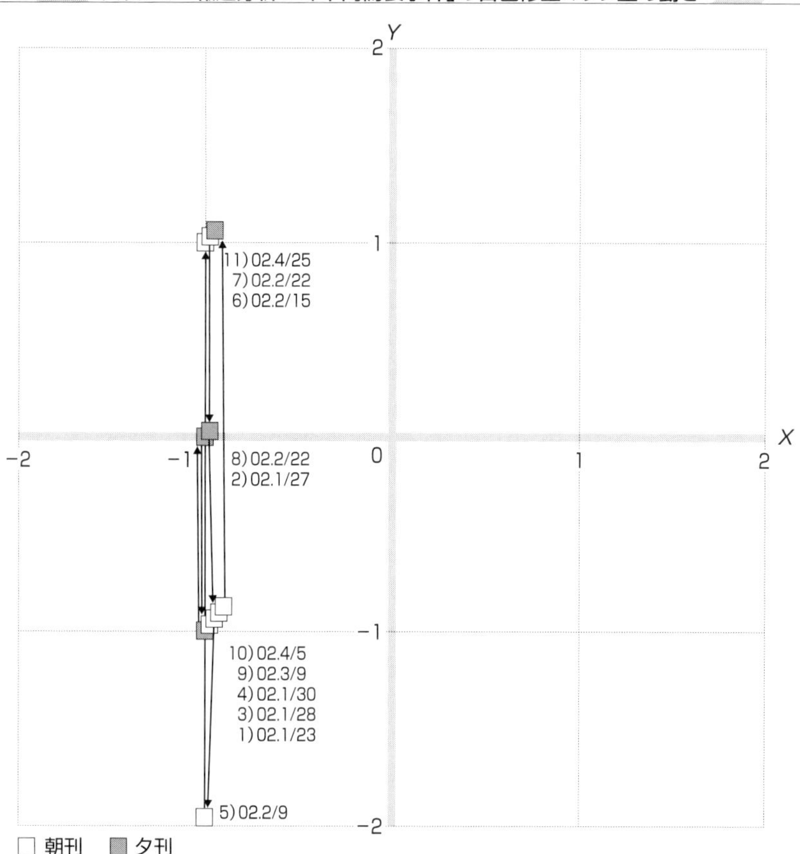

起こす企業は、その業態がBtoBか、BtoCであるかによって危機管理時の対応期間が異なっていることである。消費者に直結するビジネスを展開する企業（BtoC）のほうが企業間が顧客（BtoB）の場合より、一般的に対応が早いという傾向がみられる。

株主の反応や消費者の不買運動などによるダメージはBtoC企業のほうがはるかに大きい。そのため、BtoC企業においてはすみやかな問題解決が求められることに上記の傾向は起因していると考えられる。

●ソーシャルメディア対応、ビッグデータ分析が今後の課題

また、2004年の Facebook（現在は Meta）、そして2006年の Twitter（現在は X）の誕生は一般的なコミュニケーションのみならずパブリック・リレーションズにおいても新たな時代を拓くこととなった。携帯端末の普及とソーシャルメディアの急速な発達は、伝統的マスメディアの専売特許だった不特定多数への情報発信に代わって、いつでも、どこでも、誰もがアクセス可能となる環境を創出させ、情報は1つの方向に向けて発信されるだけでなく、シェア（共有）されることで、双方向、さらには多方向に拡散され、その影響力を拡大させている。

マスメディアで紹介された情報がソーシャルメディアに、またその逆にソーシャルメディアで紹介された情報がマスメディアに還流するなど、新しい情報の流れが生まれている（第8章参照）。そうした意味で、ソーシャルメディアの分析は PR の評価・測定においても、重要な位置を占めるようになってきている。本節で行った自己修正モデルによる報道内容分析はソーシャルメディアの分析においても応用可能であろう。また、ネット社会の新たな動きに対応するため、PR 効果測定においてもビックデータや AI 分析など IT（情報技術）との連携がいっそう求められる。

PUBLIC RELATIONS

第8章

デジタルテクノロジーを用いたパブリック・リレーションズ——ソーシャルメディアからAIまで

テクノロジーの進歩により私たちの社会生活は大きく変ってきた。インターネット、ソーシャルメディア、スマートフォン、そしてAIと急速に発展・進化する生成AI。私たちを取り巻く外部環境が急激に変化していくなかで、パブリック・リレーションズの実務家としていかに誠実に高潔に行動していくことができるだろうか。本章では、デジタル・テクノロジーを用いたパブリック・リレーションズについて論じていきたい。

1　インターネット社会

インターネットが日本の社会に溶け込んでおおよそ30年ほどになる。その間、日々テクノロジーの進化により社会的な様相も大きく変化してきた。そして、デジタルネイティブといわれる、生まれながらにネットや高性能小型デバイスが身近にあり日常生活の中でそれらを使用し操作をマスターしている世代が生まれてきた。

2007年にApple社がiPhoneを発売し、世界中にスマートフォンが普及し、現在では、消費者の多くがスマートフォンをもつようになった。

総務省の統計（2023年）によると、パソコン（69.0%）、タブレット型端末（40.0%）は横ばいだが、固定電話（63.9%）は減少傾向にある（図表8-1）。一方、スマートフォンを保有している世帯の割合（90.1%）が9割を超えている。個人のインターネット利用機器は、スマートフォンがパソコンを上回っており、20～59歳の各年齢階層で約9割が利用している。インターフェースの使いやすさもあり、スマートフォンは、子どもから高齢者まで幅広い層で使われている。数十年前の軍事用スーパーコンピューターをはるかにしのぐハイスペックな機能が搭載されたデバイスがつねに手元にあり、片手で簡単に広範囲な情報を取得でき、私たちの生活も大きく変化している（図表8-2）。

このように、人々がインターネットを通じて、身近にさまざまな情報に接する時代が到来したことに応じて、パブリック・リレーションズの実務家は、どのように、多様なステークホルダーと良好な関係を構築していくの

図表8-1　主な情報通信機器の保有状況(世帯:2013〜22年)

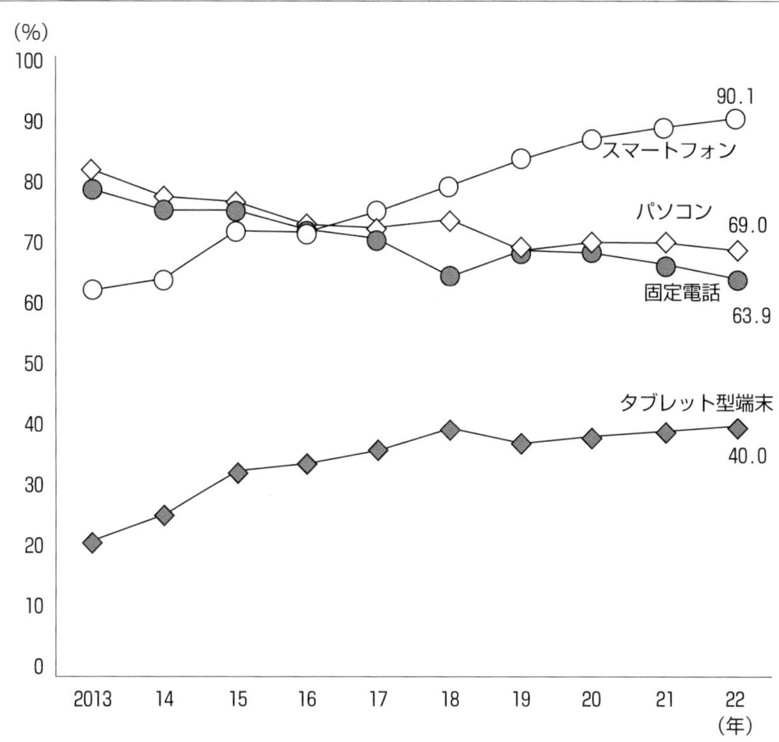

出典：『令和４年通信利用動向調査』（総務省、2023年）

か、プロジェクトの目標を達成するためにリレーションシップ・マネジメントをより効率的に行うために、新たな課題が生じている。以下、この点について見ていきたい。

2　人間の行動プロセスの変化

パブリック・リレーションズにおいては、人が置かれた環境や意思決定のプロセスを精査することがまず重要である。

では、人の意思決定プロセス、とくに財やサービスの購入プロセスはどの

図表8-2 年齢階層別インターネット利用機器の状況（個人）」総務省

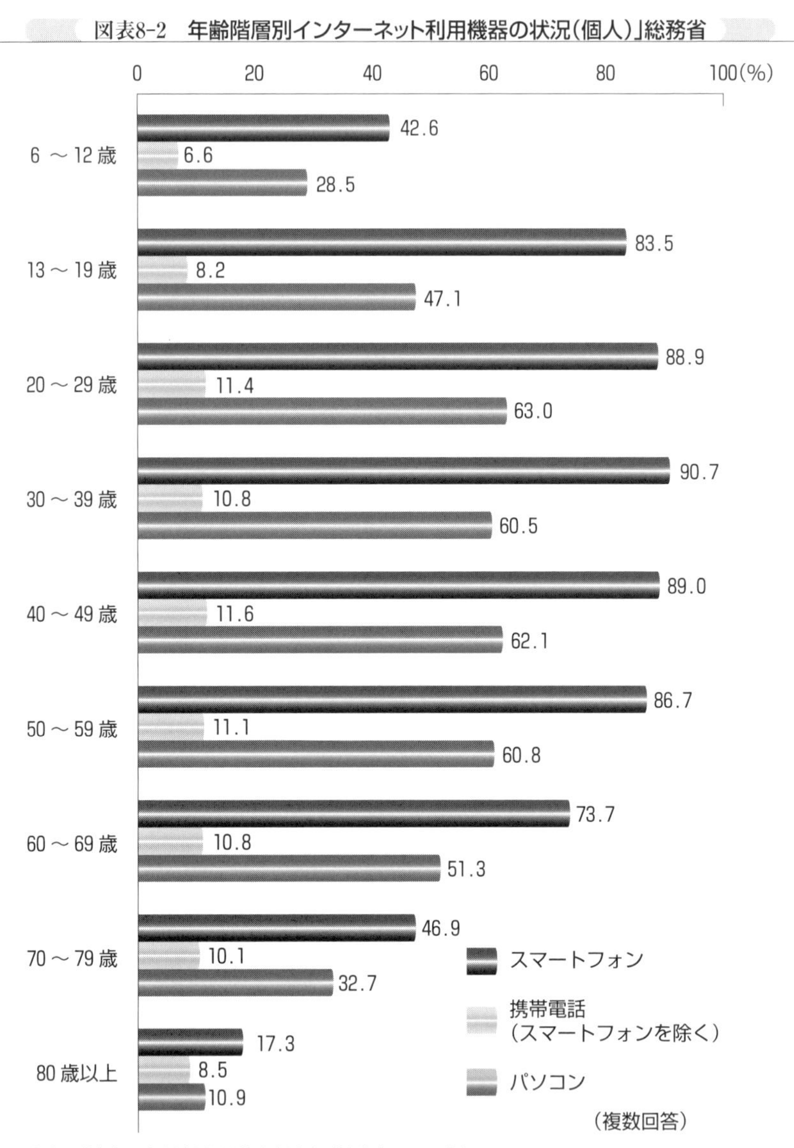

出典：『令和４年通信利用動向調査』（総務省、2023年）

図表8-3　AIDMAの法則

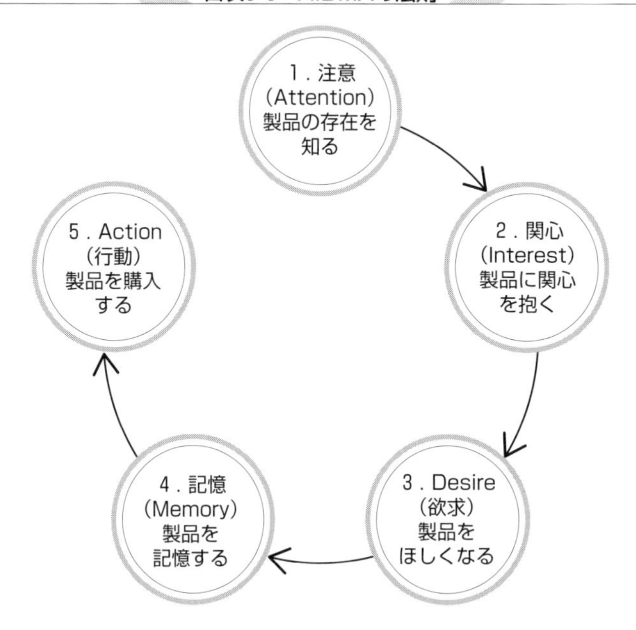

ようなものであろうか。

●AIDMA の法則

従来の消費者の購買心理過程は、AIDMA という５段階のプロセスを踏むとされていた。つまり、①まずその製品の存在を知る（Attention：注意）、次に②製品に関心を寄せる（Interest：関心）、さらには③他商品と比較しながら製品をほしくなる（Desire：欲求）、④製品名を記憶し（Memory：記憶）、⑤購買を決める（Action：購買）という流である（図表８－３）。このAIDMA モデルを提唱したのが、1920年代のサミュエル・ローランド・ホールであった。そして各プロセスに介入することによって、消費者の購買意欲を高めるという広告・宣伝の古典的手法を築いた。

●5A の法則

もちろんホールによる AIDMA モデルから100年を経た今日では、インタ

図表8-4　5Aの法則

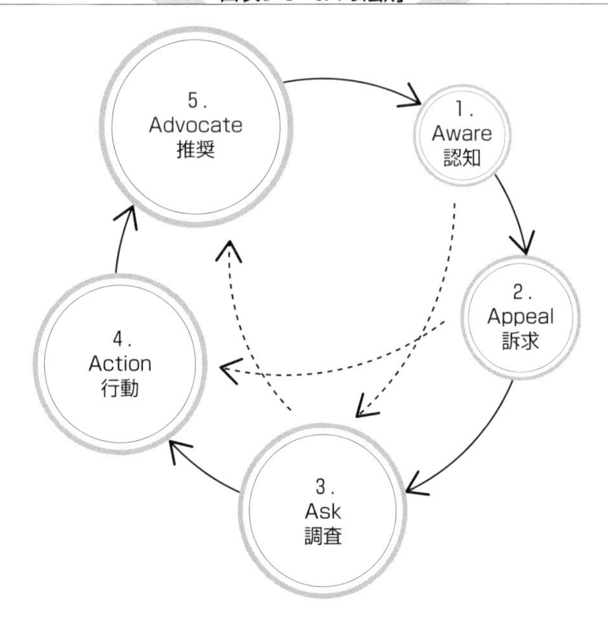

インターネット社会では、顧客は各段階を飛び越えて進むことがある。推奨段階に至れば、頼まれなくても顧客が大好きなブランドの伝道者になる。

出典：フィリップ・コトラー他『コトラーのマーケティング4.0』（朝日新聞出版、2017年、pp.100-101）

ーネット社会に合わせた新しいモデルが提唱されている。それが、フィリップ・コトラーが提唱する5Aの法則である。

5Aとは、人間がオンラインと対面とのどちらにおいても示す行動プロセスの頭文字をとって命名されている。すなわち、① Aware（認知）、② Appeal（訴求）、③ Ask（調査）、④ Action（行動）、⑤ Advocate（推奨）の5段階のプロセスである（図表8-4）。

以下、5Aの法則を、消費者が掃除機を購入するプロセスを用いて説明したい。

・認知（Aware）

掃除機が壊れてしまった。新しい掃除機を買いたい（そういえば、最近は、自動のロボット型や吸引力の強いタイプなど、いろいろなものがあるなぁ。どこのがいいかな？　検索してみよう）。

・訴求（Appeal）

最近はコンパクトで吸引力の強いタイプがあるらしい（おっ、評価が高い掃除機があるぞ。よさそうなので、このタイプを購入しようかな）。

・調査（Ask）

まわりの人に評判を聞いてみよう（昼休みに、同僚のHさんに聞いてみよう。彼は最近新型の掃除機を買ったと話していた）。価格の相場も知りたい（ネットでいろいろ比較して調べてみよう。仕事の帰りに家電量販店が近くにあるから、実際に手にとって吸引力を試してみよう）。

・行動（Action）

購入の決定（よし、このタイプの掃除機を購入しよう。オンラインでもいいけど、この家電量販店だと、現在期間限定割引で安いからここで買おう）。

・推奨（Advocate）

この掃除機はとても使いやすい（インスタに写真を載せちゃおう。友達も掃除機を買うと言っていたので、今度おすすめしよう）。

このように、人間は数ある情報の中から取捨選択をし、認知、訴求、調査、行動のプロセスを経て、推奨に至る。

社会の環境が変化するなかで、本質的にどのような流れで意思決定がなされるかをよく吟味し、その節目節目でどのようなパブリック・リレーションズの施策を打つのかを検討することが重要になる。

3　ソーシャルメディア

上記の5Aの各プロセスにおいて、ユーザーにとって情報のハブの１つになっているのが、ソーシャルメディアである。スマートフォンの普及にともない、ソーシャルメディアの利用者も格段に増え、より身近なものとなった。

ここでは、近年マスメディアと並び影響力をもつようになったメディアである、ソーシャルメディアについて見ていくことにする。

⑴ ソーシャルメディアとは何か

ソーシャルメディアとは、人と人との結びつきを強くする、また円滑にするインターネット上のメディアを指す。ここでは、あらためてソーシャルメディアの分類を整理したい。

現在、ソーシャルメディアはおおよそ次の5つに分類できる。

・SNS（ソーシャル・ネットワーキング・サイト）

日本では主として、Facebook、X（旧 Twitter）、LINE、Instagram などのサイトを指す。人と人との繋がり・友人関係を可視化させ、コミュニケーションを円滑にできるようなしくみをもっている。これは、共通の友人を介して新しい人的なつながりが広がっていく特徴をもつ。

・ブログ

文章・画像などを簡単にサイトへアップすることができ、自分の考えなどを手軽に表現することができる。ブログに投稿された記事に対して、コメントをつけたりすることもできる。Ameba ブログ、ライブドアブログなどといったブログ・サービス・サイトがある。

・レビュー・サイト

アマゾンや価格コム、食べログ、クックパッドなどを指す。ユーザーが自由に製品に対してレビューを書き込むことができ、閲覧者は口コミを製品購入時の参考にする。

これは、5A においてはユーザーの推奨の部分を担うところともいえる。つまり、消費者が新しい製品を買い、その購買の結果を情報共有する場の1つである。ここに書かれる情報共有のコメントは体験に基づいて書かれているので、消費者は自分の購買が失敗しないためにもレビューサイトの内容を参考にする。

・メディア共有

主に画像・動画を共有するサイトで、画像共有であると Instagram、動画共有であると Youtube・ニコニコ動画などといったサイトがある。ユーザーはアップされた画像・動画にコメントを付けたりし、交流することができる。

・ソーシャル・ブックマーク

自分が重要と思えるサイトにブックマークを貼り、それをインターネット上で共有するサービスで、はてなブックマークなどが有名である。

(2) ソーシャルメディア使用の動機

ところで、ソーシャルメディア上では多くのネットワークの繋がりが構築されていくが、なぜ人はこのようなつながりをもつのだろうか。ソーシャルメディアは、人と人とがつながるコミュニティである。そのコミュニティになぜ人は入ろうと思うのか、考察したい。

アメリカの有名な心理学者のアブラハム・マズローは、人間の欲求を５つの段階に分けて分析した（図表８-５）。

マズローによれば、人間の欲求は下のとおり、生理的な欲求から始まり、次いで身の安全の欲求へと移り、最後には自己実現の欲求へと到達する。

①生理的欲求
②安全の欲求
③所属と愛の欲求
④承認の欲求
⑤自己実現の欲求

つまり、生理的欲求からより心理的な欲求へと上昇する。最初、食べる飲むといった生理的な基本欲求があり、次に身の安全や人と繋がる安全を欲し、コミュニティに所属し愛されたい、認めてもらいたいという欲求と、さ

図表8-5　マズローの欲求図

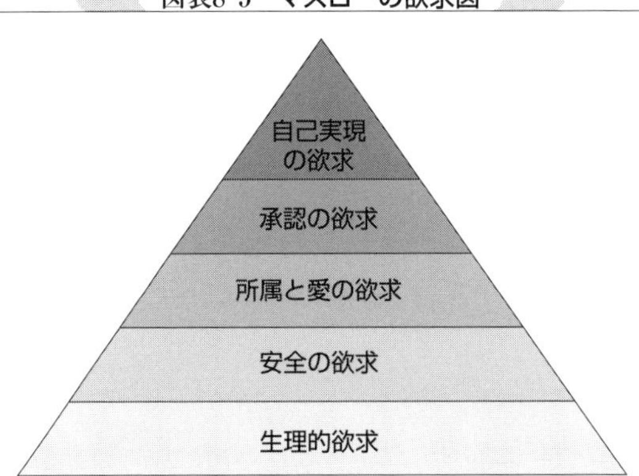

らにその先の自己の目標の実現へと上昇する。

ソーシャルメディアを使うことにより、コミュニティで情報を共有し、人とつながり、承認され、そして自己実現までを補足的に活用できるのである。つまり、人はより上位の心理的な欲求を充足させていく一助としてソーシャルメディアを使用するといえるだろう。

そして、パブリック・リレーションズの実務家がソーシャルメディアを活用する場合、キャンペーンをより効果的に広めていくために、この心理的欲求の構造を念頭に入れておく必要があるであろう。

(3) ソーシャルメディアを取り巻く認知的フレーム

ソーシャルメディアは非常に便利なツールであるが、扱い方を間違えると、炎上やトラブルになることもある。下記の概念を念頭に入れておくことが重要だ。

●フィルター・バブル

フィルター・バブルとは、検索エンジンやSNSで情報を入手するときに、自分で調べているつもりであっても、じつは、自分の好みに合った情報ばかりが表示されることである。

検索エンジンやSNSは、それを動かしているアルゴリズムによりシステム側がユーザーの嗜好を把握している。これは、ユーザーの検索履歴や、どの記事に「いいね」をしたか、その内容からユーザーの好みを分析し、コンテンツを表示させているためだ。これによりそのユーザーがよりクリック・閲覧するであろう確率の高い記事や広告が表示されるのである。

しかし、逆の視点からみれば、ユーザーは自分で任意に情報を探しているようで、自分の好みに合ったものが優先的にコンテンツとして表示されるようになる。それによって、場合によってはより閉ざされた世界に入り、自分の考えと相容れない考えとの接点が減少していくことになる。

●エコー・チェンバー現象

エコー・チェンバー現象とは、同じ意見の者どうしのコミュニケーションを繰り返し、特定の信念が強化される現象である。閉鎖的な空間で自分の考えを声にして上げると、それと同じような声が返ってきて、それが増幅される様相を表している。

SNSなどのネット上において、同じ考えの者が集い意見を交換する。そして、同じ考えなので、特定の意見が反響され強化される。その反面、異なる意見が上がってきても、かき消され、目に付きにくく淘汰されていく。

また、自分と同じ考え・好みのコミュニティに属する場合、同じような考えの者が集まるのでバイアスがかかりやすく、異質と見えるものは見えにくく、かき消されていき、多様性が排除され排他的になる傾向にあるといえる。

●バック・ファイア効果

人の特性として、自分にとって都合の悪い情報や信じがたい内容に会うと、自身の信念は変更せず、逆に自らの信念をより強化してしまうことをバック・ファイア効果という。

つまり、誤った信念や情報を正す試みがかえってその信念をより強固にしてしまう心理的現象を指す。誤った情報に対する訂正や反論が、人々の誤った信念をさらに強化してしまう。

ソーシャルメディアやマスメディア上においては、自分にとって都合の悪い情報に触れたときに、自分の誤りを認め、変更するのではなく、かえってその誤った信念を強化してしまう。

これは見方によっては、自己修正機能の欠落といえる。まず倫理観に基づき双方向性コミュニケーションのマインドにおいて、自分が間違っていたら修正を行う、この一連のプロセスが重要となる。そして、倫理観ベースで、より正しい認識をもつことが大切だ。

このように、ソーシャルメディア上では、さまざまな認知的なフレームが横たわっている。さらに取り扱っている情報がテキストベースである場合、情報量が少ないということもあり、誤解が生まれ、軋轢が生じることもある。これらをよく理解したうえで正しい施策を展開していくことが重要である。

4　コミュニケーションを円滑にした事例

(1) 事例１：チロルチョコ社の素早く的確なクレーム対応

次に、ソーシャルメディアを用いて素早く的確に危機を回避したケースを紹介したい。

2013年６月11日13時、Twitter 上に１件のツイートがあった。そこには、「チョコの中に芋虫」「ありえない」というコメントとそれを指し示すチョコの中に虫が入っている写真画像がアップされていたのだ。これは、ある消費者が１口チョコで有名なチロルチョコを食べようとしたところ、そのなかに虫が入っていたというクレームのツイートだった。

このツイートの30分後、チロルチョコ社へは客からのクレームが相次ぎ、さらに Twitter 上では会社を批判するコメントが増加する現象に見舞われた。そして、瞬く間にこの虫が混入されているというクレームのツイートは1000件以上リツイート（拡散）された。そして、このクレームのツイートから１時間後、チョコに虫が混入している写真画像はインターネットサイトに広がりはじめ、炎上状態となった。

一方、これらの状況に対して、チロルチョコ社の担当者は現状を把握し、アップされた写真画像のチョコレートが半年前に製造されたものということを突き止めた。そして、昆虫の専門家に分析を依頼し、製造のプロセスで虫が混入したのならば幼虫であるはずはないという客観的結論に到達することができた。

つまり、写真画像から判断して幼虫が生後30～40日以内の大きさであること、そして当該のチョコレートが製造された日が半年前のものであることからして、製造・包装後に虫がチョコレートに入ったことがわかったのだ。

ちなみに、日本チョコレート・ココア協会によると、チョコレートには虫が付きやすいこと、また工場から出荷されて家庭で消費される間に侵入されることが多いこと、仮にその虫を誤って食べても人体に直接害はないこと、心配な場合医師に相談することを勧めている。

そして、同日16時チロルチョコ社は、上の内容と日本チョコレート・ココア協会の家庭内での虫混入についての説明ページ URL を公式見解としてツイートした。このチロルチョコ社の客観的冷静なツイートに消費者は納得し、炎上は沈静化された。

このケースの場合、ソーシャルメディアの使い方、コミュニケーションの取り方を誤ると、さらに炎上が拡散されて、より大衆へのリーチ力の高いテレビ媒体へ拡散されてしまうところだった。しかし、クレームのツイートが発生し約3時間で、現状分析・情報の配信を素早く行い、炎上を沈静化させることに成功した。

これらの事例からわかるように、ソーシャルメディアの世界は、きわめて双方向性が強く、スピードが速い。したがって、パブリック・リレーションズの実務家はつねに顧客・ユーザーからのメッセージに注意を向け、迅速な対応をとることが要求される。

(2) 事例2：テーブル・フォー2の社会貢献事業

ここでは、ソーシャルメディアをうまく用いて社会貢献に役立てているケースを紹介する。

TABLE FOR TWO International は日本にある特定非営利活動法人で、主な活動としては、国内の企業の社員食堂等でテーブル・フォー2・ヘルシーメニューを提供している。企業側はそれを購入すると、その代金から発展途上国の給食1食分の20円が寄付される。すなわち、先進国側の食堂では、健康に配慮されたヘルシーメニューが提供され、かつ発展途上国には給食1食分がプレゼントされるしくみである。企業側としても気軽に社会貢献ができるユニークなプログラムである。

●おにぎりアクション

TABLE FOR TWO の「おにぎりアクション」は、「日本の食で世界を変える」というコンセプトで、日本の伝統的な食べ物である「おにぎり」を通して、アフリカ・アジアの子どもたちに給食を届けるキャンペーンだ。このアクションへの参加は、参加者がおにぎりに関連する写真を撮影し、サイトに投稿するか、または、ハッシュタグ「#OnigiriAction」をつけて Instagram、X（旧 Twitter）、Facebook といった SNS に投稿するだけでできる。投稿された写真 1 枚あたり給食 5 食がアフリカ・アジアの子どもたちに配られるというしくみだ。費用は賛同企業・団体が負担する。2015年よりスタートしたおにぎりアクションは、累計125万枚の写真が投稿され、約680万食の給食を届けているとしている。

●社会貢献と企業ブランディングの両立

ソーシャルメディアの特性として、企業や人はより広く多くつながることができる。そして、社会的な課題を解決していくため、これらの特性をうまく用いていくことは、社会貢献的にも企業ブランディング的にも重要な要素だといえるだろう。

5　フェイク・ニュース

近年、簡単にメディアをつくることができるようになった背景もあり、フェイク・ニュースが増えてきた。とりわけ AI の登場がはずみをつけ、あたかも実際にありそうな事件を報じ、そこに書かれている文章や画像・音声・レイアウトも本物のメディアのような体裁で流すなど、真偽の判定に苦慮する事態になっている。

これらのフェイク・ニュースも上記のように、ソーシャルメディアを背景に、フィルター・バブル、エコー・チェンバー現象、バック・ファイア効果も手伝って、拡散していく。パブリック・リレーションズにおいて、このフェイク・ニュースという忌まわしきものにどう対処していけばいいのか。それには、何が本物で偽物かを判断する倫理観と正しい判断力が重要となる。

ここでは、フェイク・ニュースについて、パブリック・リレーションズの実務家が把握しておくべきことを中心にみていきたい。

(1) なぜフェイク・ニュースがつくられるのか

組織的なエージェントまたは個人が、政治的信条・プロパガンダのため、悪ふざけ、また、センセーショナルなフェイク・ニュースをつくり、アクセス数を増やし、広告収入を多く得るため、そのような動機でまたさらにフェイク・ニュースがつくられる。

(2) フェイク・ニュースの分類

笹森和俊（2021年）によれば、フェイク・ニュースは、図表８-６のように７つに分類される。

①風刺・パロディ

害を与える意図はないが、騙される可能性がある。この段階ではあまり社会的な害はおよぼさない。

②ミスリーディングな内容

誤解を与えるような情報の使い方。こうした情報に接した場合、読む側のミスリードによって、誤った情報を拡散しかねない。

③偽装された内容

正しい情報源が偽装されている。この段階では、あきらかに人を騙そうとする意図が認められる。

④模造された内容

騙したり、害を与えるために新たに作られた100％嘘の内容。かなり悪質で、近年のAIの技術を用いれば、かなり高度の偽情報を拡散させることができる。

⑥誤った関連づけ

見出し、画像、キャプションなどが内容と合っていない。非常に極端でかつ単純な例をあげれば、うれし泣きしている画像に「悲嘆にくれる○○さん」とキャプションを入れれば、まったく正反対の意味になるし、ミサイルが撃ち込まれた写真に「ロシアによるもの」と入れるか「ウクライナの誤射」と入れるかで、これも正反対の意味となる。

⑦偽の文脈

正しい内容が間違った文脈と共有される。たとえば、１時間行われた記者会見の内容をたった10秒くらいにまとめ、発信する場合、発言内容の意図とまったく正反対の文脈で、あたかも真実であるかのように伝えることはたや

図表8-6　フェイク・ニュースの分類

風刺・パロディ	ミスリーティングな内容	偽装された内容	捏造された内容
害を与える意図はないが騙される可能性がある	誤解を与えるような情報の使い方	正しい情報源が偽装されている	騙したり害を与えるために新たに作成された100%嘘の内容

誤った関連付け	偽の文脈	操作された内容
見出し、画像、キャプションなどが内容と合っていない	正しい内容が間違った文脈と共有されている	騙す目的で情報や画像が操作されている

出典：笹原和俊『フェイクニュースを科学する』（化学同人、2021年、p.19）

すいことである。こうしたことが頻繁に繰り返されることで、もはやメディは正常な機能を果たせなくなる危険性がある。

⑦操作された内容

騙す目的で情報や画像が操作されている。最もひどい場合は、他国政権を倒すために、緻密で大掛かりなフェイク・ニュースが国家ぐるみで作成され、発信される場合すらある。AIの進化によって、ディープ・フェイクといって、真偽の区別がきわめて困難なものまで登場している。

こうしたフェイクニュースの発信・拡散は、現在、ますます頻繁にかつ巧妙に行われるようになっており、それが悪意に満ちたものか、たんなるいたずらか、意図したものか、意図しないものかは問わず、社会に与える影響は非常に大きくなっている。

(3) ファクト・チェック

フェイク・ニュースを見破り、間違った情報を信じたり、拡散させたりしないためには、目にしているニュースが本当に正しいものなのか、フェイク・ニュースなのか、事実か偽りかを判断するファクト・チェックが重要となる。最近はAIを使ってこれらのフェイク情報の真偽を判定するサービスが始まっている。

世界にあるファクト・チェック団体のネットワーク組織であるInterna-

tional Fact-Checking Network（IFCN）によれば、ファクト・チェック活動の基本原則を次のように定めている。
①非党派性と公正性
②情報源の基準と透明性
③資金源と組織の透明性
④検証方法の基準と透明性
⑤オープンで誠実な訂正方針

日本においてもファクト・チェックを行っている団体がある。それらを活用してファクト・チェックについての理解を深めていくことも重要だ。また、簡単に確認したいキーワードを入れてファクト・チェックについて調べることができる、特定非営利活動法人ファクト・チェック・イニシアティブ（FIJ）が運営している「ファクト・チェック・ナビ」（https://navi.fij.info）も、ファクト・チェックを確認する一助になるといえるだろう。

しかし、これら組織的なファクト・チェックだけにあまんずることなく、個人においてクリティカル・シンキングをもってファクト・チェックについて確認することも重要である。

⑷ ファクト・チェックのフレームとしてESCAPE

個人がファクト・チェックするときに、情報をフレーム評価するESCAPEが役に立つだろう。このESCAPEには情報を評価するうえで、6つの指標がある。以下箇条書きで記す。

● Evidence（証拠）

その事実は確かか？

自分で確認できる情報を探す

- 名前
- 数字
- 場所
- 文章

● Source（情報源）

誰がこれをつくったか？　つくった人は信用できるか？
この記事の関係者を調べる

- 筆者
- 発行者
- 資金提供者
- 情報収集者
- ソーシャルメディア・ユーザ

● Context（文脈）

全体像はどうなっているか？
これは記事のすべきことか、他に影響をおよぼす要因はないか考えてみる

- 現在の出来事
- 文化的動向
- 政治的目的
- 財政的圧力

● Audience（読者）

誰に向けて書いてあるか？
特定の人々や集団に訴えかけようとしている
証拠を探す

- 画像の選択
- 提示の技術
- 言葉
- 内容

● Purpose（目的）

なぜこの記事が作成されたか？
作成動機の手がかりを探す

- 発行者の使命
- 説得力のある言葉や画像
- 金儲けの手段
- 明言された（されてない）目標

・行動の誘導

● Execution（完成度）
情報はどのように提示されているか？
情報のつくり方がどのような影響をおよぼすのか考えてみる
・スタイル
・言葉の使い方
・語調
・画像の選択
・配置やレイアウト

双方向性コミュニケーションをともなうパブリック・リレーションズにおいては、情報を正しく扱っていくことが重要であり、ソーシャルメディア上で流れてくる記事についてもすぐに「いいね」や「リツイート」をするのではなく、いったん踏みとどまって、その情報が本当に正しいものなのか、つねに検討することが大切だ。そのためには、組織内で十分に議論をし、適切なガイドラインを策定しておくことが重要となる。

(5) フェイク・ニュースへの対処

フェイク・ニュースに対してパブリック・リレーションズの実務家は、主に次の3点を注意する必要がある。

●倫理観を第一に考える

クライアントから意図せずに、あるいは意図してフェイク・ニュースの作成・流布の依頼がもしあった場合、それは断固拒絶すべきである。社会や人類全体を騙し、偽り、混乱に陥し入れる行為であるからだ。パブリック・リレーションズの実務家は非常に高い倫理観が要求され、つねに倫理的に正しい情報を扱うことに心掛けねばならない。

●クライアントをフェイク・ニュースから守る

クライアントの組織またはプロダクトがもしフェイク・ニュースに汚染さ

れそうになった場合、速やかに対処する必要がある。それには、日頃からオンライン・モニタリングを欠かさずに、正しい情報が流通しているかチェックする必要がある。不測の事態が生じたときには、ステークホルダーへの説明・コミュニケーション、メディア対応、レピュテーションの修復など、速やかに対処・行動できるようにしておく。

●倫理的に正しい情報を配信する

誰でもが簡単にフェイク・ニュースを配信できる時代だからこそ、パブリック・リレーションズの実務家はつねに倫理的に正しく高潔な情報の配信につとめなければならない。センセーショナルな内容であったほうがインパクトはあるかもしれないが、偽りのない倫理的に正しい内容を配信しなければならない。そしてそれがフェイク・ニュースへの防御の1つとなり、クライアントにとっての真のブランディング向上へとつながっていく。

6　生成 AI とパブリック・リレーションズ

パブリック・リレーションズの業務においては、幅広いステークホルダーとのコミュニケーションや適切な情報の配信が重要となる。それにあたって、いかに効率的に業務を遂行していくかがポイントとなる。近年生成 AI の使用がビジネスシーンに登場してきたが、それについて、どのようにとらえていけばいいだろうか。以下、みていきたい。

(1) 生成 AI 時代の到来

2023年3月 ChatGPT の GPT-4がリリースされた。その前身の GPT-3の後継モデルで、より高度な自然言語処理能力と大規模な知識をベースにしている。

ChatGPT はリリース後経った2カ月でアクティブユーザーが1億人に達したといわれ、この普及により生成 AI の利用はより身近になったといえる。生成 AI は人間が指示（プロンプト）をあたえると瞬く間に、それに基づいた成果物を生成する。生成AIのサービスは各社から多岐にわたりリリースされており、テキスト、画像、動画、音楽、3Dモデル、プログラミングなどに対応したものがある。

生成AIは、パブリック・リレーションズの実務において効率的に利用することが可能で、その導入にはメリットがともなうが、一方で注意すべきリスクも存在する。次に、これらについて解説したいと思う。

(2) パブリック・リレーションズにおける生成AIの活用

●コンテンツ生成

生成AIは、プレスリリース、ブログ記事、ソーシャルメディア用のテキスト、プログラミングなどコンテンツ作成に利用できる。とくに、ニュースレターやFAQ（「よくある質問」への回答）など、頻繁に更新が必要なコンテンツの作成において、効率的にテキストを生成することが可能となる。また、イメージ・アイキャッチに使用するグラフィックの画像生成なども可能だ。

●データ分析

AIを用いたデータの分析は、市場の動向、消費者の嗜好の分析、競合他社の動向の分析などに活用できるソリューションのうちの1つとして利用できる。また大量で複雑な非構造化の情報処理と分析により、スピードのともなった情報発信を可能にし、戦略的なコミュニケーション計画の策定やターゲット・オーディエンスの理解を深めることができる。

●コミュニケーションの支援

生成AIを使用することにより、ステークホルダーとのコミュニケーションを効率化することができる。例えば、ウェブサイトに生成AIを使ったチャットボット（自動会話プログラム）を実装し、問い合わせに自動で回答したりすることができ、限られたリソースの中でコミュニケーションをより円滑に行うことができる。

これら生成AIを利用することで、コンテンツ作成やデータ分析をはじめコミュニケーションのプロセスを大幅に効率化することができる。これにより、パブリック・リレーションズの担当者はより戦略的な業務に注力することができ、全体的な生産性が向上する。

⑶ 生成AI使用のリスク

生成AIはとても便利であるが、その反面、安易な使用によるリスクもあり、注意が必要である。以下に配慮するべきポイントを載せたい。

●ハルシネーション

ハルシネーションとは、AIが事実に基づいていない内容を出力することで、一見もっともらしく回答するが、それに間違った内容が混入している現象を指す。あたかもAIが幻覚（ハルシネーション）をみているかのように、偽りの内容を回答するので、このように呼ばれている。つまり、ハルシネーションとは本当のような回答の中に偽りの内容が紛れ込んでいることを表す。

ハルシネーションには、おおよそ次の4つがあるとされている。

①見分けるのが簡単で、いちばん害が少ないタイプ。

②一見正しそうだが、間違っているもの。見分けるのがとても難しく、いちばん問題があるタイプ。

③AIが実際にはもっていない能力を、あるようにみせかけるもの。

④意図的に作り出された有害なもの。たとえば、悪意のあるユーザーが混乱させるような目的で、AIに偽の情報を出力させる。

実際にChat GPTなどを使うとわかるが、質問した内容に対して、あたかも本当・正解のように答えるが、よくよくその内容を精査してみると、事実ではないものが紛れ込んでいることがある。したがって、パブリック・リレーションズの実務家にとって、生成AIを使用する場合、ハルシネーションがあることをつねに念頭に入れ、正しい情報・コンテンツの制作を行うことが重要となる。

●倫理的・法的問題

生成AIの使用には、個人情報や著作権など、多くの倫理的および法的問題がともなう。他者がもつ著作物をむやみにプロンプトに入力するのは、著作権や知的財産権の侵害になる恐れもあり、十分配慮する必要がある。同様に、プライバシーや機密情報にあたるものの取り扱いについても注意が必要で、使用する場合、組織としてのレギュレーションをきちんと精査して策定すべきだろう。

組織体はこれらの問題を適切に配慮しないと、組織の信頼性に影響を与える可能性がある。2023年12月、主要7カ国（G7）のデジタル・技術相会合が開催され、G7が取り組む生成AIの国際ルールづくりである「広島AIプロセス」が合意された。これは開発者から利用者まですべての関係者が守るべき責務を示す内容で、生成AIに対応した、世界初の包括的な国際ルールとなる。国内でも今後、このルールをもとにAIを巡る制度づくりが本格化するだろうが、しばらく試行錯誤が続くだろう。この点においても、パブリック・リレーションズの力がためされてくる。

(4) 国際PR協会および米国PR協会のAIに関するガイドライン

それでは、パブリック・リレーションズの実務家として、どのようにAIを業務に用いていけばよいのか、ここでは2023年10月に規定された国際PR協会（IPRA）のAIについてのガイドライン（The IPRA AI and PR Guidelines）を中心に紹介しておきたい（詳しくは参考文献のURLを参照）。

第1条　誠実かつ高潔に行動すること。AIコンテンツが外部コミュニケーションに使用される場合を事前に決定し、使用される場合は、これらのガイドラインが遵守されるようにする。
第2条　オープンで透明性のあるものでなければならない。AIコンテンツがオープンで透明性が確保された状態で開示されるよう徹底する。AI情報開示に関する規制ガイドラインの遵守と徹底。オープンで透明性のある開示を確認するためのスタイルガイドラインの実施。
第3条　機密情報を尊重する。機密または著作権で保護された情報の扱いに関する職員研修の実施。AI ツールへの機密情報の入力を避ける。著作権で保護された情報が AI コンテンツに使用されることを避ける。
第４条　真実性と正確性を確保すること。AI コンテンツは、関連する専門知識をもつ人間によってファクト・チェックされること。AI コンテンツがバイアスを取り除くために人間によって修正されることを徹底すること。
第５条　誤解を招くような情報を流布しないこと。誤った情報の流布を避けるため、適切な注意を払うこと。不注意による誤った情報の流布を速やかに是正すること。

生成 AI はパブリック・リレーションズに用いるコンテンツ作成に便利なツールとなることは間違いない。しかし、現時点ではまったくのゼロベースからすべて生成 AI が完璧にコンテンツを作り上げることはできない。出力されたものが、ハルシネーションによって歪んでいたり、または倫理的・法的な問題をはらんでいる場合もありうる。したがって、人間がきちんとガイドラインに基づいたチェックを徹底して行う必要がある。それを前提にしたうえで、生成 AI は人間の仕事をきわめて効率的にサポートしてくれるといえるだろう。

また米国 PR 協会（PRSA）は翌月2023年11月に AI の倫理的な利用方法として“Promise & Pitfalls: The Ethical Use of AI for Public Relations Practitioners”を発表している。これは同協会の倫理規定に準拠するもので、倫理・職業基準委員会が AI の不適切な使用から生じる可能性のある潜在的かつ倫理的問題の発生を防止するために作成したものである（詳しくは参考文献の URL を参照）。

7　倫理観こそ情報社会を生き抜くための羅針盤

以上、さまざまなデジタル・テクノロジーを用いた企業 PR についてみてきた。これらのテクノロジーはとても便利であるが、その反面で、それぞれ使用によるリスクが存在している。

そして、私たちの外部環境を取り巻くテクノロジーが進歩し変化しているからこそ、よりいっそう倫理観が重要となる。これが企業や組織を経営するうえでのよき行動の羅針盤になるからだ。また、ソーシャルメディアを介したステークホルダーとの関係構築において、公平で透明性のある双方向コミュニケーションは前提であり、エンゲージメントの潤滑油となる。

インターネット社会においては、さまざまなグループ・コミュニティが乱立するなかで、情報の過多をもてあました人々は自分にとって都合のよい情報に飛びつき、偏った認知・意見に固執してしまうということが起こりがちである。そうした時代であるからこそ、自己修正機能はますます重要となることはいうまでもない。不断の自己修正こそ、自己と組織を改善し、偏向を解消するのに不可欠となるからだ。AI 時代においても、「倫理」「双方向コミュニケーション」「自己修正」の３つの要素は、新しい情報・技術を採り入れ、外部環境の変化に適応しながら組織を成功に導いていくであろう。

資料１　パブリック・リレーションズ関連団体

1－1　国際パブリックリレーションズ協会（International Public Relations Association: IPRA）

https://www.ipra.org/

パブリック・リレーションズの専門的実務者の国際団体として1955年、国際パブリック・リレーションズ協会（略称：IPRA、本部：ロンドン）が設立された。このIPRA（イプラと読む）は上級レベルで最低５年以上のパブリック・リレーションズ実務を経験し、IPRAの倫理・行動規約の順守に同意した個人に会員資格を与えている。この規約は国連の人権宣言の精神を受け継いでおり、事業者の個人的・専門的清廉さ、クライアントおよび被雇用者に対する態度、一般大衆およびメディアに対する行動、同業者に対する行動について明記されている。約80カ国から700人近いトップレベルの専門家が会員として参加しており、同規約は世界各地のPR協会運営の基礎となっている。

IPRAの組織は各国を代表して選出されたメンバーで理事会を構成し、全体の活動を統率し、シニアのパブリック・リレーションズ実務者の専門的な関心に応え、コミュニケーションの質的向上に貢献している。ベルリンの壁崩壊以降、経済自由化の流れによって促されたグローバル化の趨勢の中で、IPRAの果たす役割は大きいといえる。その活動は分野別の委員会や実行委員会を中心に進められ、世界大会やセミナー、ゴールド・ペーパーの発行、専門的な研究活動のほか、ゴールデン・ワールド・アワード（GWA）を設置し、優れたパブリック・リレーションズ活動を顕彰している。また、ユネスコなど国連の機関と緊密な関係がある。

理事会は年２回開催されるが、会員すべてがオブザーバーとして参加可能である。この理事会を通じ、委員会などの活動がイントラネットや出版物を通して会員に報告され、世界の最新情報に接することができるようになっている。

IPRAの委員会や実行委員会が会員のために行っている専門的な研究は、国際貿易の影響、自然環境、教育、企業活動および倫理問題などである。３年ごとに開催している「IPRA世界大会」は、パブリック・リレーションズ業界の

●国際パブリックリレーションズ協会（IPRA）の国際倫理綱領

・国際連合憲章に記される「基本的人権と人間の尊厳および価値を尊重する信念」に同意し、すべての国連加盟国におけるパブリック・リレーションズ実務家は、その業務の本質に鑑みて同憲章の諸原則を確認し、順守すべきこと
・人間が「権利」とは別に、物質的なものに限らず知的、倫理的、社会的な欲求をもつことと、そうした欲求が実際にみたされた場合にのみ、人間にとって権利が本来の利益に繋がること
・パブリック・リレーションズの実務家が、職業上の義務を果たすことで、こうした知的、倫理的、社会的な欲求をみたすのに大いに寄与できること
・パブリック・リレーションズの実務家が数百万の人々に同時に情報を伝える技術を利用できるがゆえに、その能力は厳格な倫理規定による制約を受けざるをえないこと

以上のすべての理由から、国際パブリックリレーションズ協会の全会員は、この国際倫理綱領を順守することに同意する。そして、会員はその職務の遂行過程でこの倫理綱領に違反した場合には、諮問機関に提出された証拠に照らして不正行為を犯したとみなされ、処罰の対象となる。

すべての会員は次の事項を実現すべく努力する

1. 人間が十分にその本領を発揮して、「世界人権宣言」のもとで保証され侵すことのできない権利を享受できる倫理的かつ文化的要件の整備に貢献する
2. 情報伝達の形態とチャンネルを確立し、重要な情報の自由な流れを促すことで、会員は間断なく情報を得られることを確信し、個人的な関与とその責任を自覚して他の会員との連帯感を意識できるようにする
3. いかなる状況においても、つねに関与する相手からの信頼に応え、その信頼を守るような方法で行動する
4. パブリック・リレーションズという職務とパブリックとの関係性において、その行為が私的なものであっても、職業全体の評価を左右することになるであろうことに留意する

次の事項を約束する

5. 職務的な本分、倫理原則および「世界人権宣言」の規則を順守する
6. 人間の尊厳に対して正当な敬意を払い、それを支え、評価対象となる個々人の権利を認識する
7. 真摯な対話を通じて倫理的、心理的、知的要件を整え、関与する当事者が自らの事例を提示したり、見解を述べる権利を認める
8. あらゆる状況において、パブリック・リレーションズ実務家のサービス提供先とそれに関わるパブリック双方の利益を考察したうえで行動する
9. いかなる誤解も招かない言葉を選んで仕事や責務を遂行し、パブリック・リレーションズ活動の影響を受ける現在、もしくは過去のクライアントや雇用主のみならず、パブリックすべての信頼を保つように、あらゆる状況で忠誠と誠実を尽くす

次の事項は行わない

10. 真実よりも他の要件を優先させること
11. 事実に反し、かつ未確認の情報を流布させること
12. 非倫理的または不誠実な試みや企て、もしくは人間の尊厳や誠実さを損なう試みや企てに与すること
13. 個人の自由意思をコントロールできない動機を人間の潜在意識に創り出すことを意図し、その行為に対し責任を問えないような「操縦的」手法や技術を用いること

（翻訳：井之上パブリックリレーションズ）

国際イベントとして認識されている。また、パブリック・リレーションズ活動の理解と利用を目的に、さまざまな出版物を提供している。PR 活動の報告を網羅したニューズレター（年6回、会員向）のほか、パブリック・リレーションズの役割と職務に関する白書「ゴールド・ペーパー」を定期的に発行、PR 業務の規準・倫理、環境や教育との関わりなどのテーマを取り上げてきた。季刊誌『フロントライン21』では国際的な PR 事業者に関係のある問題やトピックスの分析記事を掲載しており、会員以外でも購読することができる。

●ゴールデン・ワールド・アワード（GWA）

IPRA はパブリック・リレーションズに関する認識を国際的に高めることで PR 専門家の能力を啓発することを目的として1990年、ゴールデン・ワールド・アワード（GWA）を創設した。世界中の企業、団体、政府機関や研究機関を対象に優秀な業績を顕彰することでパブリック・リレーションズに携わる人々に競争の機会を与え、業界内でのコミュニケーションを促進している。

GWA は国際規模のコンペティションで、世界各国でプロモーション活動を行いメディアを通じて内容を紹介するほか、会員団体などを通じて GWA 関係資料や申込書を送付してエントリーを募っている。対象はパブリック・リレーションズ業界に限られず、企業や研究機関まで含んでいるため、さまざまな業界に影響を与えている。

エントリーを受け付けるパブリック・リレーションズ分野は23部門にわたり、世界から上級レベルのコミュニケーション専門家が審査委員として選考にあたり、部門優秀賞の中から最後に最優秀賞を選出し、世界大会などの場を利用して授賞式を行っている。また GWA の選考には国連代表団も参加しており、国連の目的や目標を明確に示すプログラムに対して国連賞（The United Nations Award）をスペシャル・アワードの1つとして別途授与している。

IPRA は GWA 運営にあたり単独スポンサーを募集し経済面から長期的なサポートを受ける一方、スポンサーに対しパブリック・リレーションズの最新情報の入手を可能とし、世界中の専門家と直接コンタクトする機会を与えている。これまで日本からは日産自動車、NEC、大日本印刷が単独スポンサーとなっている。

1-2　米国パブリックリレーションズ協会（Public Relations Society of America: PRSA）

https://www.prsa.org/

米国パブリックリレーションズ協会（略称：PRSA、本部：ニューヨーク）は、世界で最も規模が大きいPRの専門団体で、協会会員のPR能力の向上、会員へのPR専門教育の場の提供、そして社会全体の正しい発展を支持・先導するという3つの方針を掲げて1947年に設立された。

各種教育プログラムや情報交換のためのフォーラム、研究プロジェクトなどを通して、主要目的であるパブリック・リレーションズ専門職の促進と会員の専門性を高める機会を提供している。

PRSAは会員の能力向上とPR専門家育成のため次のことを実施している。

①パブリック・リレーションズを組織の成功の鍵として定着させること
②現在と将来のPR専門家の潜在能力を拡大すること
③社会とPR専門家の必要性を満たすためのリーダーを育成すること
④高い倫理規範と卓越性を保ちつつ、パブリック・リレーションズの総合的な理解、正確な理解やその機能に対する価値観を高めること

PRSA会員は、協会の定める倫理綱領を順守することが義務づけられている。綱領が順守されているかどうかは、PRSAの倫理委員会が監督しており、また専門職業基準にも拘束される。

PRSA会員は個人参加であり、正会員と準会員に分かれている。会員資格は、パブリック・リレーションズ業務を一定の時間行っていること、もしくは大学でパブリック・リレーションズを指導していることなどが条件とされている。PRSAはすべてのパブリック・リレーションズ専門家に対し、職業能力を高めるための機会を提供している。専門性を高めるためのプログラムとして、セミナーやワークショップ、出版物、そしてテープやビデオ映像などが利用できる。

PRSAは毎年、さまざまなアワード・プログラムを実施し、卓越したパブリック・リレーションズ活動を顕彰している。また、会員のPRに関する知識と適正能力を支援する目的で、大学生や大学院生のために米国パブリックリレーションズ学生協会（略称：PRSSA）を設けている。

●各種表彰

PRSA では、PR プログラムや PR 活動上の創意・工夫を対象にシルバー・アンビル、ブロンズ・アンビルの両賞を設け、PR における優れたプログラムを顕彰している。

設立からの五十数年間に、優秀な PR 活動を行った1000以上の組織にこれまで同賞が授与された。ブロンズ・アンビル賞は、PRSA が1969年に設立したもので、PR 活動における個々の手法、PR プログラムやキャンペーンの要素や一部を対象として、とくに優れたものを顕彰する。

さらに個人を対象とした複数の賞を設け、PR という専門職に傑出した貢献をした人を顕彰している。ゴールド・アンビル賞は、個人を対象とする PRSA 最高の賞で、PR という専門職に多大な貢献をした PR 実務家・PRSA 会員に授与されている。他に優秀教育者賞、パブリック・サービス賞、PRSA プロフェッショナル・オブ・ザ・イヤー賞、そして PRSA へ顕著な貢献のあった個人に授与するパトリック・ジャクソン賞などがある。

1-3　公益社団法人日本パブリックリレーションズ協会（Public Relations Society of Japan: PRSJ）

https://www.prsj.or.jp

日本パブリックリレーションズ協会（PRSJ）は、パブリック・リレーションズ（PR）に関する倫理綱領の作成および実践、研修会・講演会の開催などを行うことにより、パブリック・リレーションズの健全な発展をはかり、もってわが国産業・経済・社会の発展に寄与することを目的としている。

1964年に結成された日本 PR 協会と、1974年に設立された PR 業協会とが、1980年に合併統合し、あらためて日本パブリックリレーションズ協会として発足した。

●日本パブリックリレーションズ協会の主要な活動

①教育・研修

(1)広報 PR アカデミー：PR・広報の知識とスキルの習得を体系的に学ぶことを目的に、それぞれの経験レベル・目的に合わせたカリキュラムを、3つのコース（基礎コース、専門・応用コースと PR プランナー試験対応コ

ース）で構成

⑵研究会：毎月１回、マスメディアやオピニオンリーダーなどのキーパーソンを招き、タイムリーなテーマを取り上げて実施

⑶フォーラム：PR に関する重要なテーマを設定し、協会内外の講師によってさまざまな角度から問題を掘り下げ、スキル向上に役立てる

⑷見学会・企業訪問：マスメディアの現場や企業の PR・広報の現場を見学し、業務に役立てる

②資格

広く社会の発展に寄与する PR パーソンとしての知識、スキル、職能意識を有することを認定する資格として「PR プランナー資格認定制度」を導入し、2007年からスタート。「PR プランナー」「准 PR プランナー」「PR プランナー補」の３つの資格がある。

③広報・出版

④調査

協会メンバー以外にも対象を広げた「PR 業実態調査」などを実施し、公表している。

⑤データベース

PR 業務に必要な各種データベース（「PR 会社検索」「PR 用語ミニ辞典」「PR 関連団体」「企業の文化施設」など）の整備。

⑥国際活動

アメリカをはじめ各国 PR 団体との情報交換、および各種イベントでの人的交流と情報交換を行っている。また、PR や広報、メディアなどをグローバルな視点でとらえた「国際セミナー」などを主催している。

⑦交流

会員納涼懇親会、親睦ゴルフ会など、業種を越えた会員相互のコミュニケーションをはかるため、各種の親睦会を開催。また、企業会員相互の自主的勉強会などのサークル活動や PR 業の経営や業務に関わる問題を討議する勉強会の開催などにより、PR の質的向上を目指している。

⑧各種表彰

パブリックリレーションズの基本理念であるパブリックインタレスト（公益）に貢献した人、あるいはそれぞれの分野で PR の視点から活躍した人を表彰する「日本 PR 大賞 パーソン・オブ・ザ・イヤー」と、「地道で独創的な

PR・広報活動」の掘り起こしを目的に、企業や団体で長年にわたり独創的な広報・PR活動を実践し、広く社会や地域の発展に寄与し、奨励に値する成果を収めた個人またはグループ（NPOを含む）を表彰する「日本PR大賞 シチズン・オブ・ザ・イヤー」、PR業務の成功事例を顕彰しPRの質的向上を目指す「PRアワードグランプリ」の3つの賞を実施。

1-4　日本広報学会（Japan Society for Corporate Communication Studies）

https://www.jsccs.jp

日本広報学会は、1995年3月に設立された。

①経営体のPR・広報およびコミュニケーション活動全般について、学術的および実践的な研究を行い、研究成果を発表しつつ、理論として体系化を目指す。

②これからの経営体のコミュニケーション活動のあり方、さらに社会に開かれた経営体のあるべき姿を洞察し、必要とされる施策の内容を検討するとともに、展開の方法および技法の開発に努める。

③国際社会に通用するPR・広報マインドの醸成に貢献する。

日本広報学会は、毎年6月に年次総会を開催するほか、上記目的を達成するために、産官学が共同して、研究活動と会員相互の交流・親睦のための次のような活動を展開している。

・日本広報学会賞：学会創立10周年記念事業の一環として2006年に制定。会員の著書および論文を対象に候補作品の募集を行い、審査委員会が審査選考を行って研究発表大会の席上で発表し、表彰を行っている。学会賞は、「学術貢献賞」、「優秀研究奨励賞」、「研究奨励賞」と「教育・実践貢献賞」の4種類からなる。

・調査研究活動

　―研究発表大会（毎年11月頃開催）

　―課題別研究会

・公開シンポジウム

・学会誌「広報研究」

・広報塾

・会報『日本広報学会 INFO』の発行

1-5　一般財団法人経済広報センター

https://www.kkc.or.jp

経済広報センターは、1978年の設立。以来、「社会と経済界とのコミュニケーション」をキーワードに、経済界の考え方や企業活動について国内外に広く発信するとともに、社会の声を経済界や企業にフィードバックする役割を果たしている。

「日本再興」への大きな鍵はイノベーションにあるとの考えのもとに、技術革新はもちろんのこと、政治、経済、社会など、国民生活全般にわたって新しい変革を起こしていく必要があり、経済界も自らの改革に取り組まねばならないと説く。その際、国民目線に立って、丁寧にわかりやすく的確な情報発信を行うことが、国民の理解と支持を得ることにつながると考えて、経済界に、社会の声を謙虚に聞き、多様な価値観を広く受け止めていくことを求めている。

経済広報センターは、このような「双方向性コミュニケーション」を広報の基本と考え、発足以来蓄積してきたネットワークとノウハウを生かし、さまざまな広報・広聴活動を展開している。経済社会の健全な発展と国民生活の向上に貢献するため、今後も社会と経済界との懸け橋となるべく相互理解促進の強化に努めている。

1-6　一般社団法人日本 IR 協議会 (Japan Investor Relations Association: JIRA)

https://www.jira.or.jp

JIRA は、インベスター・リレーションズ（IR）活動の普及と質の向上を目指して活動している日本で唯一の民間の非営利団体で、1993年5月に産業界によって設立された。以来、各種セミナーを通した IR の啓蒙・普及活動、IR 活動に関する調査、研究、情報提供（会員向け機関誌『IR-COM』や『IR ベーシックブック』の発行）、IR 優良企業賞の選定、会員の相互交流などの活動を通して「日本の IR 活動の情報センター」としての役割を果たしている。調査・研究活動分野では、日本の全上場・公開企業を対象にした「IR 活動の実態調査」を毎年実施しているほか、「株主総会に関する調査」などを実施。

わが国を代表する国際的な企業を中心に、成長著しい中堅企業やこれから株式上場を目指している企業、IR 活動支援を行っている企業や団体などの会員から成る。2010年４月１日より一般社団法人に移行した。パブリック・リレーションズの中における IR の重要性の高まりとともに年々その数は増加している。

1-7　グローバルビジネス学会（Society of Global Business）
―――― https://s-gb.net

グローバルビジネス学会は、グローバルビジネスに関する研究発表、知見や知識の交換、会員相互および内外の関連学会との連携強化を通して国内経済の活性化はもとより、世界経済の発展に寄与する人材の育成を目的として2012年４月に設立された学術団体である。

現在わが国は、3.11大震災からの復興をめざしているが、一方で企業活動は国内重視から海外重視へと大きく舵を切ろうとしている。地球規模の変化が顕著となり、グローバル化やボーダレス化が加速し、各分野で新たな変化に対応できる人材育成が、わが国の喫緊の課題として浮上している。

グローバルなビジネスの展開を行うにあたって、企業はたんに国際的な事業展開を行うことにとどまらず、企業や個人が、経営資源を活用して目的達成のためにさまざまな地域のステークホルダーと良好な関係構築を行いながら業務を遂行する必要である。リレーションシップ・マネジメントがますます重要視されてきているのである。そして、多様な価値観が混在するグローバル社会にあっては、倫理観に支えられたコミュニケーション能力に加え、必要なときに自らを修正できる能力を有する人材が強く求められる。この面からもパブリック・リレーションズ（PR）の素養をもつ人材の輩出が不可欠となる。

グローバルビジネス学会はこうした背景をふまえ、グローバルビジネスというきわめて実務的で多様な研究領域へのアプローチと有為な人材育成のために、学者・研究者の参画にとどまらず、経営、技術、生産、人事、労務、法務、財務、マーケティング、パブリック・リレーションズ（PR）などの分野における実務家や専門家により構成される。

グローバルビジネス学会は、国際的な連携を深めていくための人材を育成し、社会科学、人文科学、自然科学といった専門分野を越えてグローバルビジネスに関する課題克服に向けた指標を提供し、国内はもとより広く国際社会への貢献を目指している。

そのため、役員・アドバイザリーボードは、各分野を代表する実務経験豊富なメンバーで構成され、それが同学会の特色ともなっている。

1-8　一般社団法人パブリックリレーションズ学会 (Japan Pubilc Relations Society: JPRS)

https://jprs.or.jp

一般社団法人日本パブリックリレーションズ学会は、「パブリック・リレーションズ」の関係構築活動を教育界、とくに小中高教員に大きく門戸を開き、わかりやすい形で教育界にも浸透させ、教育界とビジネス界とを学術でブリッジングし、さまざまな社会課題を克服するため、2021年11月に設立された。将来的には中高生も運営メンバーに迎えることを視野に入れ、研究発表、知見や知識の交換、会員相互および国内外の関連学会などと連携強化をはかることにより、パブリック・リレーションズの普及はもとより、よりよい社会の実現に寄与していく活動を行っている。

2022年6月には「失われた30年検証研究会」を設置し、日本の競争力がこの30年間になぜ衰えてしまったのか、どうすればふたたび世界の主役になれるか、検証を重ねている。

そのほかにも、初等・中等教育の現場で日々実践を積み重ねている会員向けの、アカデミックなレベルの論文作成能力のスキルアップを目的とした「アカデミック・ライティング研究会」や、ハイコンテクスト文化からローコンテクスト文化に軸足を移すプロセスにおいて起きている課題を検証し、未来の人材教育に活かす提言を行う「デジタル・リテラシー検証委員会」などの研究会がある。

資料2　米国におけるパブリック・リレーションズ発展小史

現代的意味でのパブリック・リレーションズ（PR）の源流は20世紀初頭の米国に求められる。この時代のパブリック・リレーションズは「企業を含む組織が成功と失敗の鍵を握る社会との間に有益な関係を創り出し、その関係を維持するための管理機能」としてとらえられていた。PRの教科書として米国で広く読まれているカトリップほか『エフェクティブPR』は、米合衆国におけるパブリック・リレーションズの成長と成熟の過程を床苗期（1900～1917年）からグローバル情報化時代（1965～1990年代）までを6期に分類して紹介している。

以下、この分類に沿って各期ごとの特徴と発展史におけるマイルストーンを時系列的に解説を加えた。

⑴ 床苗期（1900～1917年）

ジャーナリズムや政府の規制措置から利益を守るための手段としてPRが用いられた。この段階でのPRは相手を説き伏せるためのコミュニケーション手段であり、一方通行型であった。

1900年：ヘンリー・フォードは「T型モデル」の試作車発表の際、『デトロイトトリビューン』紙記者にデモンストレーションを行った。彼は最初のパブリック・リレーションズの概念を理解した企業経営者といえる。アメリカ初のパブリシティ会社がジョージ・ミカレス、ハーバート・スモール、トーマス・マービンによりボストンで誕生。

1902年：2番目のエージェンシーがワシントンD. C. でウイリアム・スミスにより設立。

1904年：『ザ・ニューヨーク・ワールド』紙記者のアイビー・リーが、アメリカで3番目のパブリシティ会社「パーカー＆リー社」をニューヨークに設立。後に「PRの父」と呼ばれるようになったリーは、1906年にPR専門家として信頼性を高めるための「行動規範宣言」（Declaration of Principles）を発表し、自ら提供するニュースの正確性やオープンで透明性が高いことを強調した。

1907年：AT＆Tのセオドール・ヴェールが社長に就任し、ジェームス・エルスワースを雇い、パブリシティと広告のプログラムを実施した。

⑵ 第1次世界大戦期（1917～1919年）

戦費調達のための債権販売促進や、入隊希望者の勧誘、福祉に対する巨額の寄付募集などが中心で、特定な目標のために組織化された一方通行型のプロモーション活動。この段階でのPRはまだ未熟で、宣伝（＝パブリシティ）的な意味合いが強い。大戦勃発により愛国心を煽るための一方向的で説得型のコミュニケーション（プロパガンダ）主体の時期である。

近代のパブリック・リレーションズは当初、受け身的な対応として実務化されたが、この時期は特異で、プロパガンダ的な路線を歩むことになる。戦時体制下における世論を味方につけるための活動母体として、1917年当時のウッドロー・ウイルソン大統領によりコミッティ・オン・パブリック・インフォメーション（CPI）がジョージ・クリールを委員長として設立された（別称：クリール委員会）。このCPIから、後年、パブリック・リレーションズ業界の発展に大きく寄与することになるカール・バイヤーやエドワード・バーネイズらの人材が輩出された。

⑶ 第1急成長期（1919～1929年）

パブリック・リレーションズの原理が製品の販売促進、選挙運動、慈善事業に対する寄付金募集などに積極的に取り入れられる一方、PRの概念に双方向のコミュニケーション、つまり相互主義あるいは相互関係の考え方を含むようになった。

1920年：ペンシルバニア州ピッツバーグのKDKA局によって初の実用局としてのラジオ放送開始。初放送は大統領選の開票速報。

1920年代：パブリック・リレーションズ先駆者の登場。

この時代にはエドワード・バーネイズをはじめ多くの実務家が活動を開始している。1927年5月に歴史的な大西洋単独飛行を果たしたチャールス・リンドバーグのプレス・リレーションズを手がけ、アメリカの航空時代の幕開けに弾みをつけたハリー・ブルーノ。クリーブランドのジャーナリスト出身のジョン・ヒルは、ダン・ノウルトンと共同して1933年にニューヨークでヒル＆ノウルトン社を設立。このほかにも、オハイオで最も歴史のあるPR会社となるエドワード・ハワード＆カンパニーを創設したエドワード・ハワード2世、シカゴで1921年ヘイズ・ローブ＆カンパニーを設立したグレン・ヘイズなどが挙げられる。

1923年：パブリック・リレーションズの最初の本として知られるエドワード・バーネイズが *Crystallizing Public Opinion*（『世論の覚醒化』）を出版。

その著書の中で、バーネイズはPR業界で最初にパブリック・リレーションズ・カウンセルという用語を使用。ドイツの宣伝担当相ゲッペルスはこの本の愛読者でナチのプロパガンダに利用した。その後、バーネイズは1928年に *Propaganda* を出版したほか、ニューヨーク大学で最初のパブリック・リレーションズのコースで教鞭をとるなど、その活動範囲は多岐にわたり、大手企業、政府機関に大きな影響を与えた。バーネイズは、クーリッジをはじめ、フーバー、F. ルーズベルト、アイゼンハワーなど歴代大統領へのカウンセリングを行う。1990年には、ライフ誌の「20世紀の最も重要な100人のアメリカ人」の１人に選ばれている。

(4) 大恐慌から第２次世界大戦期（1930～1945年）

1929年の株価大暴落による大恐慌と第２次世界大戦突入という２つの大事件の影響で、PRの実務が発展した時期。大手企業（ゼネラル・モーターズ、イーストマン・コダック、フォード、USスティールなど）が次々とPR部門を設置しており、パブリック・リレーションズは確実に浸透してきた。

1932年：前述のバーネイズやフランクリン・ルーズベルトの右腕でPRの個人教師ともいわれたルイス・ハウなどが大統領選挙のPR戦略を構築し、ルーズベルトを勝利に導いた。株価大暴落による大恐慌と第２次世界大戦突入という２つの大事件の影響で、パブリック・リレーションズの実務が発展した時期である。

1933年：マスメディアがまだ発達していなかった時代に、第32代大統領に就任したルーズベルトはニューディール政策を発表し、その成功のためにラジオ電波を利用するなど、強力なキャンペーン活動を行い、みずからの政策を広く国民に訴えた。

1933年：クレム・ウィトカーとレオン・バクスターによる最初の選挙キャンペーン専門エージェンシーがサンフランシスコに誕生する。

1935年：ダグラス・マッカーサー将軍はアレクサンダー・サールス少佐をパブリック・リレーションズ部門の責任者に任命し、将来起こりうる戦争への不安を取り除くことや報道記者への積極的な軍事情報提供の手助けをさせた。その後、海軍もパブリック・リレーションズの強化をはかり、パブリック・リレーションズの専門家採用に踏み切る。

1936年：ジョージ・ギャロップなどにより科学的な世論測定評価法が考案され、大統領選に導入され高い評価を得た。この方式はパブリック・リレーションズや政治、マーケティング、奨学金などの策定に重要な手法として利用された。

1942年：真珠湾攻撃後、ルーズベルトは特別令を発布し、the Office of War Information（OWI）を設置し、エルマー・デービスを責任者に任命した（終戦後 GHQ により日本に紹介された一連の民主化プログラムは、これらアメリカでの経験を取り入れたパブリック・リレーションズであったと考えることができよう）。

(5) 第2急成長期（1945～1965年）

大戦後の経済繁栄と大衆消費社会の出現で、パブリック・リレーションズは隆盛をきわめ、企業のパブリック・リレーションズ活動は販売促進（マーケティング）と強く結びついていった。また、テレビが一般に普及し、強力なコミュニケーション手段として台頭する。この時期のアメリカ企業のパブリック・リレーションズ活動がマーケティング手法として戦後復興期の日本に紹介・導入されたが、なかでもパブリシティが注目されることとなり、日本において「PR＝宣伝」として受け取られる原因となった。

1945年：レックス・F. ハーロウが中心となって『パブリック・リレーションズ・ジャーナル』が発刊された（後に米国パブリック・リレーションズ協会（PRSA）機関紙となり、彼の死後の1995年まで続く）。また、この時期にパブリック・リレーションズ教育も始まり、翌年の調査によると、30の主要教育機関で47のパブリック・リレーションズの講座が開かれるようになった。

1947年：PRSA が設立された。ボストン大学は最初にパブリック・リレーションズ学部をスタートさせた。

1950年：戦時中は政府主導でパブリック・リレーションズが強化・拡大されたが、この時期になると多くの専門家が職場に戻り、アメリカでは2万人に迫るパブリック・リレーションズ実務家を擁するようになる。

1953年：合衆国情報庁（USIA）の誕生。米ソ超大国による冷戦は、OWI の流れを1953年の USIA の誕生へと収斂させていく。これらを背景にして、とくに企業では自由市場で自己責任によるリーダーシップを発揮することを要請されていた。

1956年：92の主要教育機関でパブリック・リレーションズ講座が開かれ、14の大学で専攻科目が設置される（PRSA 調査）。

1964年：14の大学でパブリック・リレーションズの学士号が授与され、29学部、280講座の中で授業として取り入れられる。

(6) 抗議運動と市民運動の時代（1965～85年）

この時代のパブリックにとって重要な課題は、「消費者運動」「環境保護」「平和」「人種差別撤廃」「男女差別撤廃」だった。

米国議会は、1963年に大気汚染防止法、1969年に国家環境政策法（環境保護を国家の政策とする）、1970年には水質改善法を、それぞれ制定した。1970年4月には初めての「アースデー」が催され、同年10月に環境保護庁（EPA）が新設された。環境保護運動の始まりを告げたと称される『沈黙の春』（1962年）の著者レイチェル・カーソンは、米国の実業界に戦いを挑んで勝利し、抗議と変化の時代の基礎を築いた。

ゼネラル・モーターズも、抗議とパブリックの監視のターゲットとなり、その結果、企業による説明責任の重要性に道を開くこととなった。ラルフ・ネーダーは、『どんなスピードでも危険――米国の自動車に仕組まれた危険（*Unsafe at Any Speed: The Designed-In Dangers of the American Automobile*）』（1965年）を出版し、消費者運動を誕生させた。またネーダーは、芽生えたばかりの消費者運動で、「消費者を守る運動家」としてメディアの寵児となった。消費者運動家たちの戦術の1つは、企業の株主に対し、議決権をネーダーに委任するよう依頼することで、これによりネーダーは株主総会で企業の方針と取締役の選任ついて異議をとなえることができた。

自らを「ラジカル」と称するソウル・アリンスキーも同様の戦術を用い、米国の実業界やその他「エスタブリッシュメント」から権力を奪取した。彼は、著書『過激派の法則』（*Rules for Radicals*）で、「持たざる者」がいかに権力を奪い取るかについて書いている。

日本でもよく知られるマーチン・ルーサー・キング・ジュニア牧師は、1960年代の米国社会の変化と権限委譲の時代の象徴であるといえる。彼が国民的指導者へ昇りつめるきっかけとなったのは、1955年、アラバマ州モンゴメリーでバスに乗車中に、白人の乗客に席を譲らなかったことを理由に逮捕されたローザ・パークスのために立ち上がったときである。キング牧師は、1963年8月28日、ワシントンD.C.のリンカーン・メモリアルでおよそ25万人の聴衆を前に、有名な演説「私には夢がある」を行った。翌年にはノーベル平和賞を受賞することになる。その後、1968年4月4日にキング牧師は暗殺されることになるが、彼は公民権運動の殉教者であり、象徴となった。

公民権運動がもたらした多くの変革には、1965年の投票権法（Voting Rights Act）と1968年の個人住宅の販売・賃借における人種差別撤廃を促す公正住宅法（Open Housing Law）がある。

また公民権運動の成功は、男女同権運動に活力を吹き込み、あらゆるドアが女性にも開放され、たとえばパブリック・リレーションズ分野では女性が大半を占めるなど、女性のさまざまな職場へ進出を促した。

ベトナム戦争反対運動はこの時代を二分した最大の出来事であった。「ジェネレーション・ギャップ」「ヒッピー」「セックス革命」を生み、最後にはウォーターゲート事件とリチャード・ニクソン大統領弾劾へと発展。1973年1月27日、米国、北ベトナム、南ベトナム、ベトナム暫定革命政府の4者は、「ベトナムの平和復興」の合意書に署名した。市民の行動が公共政策を変更に追い込み、大統領を失脚させたように、市民パワーは後戻りすることはなかった。

抗議運動と市民パワーの時代から生まれたパブリック・リレーションズは、もはや国内向けリレーションズだけに焦点を絞ることができなくなった。技術革新とグローバルな商取引は、コミュニケーションと国際向けリレーションズに対する新たなアプローチを必要としたのである。

以下は、筆者が翻訳に加わったカトリップ他『体系パブリック・リレーションズ』(2008) を引用改変。

(7) デジタル時代とグローバリゼーション（1986年～）

世界規模での規制緩和やITの発達で、情報通信のコミュニケーション手段が多様化した。競争当事者間の相互調整や和解、戦略構築など、パブリック・リレーションズはさらに大きな役割を担うようになった。こうした社会変化への対応を模索する企業経営者の間でパブリック・リレーションズに対する関心が拡大した。また、この時期多くの米国企業は、多国籍企業として海外にマーケットを求め、米国系PR会社とともにコミュニケーションの国際展開を行った。こうした米国企業のグローバル展開が、日本においてもパブリック・リレーションズの実務家や企業経営者を大いに刺激し、パブリック・リレーションズの発展を促した。

ITバブルとその崩壊の影響が冷めやらぬ2001年、米国は9.11同時多発テロ事件に遭遇する。また、大手エネルギー会社エンロンによる巨額不正会計事件が発覚。2002年には世界有数の監査法人アーサー・アンダーセンがエンロンの不正に加担した容疑で解散に追い込まれた。同事件を含む一連の企業不祥事を受け、2002年にはSOX法が成立し、企業はガバナンス強化が求められるようになった。同年サンフランシスコで開かれたPRSAの年次総会のキーワードの1つは“accountability（説明責任）”だった。この頃から米国企業はCSRやガバナンスに関する情報発信、そしてIR活動にいっそう積極的に取り組むようになる。

2004年のFacebook、そして2006年のTwitterの誕生はパブリック・リレーションズにおいても新たな時代の幕開けとなった。携帯情報端末の普及とソーシャルメディアの急速な発達は、伝統的マスメディアの専売特許だった不特定多数への情報発信を、いつでも、どこでも、誰でもが可能な環境をもたらした。情報は1つの方向に向けて発信されるだけでなく、シェア（共有）されることで双方向、さらには多方向に拡散することが常態化した。

パブリック・リレーションズのプロフェッショナルは、ジャーナリストやブロガーだけでなく、文字通り「パブリック」との直接的かつ双方向的なコミュニケーションをふまえた戦略の立案が求められるようになったのである。

この新たな局面に対応するため、組織におけるパブリック・リレーションズ、マーケティング、情報技術の各機能の有機的連携がいっそう重視されるようになっている。

パブリック・リレーションズ 用語集

A

ABC（Audit Bureau of Circulations）　新聞雑誌発行部数公査機関。プリントメディアの発行部数の正確なデータを調べる機関。

accountability　アカウンタビリティ。企業・団体の事業についての説明・情報開示責任。企業・団体の幹部が利害関係者に対して事業内容を明確に示す行為で、近年ますます重要性が高まっている。

account executive　PR会社または広告代理店でクライアント業務に協力して働くスタッフ（クライアント担当）。

advance　前もって書かれた記事。予定稿。

advertorial　アドバトリアル。①活字メディアでは、記事形式で広告を行うこと。一般的に消費者向け出版物に使われ、製品、サービスを宣伝するコピー。② informercialとも呼ばれる。放送で企業・団体がコマーシャルを使ってある問題について見解を述べたり、主張をすること。

advocacy advertising　企業の主張・擁護の広告。企業がみずからの正当性を主張し、利害関係者からの理解を得るために行う。

affiliate　①ネットワークに加わっているが、それぞれ独立したラジオ・テレビ局。② PR会社などの提携先。

agenda-setter　マスメディアが選択したニュースや見出しにより、一般社会で何について考えるかが方向づけられること。

AI: artificial intelligence　人工知能。コンピュータに膨大なデータを機械学習させ、知的能力を模したアルゴリズムを使って、かなり高度な判断を含めた処理実行を行わせる。

air time　ラジオ・テレビの番組の放送開始時間。

analyst　一般的に証券アナリストのこと。企業の財務分析、業界分析、などをもとに、株式の投資価値の分析・評価を行う。

anchorman　アンカーマン。週刊誌などを発行する雑誌社で使われている呼称で、記者が集めてきたデータやコメントをもとに完成原稿を作成する書き手。

angle　アングル。記事や放送でとくに強調される要点。

annual report　アニュアル・レポート。年次報告書。証券取引委員会（SEC）によって義務づけられている企業の決算報告書。しばしば、株主やメディアに配布するため平易な言葉で要約、翻訳されている。

A-roll　VNR（ビデオ・ニュース・リリース）の音声入りの部分。VNRを編集したくないテレビのニュース編集者はA-rollを使用する。→ B-roll

associate editor 論説・評論欄担当の編集長。

association relations アソシエーション・リレーションズ。業界団体や協会などの組織をターゲットとし、それらとの良好な関係性を維持、拡大するパブリック・リレーションズの一機能。

audience オーディエンス。PRのプログラム全般または一部が対象とする人たちの集合体。ターゲットグループ。

audit オーディット。情報通信用語としてはキーパブリックの意見の分析、両者間の不均衡の評価、情報流通の改善方法に関する勧告などの検討を行うこと。

avatar アバター（化身）。インターネットなどの仮想空間における人間を具現化した3次元の動くイメージ。

B

back of the book 雑誌で、主な編集部分の後に掲載されている題材。

backgrounder 編集者や記者に対し、ある主題に関して事実とその意味・背景を説明するために用意された資料。プレス・キットの一部として使われる。

backtiming ①放送で番組全体を時間どおりに進行させるため各セグメントの開始時間を決めるための方法。②パブリック・リレーションズのキャンペーンを最高潮にもっていくため、個々の構成部分の完了期日を決定するためのスケジュール作成。

balance sheet（B/S） 貸借対照表（バランスシート）。財務諸表の1つで、企業・事業体などがある一時点（決算日）において保有する「資産」、支払うべき「負債」、その差額である「資本」を1つにまとめ記載した計算書。

banner ①新聞などの、第1面の大見出し。streamerとも呼ばれる。②記者会見会場で会見を行う人のバック（背景）に使う、会見主催企業の社名やロゴマークなどの表示。③インターネットのホームページに挿入される広告。

barter 広告などで金銭の代わりに品物で支払うこと。コマーシャルをつけて番組を放送する、または直接番組への支払いをしないで空き時間に放送するなど。

baud（BPS） 情報がコンピュータとコンピュータの間を流れる速度。Bauds Per Second（BPS）とも表示される。

BBS（Bulletin Board System） 掲示板（電子）のこと。

BCP（Business Continuity Plan） 事業継続計画。災害などリスクが発生したときに重要業務が中断しないこと。また、万一事業活動が中断した場合でも、目標復旧時間内に重要な機能を再開させ、業務中断に伴うリスクを最低限にするために、平時から事業継続について戦略的に準備しておく計画。

beat ①記者または所属部署が取材を担当する範囲またはテーマ。②独占記事、スクープ。

benchmark study　ベンチマーク調査。パブリック・リレーションズ活動の実施前後にわたり、ターゲットグループへの影響を測定すること。

big data　ビッグデータ。従来のデータベース管理システムなどでは記録や保管、解析が難しいような巨大なデータ群。

bio　バイオグラフィー（biography）の略。組織体がメディアのために用意する企業、役員のプロフィール（経歴書）など。

black journalism　ブラック・ジャーナリズム。相手の弱みに付け込み、取材した情報を利用して利益を得ようとする非合法すれすれのジャーナリズム。

bookmark　頻繁に使うURLを登録しておき、すぐに呼び出せるようにしたインターネット上のしおり。

boomerang effect　ブーメラン効果。プロパガンダ用語で、とくに意図したのとは反対の結果を引き起こすケースに使用する。

bottom line　一般的には、最も重要な事実を示していることを表すために使われる。企業の決算報告で、最後の行で純利益（純損失）を示していることに由来する。

brand equity　商品や企業のブランド価値。無形資産であるブランドを単なる名前から価値にまで高め、それを維持・高揚させることがマーケティングにおいて重要となっている。

branding　ブランド構築。ブランド構築のための戦略的PR・広告・プロモーション活動。とくに、近年は商品ブランドに加え、企業ブランド構築がビジネス成功の鍵となっている。

brand journalism　ブランド・ジャーナリズム。企業が企画・編集機能をもち、独自コンテンツをパブリッシュすること。ブランド・ジャーナリズムは、ジャーナリズムと呼ばれることからも「客観性」がポイント。企業が何かを「アナウンス」するというより、公平で偏りのない情報を提供することで一般市民・消費者の信頼を得ようとするところに特徴がある。

brand management　企業あるいは製品ブランドのイメージを高く保つように管理すること。

break　①即時発表できる記事。②コマーシャル挿入のための番組の中断。

bridge　2つの記事、放送部分をつなぐ句または文。

brochure　ブローシュア。企業概要紹介などの小冊子。bookletより詳細が書かれている。

blog　ブログ。文章・画像などを簡単にサイトへアップすることができ、自分の考えなどを手軽に表現することができる。コメント機能・トラックバック機能などを使用することもできる。Blogger、Yahooブログ、ココログ、アメーバーブログなどといったブログサービスサイトがある。

B-roll　ビデオ・ニュース・リリース（VNR）の片面。パブリック・リレーションズの会社から送られたVNRのうち、ディレクターが自社用に編集するため

に使用するビデオ素材で音声なしのもの。→ A-roll
BTA（Best Time Available） 放送で最も適切な時間に流されるコマーシャル。
buzz marketing バズ・マーケティング。「口コミ」を活用したマーケティング手法。バズは、もともと、ハチなどが飛ぶ時のブンブンいう羽音のこと。それから転じて、ワイワイガヤガヤとしたうわさや世間話を指すようになった。
Byline 記事を書いた記者のタイトルと名前。

C

campaign キャンペーン。特定のテーマに関連してグループの意見を調査、形成または変更させるための集団的努力。
candids ポーズをとらない、自然な、親しみのある効果的な写真。
CCO（Chief Communication Officer） 企業の PR 活動の最高責任者。
census 国勢調査。
center spread 見開き２ページにわたる記事。
CEO（Chief Executive Officer） 企業の最高経営責任者。
CFO（Chief Financial Officer） 最高財務責任者。
channel テレビのチャンネル。コミュニケーションのためのツール。
channeling ターゲットグループの行動に筋道を与えるべく有効なメッセージを発信して、ターゲットグループ間に関係性を生じさせる手法。
chat チャット。オンラインでリアルタイムに行う会話。
ChatGPT OpenAI が2022年11月に公開した人工知能チャットボット。生成 AI の１つ。
CI（corporate identity） 狭義にはロゴマークやシンボルカラーを統一するデザイン。広義には PR 活動を通した企業イメージ。
circular １枚の回状で費用をかけずに広く行きわたるよう意図された書物。
circulation サーキュレーション。発行部数。ラジオ・テレビでは視聴者数。
client クライアント（依頼主）。パブリック・リレーションズその他のサービスの提供を受けている組織体（企業、団体）。
clip ①放送においては全体のプログラムから抽出された一部。②プリントメディアにおいては記事のクリッピングのこと。
clip art コンピュータなどにあらかじめ挿入されているグラフィックスやイラスト。
clipsheet メディアが選択して使用できるように送付される記事、イラストを印刷したもの。編集者が選択しやすいように用意されたもの。
cluster samples クラスター・サンプル。対象となる人たちの一部分を取り出してサンプリングすること。あらかじめそれぞれの特性または特徴のあるグループに分けてから行われる。
cohort study 同じグループの人たちから取ったいくつものサンプルを縦割に検

討、比較対照すること。

coincidental interview　情報収集のため電話で行う世論調査。

cold reading　リハーサルなしにアナウンサーが読む原稿を放送すること。

color　①誇張または歪曲。②事実報道といっしょに使われる背景または脚色用素材。

combination publication　ある企業・団体の従業員および外部のグループ、個人双方に配布される出版物。

comic book　目的を伝えるために漫画（4コマ連載など）の手法を使ったパンフレットまたは雑誌。

commercial online service　料金をとってオンラインの掲示板のような役目を提供するサービス。

communication　コミュニケーション。1つのグループから他のグループへ考えを伝えるための処置（行為）およびその内容。

communication audit　コミュニケーション・オーディット。パブリック・リレーションズの諸活動が、ターゲットグループに与えた影響、および将来与えたい影響について検討し、意思決定すること。

community　コミュニティ。企業の経営方針や生産活動に影響を受ける社会や事業所が所在する近隣地域。

community relations　コミュニティ・リレーションズ。ある組織の活動範囲内の住民、グループとの良好な関係性を維持、拡大するパブリック・リレーションズの一機能。

competency　企業や個人が有する固有の能力。思考法や行動能力など、他社や他者と差別化できるもの。

compliance　コンプライアンス。法令順守。一般的に企業が経営・活動を行ううえで、法令や各種規則などのルールや社会的規範などを守ること。

computer network　コンピュータ・ネットワーク。2つ以上のコンピュータを連結してつくるネットワーク。

conference report　企業・団体の会議で、さまざまなメンバーによっての討議、行動、仕事割当などの要点を知らせるレポート。

conservation　現存する世論を支持し、その変化を防ぐこと。

consolidated financial statement　連結決算。

consumerism　コンシューマリズム。消費者保護運動。商品・サービスの購入活動、製品の安全性などの観点から消費者を保護する運動および考え方。

content analysis　コンテント分析。ニュース・リリース、新聞記事、スピーチ、ビデオテープ、フィルム、雑誌、その他の出版物に記述されている内容を客観的に叙述、分析するリサーチの方法。

control group　ある集団の特色・意見を代表すると考えられる人たちのグループ。しばしば、テストされていないがテストグループと同様の反応を示すグル

ープを指す。→ test group

conversion ある問題に関して世論を一方から他方へ傾かせること。

COO（Chief Operating Officer） 最高執行責任者。

co-op advertising 2つの広告主の間で費用を折半すること。放送では、全国、ローカルで折半する。

coppering 古いニュースを新しいもののように書き直すこと。

copy desk 新聞、雑誌、ラジオ・テレビ局などにおいて記事の編集や見出しをつける部門。日本では整理部などにあたる。

copyright コピーライト。著作権。作品が無断で使用されないように保護すること。

copy-testing パブリック・リレーションズの諸活動を実施する前に、ターゲットの中の小さなグループであらかじめ試してみる手法。

corporate advertising 企業広告。企業に対する一般社会の認識を高めたり、経営方針や企業哲学を提唱するための広告。→ institutional advertising

corporate brand 伝統的な商品ブランドに対して、近年重要視されてきたのが企業ブランド。企業ブランドの向上が事業活動、マーケティングに寄与する。→ brand equity

corporate citizen 社会の中で企業が一市民として倫理に基づいて行動することで、企業市民といわれる。→ CSR

corporate communications コーポレート・コミュニケーションズ。①製品やサービスの販売を促進するためのマーケティング・コミュニケーションズ活動に対して、企業経営の中枢で行われるコミュニケーション活動。②企業が行う企業内外に対するコミュニケーション活動全般を指す用語。部門名や役職名に使われることが多い。

corporate culture 企業文化。日常の企業活動を通じて社員間に形成される共通の価値観、思考、行動様式。社風ともいわれる。

corporate governance 企業統治。企業の内部機関、および株主や債権者などの利害関係者による牽制機能による経営適正化を指す。日本の場合、伝統的に企業間の株の持ち合いによる安定株主が主たる株主構成となってきたが、一般投資家の存在を重視し、その牽制機能を高めることが重要となってきている。

corporate public relations コーポレートPR。企業経営の中枢で行われるパブリック・リレーションズ活動。→ marketing pubilic relations

correspondent 通信員、特派員。本拠地以外の地域、国外で取材活動をする記者。

courtesy bias アンケートや調査で、回答者が自分自身の意見よりも社会的に「正しい」と思われている意見を述べようとする傾向。

CPM（cost per thousand） 1000当たりのコスト（Mは1000）。あるテレビ・セグメントの視聴者1000人当たりのコスト。

crisis management クライシス・マネジメント。組織体活動において、社会やその組織の存亡にかかわる重大事態が発生したときの危機管理。その際、組織体が情報発信など内外に行うコミュニケーション活動がクライシス・コミュニケーション（crisis communication）。

critical thinking クリティカルシンキング。批判的思考。物事を多様な角度から検討し、論理的・客観的に理解し、問題を効果的に解決する方法。

crystallization 一般社会の不明瞭または潜在的態度を明確に意識させること。

CSR（Corporate Social Responsibility） 企業の社会的責任。コンプライアンス（法令順守）にとどまらず、高い倫理観に基づく経営方針と行動。

CSV（Creating Shared Value） 共通価値の創造。ハーバード・ビジネス・スクールのマイケル・E. ポーター教授が提唱する経営コンセプト。企業活動を通じて社会的課題の解決に貢献しつつ、社会と企業が共有できる価値を生み出すことを目指す。

custom-built network 特定の放送のために放送局を結ぶネットワーク。

customer relations カスタマー・リレーションズ。消費者、小売店、ディストリビューターを対象に、事業内容や商品／サービスを伝え理解を獲得する活動。パブリック・リレーションズの一機能。

cybernavigation コンピュータで情報を探すためナビゲーションすること。

cyberspace サイバースペース。複数のコンピュータ間で情報が飛び交っている「世界」。

D

database データベース。コンピュータに蓄積された索引付きの情報集合体で、パソコンユーザーが通常は有料で検索・閲覧可能なもの。

decoder デコーダー。通信におけるメッセージの受信手段、または暗号自動解読装置。コミュニケーション学用語では、メッセージ受信者を指す（→ encoder 参照）。

delphi technique デルファイ手法。コンセンサスを得るため専門家のグループの間で意見や情報を相互交換して引き出すリサーチの手法。通常、前回の回答を折り込んだ質問を繰り返し行う。

demographics デモグラフィックス。読者、視聴者の統計。年齢、性別、家族構成、経済状態などの特徴（属性）を集めたもの。

desktop publishing デスクトップ・パブリッシング（DTP）。印刷会社などに頼まず、職場でコンピュータなどを使って印刷・出版すること。

digital divide IT（情報技術）を使いこなせるか否かで生じる一種の階層分化。一般的に「情報格差」と呼ばれている。

Digital News Release デジタル・ニュース・リリース。写真や動画、関連ソーシャルメディアのリンクなどを含む記者発表資料。

disclosure 情報開示。企業や団体が事業活動や財務内容などについて利害関係者に対して情報開示すること。一般的には、投資家への情報開示。

diversity ダイバーシティ。多様性。元来は生物学用語で異なる種がさまざまな形で共存すること。転じて、人種、性別、年齢、身体障害の有無などの外観、価値観や宗教、ライフスタイルなどの内面や外見の違いにかかわりなく、すべての人々がもてる力を発揮し、組織に貢献できるような環境を作ることを意味する。

domain ドメイン。インターネットでアットマークの後に付けられるドットで区切られたアドレス部分。

double-page spread ダブルページ・スプレッド。2ページにまたがる記事または広告。

Due Diligence デューディリジェンス。IRの分野では、投資やM&Aなどの取引に際して行われる、対象企業や不動産・金融商品などの資産の調査活動。

E

eco-fund エコ・ファンド。地球環境の保護を重視する企業の株式を組み入れた投資信託。近年、増えつつある。

editor エディター。編集者全般。

editorialize 記事に個人の意見を差し挟むこと。

electronic mail（E-Mail） 電子メール。コンピュータ間でやりとりされるメールのこと。

electronic newsletter 電子ニューズレター。コンピュータを使って他の端末にデジタルデータで配布されるニューズレター。

electronic newspaper 電子新聞。ビデオテックスまたは文字多重放送。テレビで家庭用に送られる新聞。

embargo エンバーゴ。ニュース・リリースなどでメディアに対し記事の使用解禁日時を指定すること。リリースする側が設定する。日本語でいう「縛り」。

employee relations 企業が自社の社員との関係を円滑にするパブリック・リレーションズの一機能。

employee satisfaction 従業員満足度。

encoder エンコーダー。通信に使われるメッセージの送信（圧縮）手段。通常、暗号化してやりとりされる。コミュニケーション学用語では、メッセージの発信者を指す。→ decoder

environmental accounting 環境会計。企業の環境保全活動を数値化し、その費用対効果を表す。これにより企業における環境対策を明確化できる。

ESG 環境（environment）、社会（social）、ガバナンス（governance）を考慮した投資活動や事業活動。

evaluation エバリュエーション。ある企画、活動の成果を測定・評価すること。最初に設定した目的が達成されたか、どの程度うまくいったかの基本的な

2点について答えを出すためのリサーチ方法。

exclusive エクスクルーシブ。新聞、雑誌、ラジオ・テレビ局のうち、ある1社だけに対して取材の便宜をはかり、独占的に情報を提供すること。

external publication ある企業、団体が顧客、地域コミュニティ、金融界など外部の人を対象に発行する刊行物。

eye catch 閲覧者の視覚に飛び込んでくるような画像、映像、ロゴや文字、またはその複合。ユーザー・アクションに影響を与えるため、ブログやSNS、広告業界で非常に重視されている。

F

fact sheet ファクト・シート。当該問題について基本要素となる事実を含んだ書類。プレス・キットにセットされ、普通は文章による説明などは省かれる。

feature 読み物（特集）記事。記事の中のとくに注目を引く部分。

fee フィー、料金。time fee は時間に対して設定された料金。

feedback フィードバック。パブリック・リレーションズの諸活動などにより、ターゲットグループから返ってくる反応。

fill-in stories それぞれ必要な情報を書き入れることができるように作成されたプレス・リリースのこと。編集者のニーズに合うようにつくり直すことができるもの。

filmstrip プレゼンテーションや社員教育などで使われる、1コマ1コマをプロジェクターに写し出すことのできる長巻フィルム。

financial analyst ファイナンシアル・アナリスト。金融、株式の専門家。証券会社、銀行、機関投資家などに所属している場合がある。

financial relations ファイナンシャル・リレーションズ。広義にはIRを含む直接金融と間接金融のステーク・ホルダーとの関係。狭義にはIR（投資家・株主・証券会社／アナリストとの関係）を独立して考え、企業が融資や投資を受ける金融機関との良好な関係を築くための活動。→ investor relations（IR）

flack 報道担当者。芸能関係用語で、中傷・誹謗などに対処する。

flagship station 放送局のネットワークの中心となるキー局。

flyer フライヤー。新製品、販売セール、特別提供品やイベントを発表、促進するために用意された郵便物やチラシ。通常1枚もの。

focus group フォーカス・グループ。ある問題または製品について意見や考え方をもっていると思われる人たちの代表を抜き出してテストするためのグループ（通常20人以下）。

folder 4ページの印刷物。または、印刷物を入れるためのフォルダー。

freelance 新聞社・出版社に属さないフリーのジャーナリスト。メディアと契約をもって、取材し記事・写真をメディアに提供する。

freeloading 企業・団体が影響力行使を目的に提供する贈り物、接待、旅行などを記者・編集者が受け入れる習慣。

freenet 無料でアクセスできるネットワーク。

free paper フリーペーパー。広告収入だけで制作され、無料で配布されている新聞。

frequency discount 大量広告に対する割引料金。

front of the book 雑誌の編集で主体となる記事の載っている部分。

fund manager ファンドマネージャー。金融資産を運用する専門家のこと。

futures research 将来の出来事、たとえば政治的、社会的、経済的環境の変化を予測する目的で行われるリサーチ。

G

gatekeeper 編集者や記者、レポーターなどニュース化のため情報を取捨選択する立場にある人。

generative artificial intelligence 生成 AI。自然言語に応答し、テキスト、画像、または他のメディアを生成する人工知能（AI：artificial intelligence）システムの一種。

ghostwriter ゴーストライター。影でスピーチ、記事、原稿などを書く人。

goodwill グッドウイル。個人、団体、グループに向けられる善意または好意的態度。

gopher インターネット上で情報をみつけ出す方法。

government relations ガバメント・リレーションズ。政府機関、議会関係者との問題処理のため、あるいはコミュニケーションを保つためのパブリック・リレーションズの一機能。

grapevine 非公式に口頭で情報や噂を広める方法。

grassroots グラス・ルーツ。草の根大衆。

gross impressions リリースされた情報が複数のメディア（新聞、放送など）に取り上げられた際の購読者と視聴者の総数。→ impressions

H

hallucination 幻覚。生成 AI の分野では人工知能（AI）が事実に基づかない情報や、実際には存在しない情報を生成する現象を指す。

handout ①広範囲に配布されるパブリシティ用のリリース。②資料を手渡すこと。

hard sell 製品広告やある意見を押しつけるため直接的議論など強引な説得を試みること。押しつけ行為。

Helsinki Charter 国際的な PR の組織体である IPRA、CERP、ICO が連合して、パブリック・リレーションズの質的向上に合意する議定書にヘルシンキ憲章として調印したもの。

hold　許可が出るまで記事の配布を差し控えること。

hold for release　解禁まで記事の印刷または放送を差し控えること。

home information system（HIS）　家庭に種々のデータベースをコンピュータで供給する電子情報システム。情報は消費者個人がコントロールする。

hometown stories　ある種のイベントや活動に参加している個人、企業、団体について出身地の地方メディアのために書かれた記事。

human interest　読者の感情、同情などに訴えるような読み物記事。

HUT（households using television）　ある時間テレビをつけている家庭の数。

hype　メディアを有効に使って、映画やテレビ・スター、書籍、雑誌などのプロモーションを行うこと。→ press agentry

hypodermic needle theory　皮下注射針理論。人々は空虚な状態にある場合、与えられた情報を途中で気を変えることなくダイレクトに受け入れるとする考え。

I

ICCO（International Committee of Public Relations Consultancies Association）　ロンドンに本部のあるヨーロッパで活動する550以上のパブリック・リレーションズの会社で組織される委員会。国別ではオーストリア（APRVA）、ベルギー（ABCRP/BGPRC）、チェコ（APRA）、デンマーク（BPRV）、フィンランド（VTL）、フランス（Syntec Conseil）、ドイツ（GPRA）、ギリシャ（Hellenic PRCA）、アイルランド（PRCA Ireland）、イタリア（ASSOREL）、ポーランド（VPRA）、ノルウェー（NIR）、ポルトガル（APECOM）、スペイン（ADECEC）、スウェーデン（PRECIS）、スイス（BPRA）、イギリス（PRCA）。

image　イメージ。個人がある団体または個人に対してもっている潜在的印象。コーポレート・イメージとは一般社会が抱く企業に対する印象をいう。

image-building　個人または企業・団体のレピュテーションを保護、高揚すること。

implementation　インプリメンテーション。PR プログラムの実行、実施。

impressions　①新聞や映像メディア通じてニュース・リリースを個人に印象づけること。②リリースされた情報がメディア（新聞、放送など）に取り上げられた際の購読者と視聴者の総数。→ gross impressions

independent station　ネットワークに入っていない独立放送局。

industry relations　インダストリー・リレーションズ。パブリック・リレーションズ機能の１つ。企業とその所属する業界との間の問題を処理、コミュニケーションを保つための活動。

influencer　オピニオン・リーダーともいわれる。社会一般あるいは業界内において、その意見の影響力の大きい人のこと。→ opinion leader

information on demand　コンピュータ管理により、ユーザーの必要に応じてテレビやコンピュータのスクリーン上に情報を呼び出すこと。

information superhighway　情報スーパーハイウェイ。テレビ、電話、コンピュータを組み合わせて双方向の情報を交換するための高速送受信システムの一般的な呼び方（ゴア副大統領が提唱した）。

informercial　インフォーマーシャル。放送メディアの番組を通して行われる主張広告。→ advertorial

institutional advertising　製品・サービスの販売促進よりも、企業イメージを高めることを目的とした広告。→ corporate advertising

institutional investors　証券投資を行う投資信託、保険会社、年金基金、銀行、大学、共済組合、農協など個人以外の機関投資家。

integrated marketing communication（IMC）　メディアへの広告、PR、SP、DM などのコミュニケーション活動をマーケティングとして統合的にとらえる考え方・戦略。

intellectual property　知的財産権。人間の精神的創作や企業活動における識別標識など、知的活動による無形財産を保護するもの。著作権、特許、商標、意匠など幅広い権利をカバーしている。

interactive　インタラクティブ。双方向の有線、ビデオテックス、光ビデオディスクなど視聴者参加のテレビ技術。対話型のコミュニケーション技術。

interface　インターフェイス。団体、個人、グループの結びつき。

internal communications　企業・団体内部の社員や構成員間のコミュニケーション。

internal publication　企業、団体内部の人たちを対象にした刊行物。

internship　インターンシップ。職業上の経験を積むために学生などが一時的に実習生として企業・団体で働くこと。

interpersonal communication　会話やジェスチャーによって間近にいる人たちとやりとりすること。

interstitials　インターネット上であるサイトのページをダウンロード中に利用者にみせる広告。

interval measures　社会学で、体験によって組み立てられた尺度。

interviewer bias　インタビューする側がある調査を行う際、自分の偏見を擁護するような質問をすることによって引き起こされる間違い。

investor relations（IR）　インベスター・リレーションズ。投資家との問題を処理、コミュニケーションを保つためのパブリック・リレーションズの一機能。→ financial relations

IoT（Internet of Things）　「モノ」のインターネットと訳される情報・通信技術の概念。これまで主にパソコンやプリンターなどの IT 関連機器が接続していたインターネットに、それ以外のさまざまな機器や装置をつなげる技術。

IPRA（The International Public Relations Association） 国際パブリックリレーションズ協会（イプラ）。1955年に設立され、世界70カ国以上で活動するPR 実務家（学者、研究者含む）の国際組織、本部ロンドン。

ISO26000 社会的責任に関わる組織行動の考え方や規範、ならびに取り組み方法を提示した国際規格。

insider trading インサイダー取引。企業の内部関係者が未公開情報を利用して不正に行う証券取引。

issue 企業・団体にとっての懸念材料。

issue（and opportunity）management イッシュー・マネジメント。危機管理の１つ。ある企業・団体が直面する、あるいは将来に起こりうる問題や機会を特定し、系統的に処理するための情勢分析・企画をともなった行動プログラム。→ risk management, crisis management

J・K

junket パブリシティの目的で企業が費用を負担してプレスの人たちを招待する旅行。多くのメディアはそのような旅行費用の負担は受け入れない。

knowledge management ナレッジ・マネジメント。個々の社員がバラバラにもつ知識や経験を社内で共有して業務の向上を目指すこと。単なる情報でなく経験則やノウハウなどを収集し、体系化して、蓄積と活用を繰り返すこと。

Kyoto Protocol 京都議定書。気候変動枠組条約に基づき、1997年の地球温暖化防止京都会議で議決された議定書。二酸化炭素など６種の温室効果ガスについて先進国における削減率を定め2008〜12年の間に達成することになった。米国は離脱したものの、日本など多くの国が署名し、2005年に発効した。

L

LAN（Local Area Network） サーバーによって結ばれた小規模（企業内や学校内など）なコンピュータ・ネットワーク・システム。

leaflet リーフレット。通常４ページの印刷物。

leak リーク。特定のメディアに対して事前に意図的に情報を提供すること。

lecture ①講演。②レクチャー。メディアの世界で「レク」と呼ばれるもので、記者クラブ（→ press club 参照）へニュース・リリース（→ news release 参照）を配布する際に、通常クラブ内でPR・広報担当者などが記者に対して行う簡単な背景説明。

libel 記事や放送で、人の名誉が傷つけられたと法廷が解釈すること。→ slander

line function 大きな組織を動かすための直線的組織。たとえば生産部門におけるマネジャーと人員、軍隊においては戦闘部隊における将校のライン。このラインの機能は基本的立案よりむしろ実行するためのものである。→ staff function

literary agent 作家の代理人として出版社と交渉する人。

lobbyist ロビイスト。企業・団体の意見を議会や政府関係者に働きかける人たち。米国では登録制。

localize ローカライズ。現地化すること。大量に配布される記事や放送などである国や特定の地域に限って触れること。

logotype ロゴタイプ。社名や製品名など他社とはっきり差別化させるためのオリジナルな書体。

LOHAS（lifestyles of health and sustainability） 健康と環境を重視したライフスタイル。化学肥料ではない有機野菜、化石燃料でない自然エネルギー、医薬品使用の治療よりも予防などに重点を置く考え方と行動。ナチュラル、ヘルシー志向。

loop ①オーディオにおいては、特別の音響効果を出すための技術。たとえば、テープの1カ所に録音されている音を連続的に送り出すことによって得られる効果。②テレビ番組を全国放送するためにキネスコープの録画、音声を、ビデオテープを使って効果を出すこと。ローカル局の番組やニュースをネット局が拾い上げることができる。フィルム・ループでは同じ画を何度も映し出すことが可能。

M

management マネジメント。企業・団体の政策、立案、実行に責任を負うトップの役員。

management buyout（MBO） 会社経営陣が株主から自社株式を譲り受けたり、事業部門統括者が当該事業部門を事業譲渡されたりすること。

management chart マネジメントの役割分担を表す図表。

managing editor 編集局長。編集関連の部署を統括する。

marketing communications マーケティング・コミュニケーション。製品やサービスの販売促進を目的にしたコミュニケーション活動。パブリシティ、プロモーション、広告。マーコムともいう。→ corporate communications

marketing public relations マーケティングPR。企業・クライアントの広告、マーケティングの目標を全般に支援するためのパブリック・リレーションズの手法。→ corporate public relations

mass publications 大きな発行部数をもち、広い階層にアピールする定期刊行物。

material インベスター・リレーションズにおいて、株価に影響すると思われる出来事を示す用語。

M Bone インターネットで映像を送信するための多重放送用装置。

mecenat（仏） メセナ。芸術文化支援活動。企業市民としての社会貢献活動の一環。

media　メディア。パブリック・リレーションズでメッセージを発信するチャンネルでターゲットに対するコミュニケーション・チャンネルの1つ。新聞、雑誌、ラジオ、テレビ、書籍、音楽、絵画、漫画、ポスター、冊子、スピーチなど。

media audit　ベンチマーク調査の一手法で、情報発信者となるメディアから、企業や商品・サービスについての理解度や要望などをヒアリングする。

media briefing → press briefing

media monitoring　メディア・モニタリング。企業や組織体が発信した情報や競合相手の情報がメディアでどのように取り上げられているかをモニター（監視）すること。→ press monitoring

media relations　メディア・リレーションズ。企業・団体がメディアとの良好な関係を維持しながらパブリシティを行ったり、メディアの反響を探るために双方向性のコミュニケーションをはかるパブリック・リレーションズ機能の1つ。

merchandizing　マーチャンダイジング。製品やアイデアを魅力的に買いやすくするよう促進すること。

message entropy　メッセージ・エントロピー。メッセージが伝わり広まるに従って情報が拡散または消滅する傾向。

meta cognition　メタ認知。自分自身を客観的に認識すること。

microblogging　マイクロブログ（ミニブログ）。140字以内の投稿を前提とするブログで、Twitter などが有名である。他者の投稿をリツイートすることで、情報を拡散することができる。

midcourse evaluation　ある調査で、途中で環境の変化などに応じて最初のプランを再調整する必要があるかどうかを評価すること。

minority relations　マイノリティ・リレーションズ。少数民族の個人またはグループに対処、コミュニケーションを行うパブリック・リレーションズ機能の1つ。

monitor　①新聞、雑誌の記事内容や放送内容を監視すること。②テレビ放送などをみるためのモニター装置。

moral hazard　モラルハザード。規律の喪失、倫理観の欠如した状態のこと。

morgue　出版社などで掲載記事や写真などの資料を保管する、小型図書館のような部署。資料室。

muckrakers　マックレーカーズ。企業、組織、政府機関などの汚職事件を漁る暴露記者。とくにアメリカで1900年代初期に活躍したこの種の記者、出版物。

mug shot　新聞などの掲載用に撮影された肩から上の顔写真を表す俗語。

multiple-channel approach　複数のメディアやコミュニケーションを利用して一般社会に1つの概念またはテーマを印象づける手法。

multiplier effect 1つの情報発信が他の多数のメディアに同一の情報発信するよう促す効果。

N

narrow casting ある問題について興味をもつ特定のセグメントに対して向けられる放送。

network option time ネットワークが提携局またはその所有する放送局のために優先して放送する時間。

news conference 記者会見（press conference と同義）。

news release ニュース・リリース。新聞、雑誌や放送用に配布される発表資料（press release と同義）。

news tip 記事のための情報。

news wheel 新しい情報を追加して放送されるニュース番組。

newsletter ニューズレター。企業や団体で発行する手紙形式の刊行物。

non-governmental organization（NGO）/non-profit organization（NPO） ともに政府などの公的機関でない民間の独立した非政府・非営利団体で、人権・貧困／飢餓・環境・国際紛争など、さまざまな問題で活動を行う。日本では1998年に NPO 法が成立し、多くの NPO 法人が認定されている。

nonprobability sample ある特定のグループが含まれる可能性がないように選択したサンプル。この方法はあるセグメントを過大または過小に評価するリスクをともなう。

O

off-the-record いわゆる「オフレコ」。公表しないことを条件に記者に秘密情報を与える慣習。

ombudsman/woman オンブズマン。ある組織に対して個人またはグループによる苦情を調査する人。行政機関だけでなく企業においても導入されている。

online 2 offline（O2O） オーツーオー。O2O とは、主に E コマースの分野で用いられる用語。企業・店舗のネット上（オンライン）での情報や活動が、実店舗（オフライン）での集客や購買行動に影響を及ぼす施策・活動。

Op Ed（opposite editorial） 新聞紙上で社説と対峙するページのこと。現在では社外の人の意見などが掲載される。

open end 放送などで最初か終わりに各放送局が追加番組を挿入できるように開けておくスペース。

open house オープン・ハウス。企業などがその施設などを、メディアや従業員とその家族、ディーラー、サプライヤー、地域の人たちにみてもらうために開放すること。コミュニティ・リレーションズの一手法。

opinion leader オピニオン・リーダー。インフルエンサーともいわれる。→

influencer

outtake　最終的に使用されない撮影または録音された素材。

over the transom　メディアが要請しないのに提供された素材。

overrun　実際に注文された量より最高10％多く配達し、料金を上乗せする印刷物の取引慣習。

P

pamphlet　パンフレット。折り畳み印刷物（leaflet）より少しページ数が多い、表紙つきの印刷物。しばしば leaflet としても使用可能。

paid publicity　ペイド・パブリシティ。記事体広告ともいう。新聞や雑誌などの広告スペースを購入し、記事風の広告を出稿することで PR・広報活動の一環としてとらえられている。

panel　リサーチなどで情報を繰り返し提供する人たちのグループ。セミナー、シンポジウムなどの討議に参加する人たちのグループ。

parametric tests　パラメトリック・テスト。違った仮定に基づいてサンプルのグループを抽出して行う分析。

pattern speech　少し書き換えるだけで、異なった聴衆の前で幾人もの話し手がスピーチできるように書かれた基礎原稿。

people meter　１人の視聴者がどのくらいの時間テレビをみているかを計算する装置。テレビの視聴者数を測定するのに用いる。

personal　人物に関する短い記事。

philanthropy　企業の社会貢献活動。社会福祉などに直接・間接に寄与する活動。

pilot test　パイロット・テスト。パブリック・リレーションズ活動の全般的な実施の前に、メッセージや主要ポイントを少数のグループを対象にしてテストすること。

pitch　ピッチ。メディアなど情報受信者に提供するアイデアとその売り込み。新規の顧客獲得のための売り込み。

planter　ニュース・リリースをメディアに届け、ニュースとしての使用を促す役割を負うパブリシティ担当者。

planting　メディアにパブリシティの資料を掲載すること。

policy　ポリシー。組織の姿勢と行動のパターンを決める基本的教義。

poll　世論調査。

position paper　企業・団体がある問題・懸案事項に対してその立場を詳細に述べた文書。

positioning　ポジショニング。企業およびその製品の市場における地位を確立するため、企業イメージを認識させるプログラムを作成する手法。または何らかの形で他に先行するための努力。

posture of receptivity あるソースから発せられた情報を受け取り、答える準備体制。

power structure 社会、政治、経済的に優位な構造。

PR パブリック・リレーションズ。→ public relations

PR wires メディアに備えられたコマーシャル受信用専用線。

presentation プレゼンテーション。企画、サービスなどについて会合で説明すること。多くの場合、書類、グラフィック・ディスプレイ、フィルムほかの資料が使われる。

press agentry（agent） 傑出した人物（物）についてニュース価値をもたせてパブリシティを行うこと。press agent はそれを行う人。

press announcement 企業や団体の重要なニュースをメディアに対して発表すること。→ press conference

press briefing プレス・ブリーフィング（または media briefing）。重要な発表を行う記者会見と異なり、その背景説明や企業の現況、計画などをメディアに対して説明を行うもの。ニュース性の高いトピックも含まれる場合もある。昼食をはさんで実施する場合はプレス・ランチョン（press luncheon）。

press caravan プレスキャラバン。企業または業界団体、自治体などが、重要な PR 課題をプレスに訴求するために、相手先を巡回訪問して説明する活動。

press club 記者クラブ。日本においては、中央省庁、都道府県庁・市役所、経済団体などの施設内に置かれ、全国紙・通信社・TV ラジオ・一部業界紙などがメンバーとなっている。この記者クラブ制度は1890年から始まった日本独特のもので、欧米におけるプレスクラブは社交団体的性格が強く、日本のような取材センター機能がない場合が多い。また、東京有楽町に外国メディア・ジャーナリストの団体である日本外国特派員協会（FCCJ）がある。

press conference プレス・カンファレンス。記者会見。イベント、ニュースに関して記者用に開かれる。通常、出席者に質問などの機会を与える。

press contact プレス・コンタクト。PR・広報担当者によるメディアの編集者・記者と接触し、個別ミーティングなどをもつ。

press kit プレス・キット。メディアに配布されるニュース・リリース、写真、バック・グラウンド・インフォーメーションなどの入ったフォルダー。

press luncheon 昼食をとりながら組織体のトップや幹部が複数のメディア記者に対して、事業内容の説明や意見交換を行ったりすること。ニュース発表ではなく、相互理解と懇親を深めるのがねらい。

press monitoring プレス・モニタリング。→ media monitoring

press preview プレス・プレビュー。展示会やイベント、施設の完成お披露目などに際して、一般公開に先駆けてメディアだけを招待してみせること。

press release プレス・リリース。→ news release

pressure group 圧力団体。自らの利益・権利を獲得・保持・拡大するために政府や企業などに働きかける団体。職種や業界、消費者団体など。

prestige　プレステージ。個人、組織、団体などの名声。

pretesting　調査前に行われるサンプリング・テスト。

preventive public relations　次々と情報発信して企業または個人に対する友好関係を維持するために努力すること。

prime time　プライムタイム。視聴率の最も高い時間帯。

privilege　憲法で許された、名誉毀損に問われそうな報道に対する免責を保証する権利。

probability sample　①予測される方向に選択されたサンプル。サンプルが正確に調査対象を代表する可能性が予測できる。②ターゲットグループ内のすべての人が質問を受けるチャンスをもつ形の調査。

product liability　PL 法（製造物責任法）。1995年に施行された、製品欠陥による消費者被害に対する製造者の損害賠償責任の法律。

product recall　欠陥が発見された製品を、修理または交換のため消費者から回収（リコール）すること。

profit and loss statement　損益計算書（P/L）。事業体などのある一定期間（会計期間）の「収益」と、それを得るために要した「費用」の計算の明細を示して、その期間における「純利益（赤字の場合は純損失）」を算出した計算書。

program　プログラム。ある運動（活動）を展開するにあたって策定される概要。

promo　プロモーション用の声明。フィルム、ビデオテープ、スライドおよびこれらを組み合わせて放送すること。

promotion　プロモーション。ある人物、製品、組織、主義などへの注意を喚起するために行われる特別の活動。

propaganda　プロパガンダ。事実を歪めた他人の意見に影響を及ぼすための運動。倫理観が希薄で一方向型コミュニケーション。

propaganda devices　人々の行動や意見に影響を及ぼすプロバガンダの道具立て。スピーチ、書類、写真、音楽などを含む。

proposal　プロポーザル。ある企画、サービスについての企画提案書。プレゼンテーションの場で使用したり、郵送や配布などで提供される。

PRSA（Public Relations Society of America）　米国パブリックリレーションズ協会。1949年に設立、約２万人の会員を有する。

PRSSA（Public Relations Student Society of America）　米国学生パブリックリレーションズ協会。1968年に PRSA によって設立、8500人を超える会員を有する。

public（plural, publics）　一般社会。パブリック・リレーションズにおいて影響を与えようとする人たちの集合体。その対象は小さなグループから企業の株主、従業員、カスタマー、地域社会、行政、国全体、あるいは世界全体でもありうる。

public affairs パブリック・アフェアーズ。主として政府機関や企業がコーポレートPR的な活動に使われる用語。コミュニティ・リレーションズ、消費者リレーションズなどをとおしてパブリック・アクセプタンスを実現したりする。パブリック・リレーションズとほぼ同義に使われる場合もある。

public information パブリック・インフォーメーション。主として政府機関、社会事業団体、大学などが行うパブリック・リレーションズ活動を指す用語。初期の日本の「広報」はこれに近い。一方向型。

public involvement 行政に置いて市民の声を立案に反映させること。とくに地域開発などにおいて、事前に計画を公表したうえで住民の意見を十分ヒヤリングしていくことが重要となってきている。

public opinion 世論。

public relations パブリック・リレーションズ。一般的に、個人、団体、公的あるいは私的機関、企業の利益のために人々（ステークホルダー）のグループの意見を判断、調整、影響を与え、あるいはある方向に向けさせるための活動または態度。組織と一般社会のターゲットされたグループとの間の調整の手助けをすること。

publicity パブリシティ。パブリック・リレーションズの手法の1つである、メディア・リレーションズの中の行為。クライアントの利益を促進するために選択されたメディアを通してメッセージを企画、発信すること。メディアへの金銭の支払いは行わない。

publisher 発行者（パブリッシャー）。新聞社や雑誌社などの出版社の経理、技術、運営、ときには編集・評論などすべてを総括するトップの人。

puffy パブリシティに使われる誇張、実態のない材料。

punch 記事、放送番組の中でとくに強調される点。

purpose based（driven）management パーパス経営。自らの存在意義を認識し、社会への貢献を通して経営を行うこと。

purposive sampling 意見を聞くためにオピニオン・リーダーを選出すること。一般的にパブリック・リレーションズのキャンペーン成功のために、そのグループの賛同が必要だと思われる場合に行う。

Q

quality circle（QC） 職場で業務の運営方法や作業行程などを改善する方法を検討するためにつくられるグループ。

quarterly report クォータリー・レポート。企業が発表する四半期（3カ月）ごとの業績報告書。

query 記事とその扱いについて編集者または放送のキャスターに寄せられる書面による質問。

quicktime　コンピュータを使ったビデオ・ファイルの暗号化、再生のためのフォーマット。

quota sampling　全体の特性に沿った意見をもつグループを抽出すること。

R

random sample　ランダム・サンプル。無作為で抽出される人またはグループ。

reach　ある時間帯に選択された放送局、またはコマーシャル、番組をみた視聴者または家庭の数。

rebate　リベート。契約で決められた時間、スペースを超過したときに与えられる広告の特別割引。

recap　記事、番組などの要点の繰り返し。

relationship management　パブリック・リレーションズの目標達成のために、さまざまなステーク・ホルダーやターゲットとの良好な関係性を構築し、維持・発展させていくこと。

relationship marketing　リレーションシップ・マーケティング。新規顧客獲得の注力に対比するマーケティングの考え方で、既存の顧客を重視する。顧客をじっくり調査し、顧客のニーズに合った商品・サービスを提供して顧客満足度（CS）を高め、顧客との関係を長期化させること。

release date　リリースに定められた解禁日時。とくにスピーチなどの原稿ではスピーチが始まった時間が解禁時間となる。

reporter　レポーター、報道記者、通信員。

reputation management　レピュテーション・マネジメント。企業に対する評判・品格（レピュテーション）管理のこと。

resilience　レジリエンス。しなやかさ、復元力、忍耐力。

respondent　世論調査などで回答を寄せた人。

return on asset（ROA）　総資産利益率。利益を総資産（総資本）で除した、総合的な収益性の財務指標

return on equity（ROE）　株主資本利益率。企業の税引利益を株主資本で割って算出する。株主側からみた企業の収益力の指標といえる。

review site　レビューサイト。アマゾンや価格コム、またクックパッドなどを指す。これらはユーザーが自由に製品に対してレビューを書き込むことができ、閲覧者は口コミの情報を参考に製品購入の意思決定において参考にする。

risk management　リスク・マネジメント。企業存続にかかわる問題の管理、および準備。事前の調査である issue management と、主に問題発生後の行動である crisis management（communication）の間に位置する。通常保険でカバーされる。

road show　投資家向けの企業説明会。欧米では、1カ所でなく数カ所でシリーズで行うのが一般的であることからロード・ショーと名づけられた。

round up　総括的なまとめ記事。

royalty fee　ロイヤルティ・フィー。売れた部数ごとに作家に支払われるお金（通常、小売価格の10～15%）。印税。また、放送に使用された素材に対して番組の配給者が受け取るお金。

running story or breaking story　突発の、現在進行中の事件に関する記事。

S

sample　サンプル。世論調査などで、全対象の中から質問のために選び出された一部の人たち。この意見が全体の意見を代表するように選別される。

sample error　サンプルの取り方によるエラー。

SDGs　持続可能な開発目標。2015年国連サミットで採択された。

search engine　サーチ・エンジン。コンピュータでデータなどを探すのに使われる検索エンジン。

security analyst　セキュリティ・アナリスト。証券アナリスト。

selective attention　思考を集中させるために多くの対象の中からある特定のものを選び出すこと。

semantic noise　聞く側が理解不可能な言葉を使うこと。たとえば一般の聴衆に対して経済の専門用語を使うなど。

semantics　意味論。言葉とその用法・解釈の研究。

sets in use　セット・イン・ユース。調査対象地域内で、ある時間聴かれているラジオの全家庭に対する割合。テレビの場合はHUT（households using television）と呼ばれる。

share or share of audience　ある時間、それぞれの局の番組を視聴した人の全体に対する割合。

side bar　サイド記事。主体となる記事に添えられる従属記事。

situation analysis　シチュエーション・アナリシス。企業や団体の現状におけるポジショニングの分析。

slander　言葉による名誉毀損。→ libel

slant　記事、番組の中でとくに強調されるもの。傾向、視点。

slushpile　雑誌に送られてくる頼まれもしない原稿の山。

social contract　企業の社会的責任について一般的に使われる用語。

social media　ソーシャルメディア。Twitter や Facebook、YouTube などのより双方向性の強いメディアを指す。

social networking site /service（SNS）　参加者が友人や知人に参加を促しネットワークが拡大していくウェブサイト。

social responsible investment（SRI）　社会的責任投資。環境保護・人権擁護など倫理観の高い企業に対して選別的に投資すること。

soft news　軟派記事。とくに時宜にあったものではない柔らかい読み物記事。

soft-sell　ある問題が生じたとき、間接的に、上手に、議論を避けて説得するやり方。間接的誘導技法。
source credibility　ターゲットグループから同意を得るために専門的知識、誠実さ、カリスマ性をもつ代表者を利用する手法。
spin　団体または個人を実際とは反対に好意的にみせるよう記事を歪曲すること。このようなことをする人をスピン・ドクターと呼ぶ。
split message　どれが最も効果的かを判断するため、異なった対象に2～3の違ったメッセージを発信すること。
split run　新聞、雑誌などで全発行部数の一部にだけ掲載すること。
spokesperson　スポークスパーソン。報道機関に対して情報を適宜発表するPR・広報責任者のこと。
sponsored film　企業・団体が情報またはメッセージを発するために自己負担で作製する映画。通常は無料上映。
sponsorship　スポンサーシップ。文化活動やスポーツ・イベントなどの主催、資金援助をともなう協賛。
spread　スプレッド。広告などで写真、コピーなどを1ページにわたってガター（溝）を入れないで掲載すること。通常は1つの図版を使って印刷される。
staff function　組織の本部が行う分析、企画、コミュニケーションで、ラインまたは支部による任務の遂行とは対照的なもの。
stakeholder　ステークホルダー（利害関係者、関係する人）。企業に投資する人、株主、顧客、従業員、地域住民など。
stock option　ストック・オプション。企業の役職員が、一定期間後にあらかじめ決められた価格（低価格）で、自社株を購入できる権利のこと。
story angle or peg　ストーリー・アングル。記事の価値を高める興味を引く内容。
straight news　ストレート・ニュース。通常のスタイルで書かれた記事。
stringer　本社、支局から離れた場所で、必要に応じて取材を頼まれる記者。
stunt　パブリシティのための目立つ行為。
style book　記者が記事を書くためのハンドブック。言葉の使用法、略語などを記してある。いわゆる記者ハンドブック。大手メディアなら各社に1つあると考えていい。
supply chain management　サプライ・チェーン・マネジメント。製品が、原材料からさまざまな工程を経て消費者の手に渡るまでのすべての工程をサプライ・チエーンと呼び、この効率を高めるための計画・管理。
survey　サーベイ。マーケットまたはある特定のグループの考え方を分析するための調査。
sustainability　サステナビリティ。広義には人類、国家、社会の発展持続力。企業においては、明確な経営理念を樹立し、外的要因を考慮しながら内部資源を有効に活用して事業を発展させること。これにより利害関係者の支持をとりつける。

T

tabloid 通常のサイズより小さいサイズで発行される新聞。通常1ページが5つのコラムで構成され、タブロイド版といわれる。

teleconference テレカンファレンス。画像や音声を有線や衛星を仲介にして複数の場所で開く会議。

teletext ショッピング、株式相場、ニュースなどを活字形態で家庭のテレビスクリーンで受け取る情報。

telethon 数時間にわたってテレビで放送される募金のための番組。募金の呼びかけと娯楽番組がミックスされている。

teletype テレタイプ。タイプライターで書かれた原稿を送信するための電子システム。AP、UPIやパブリック・リレーションズなどのニュースワイヤーで原稿を送るのに使われる。

terminal コミュニケーションやネットワーク上で情報の出入りがある場所。

test group 製品、アイデアに対する反響を調べるために選択されるグループ。→ control group

testing 製品、イベント、問題などについて注意深く選択、上手に限定された地域またはグループの反応を試すこと。

tie-in 1つのイベントを2つ以上の組織、団体がいっしょに行うこと。すでに予定されているイベントに合わせて行う宣伝活動。

tight 新聞、放送などのメディアで新たな情報を追加するスペースや時間的な余裕のないこと。

time classifications 視聴率によって決められる放送時間料金。

tip 記事になる情報。

tipping-in 予定外のページを挿入、つけたすための、印刷物をつくるための作業。たとえば10ページの冊子にページ5と6を挿入する場合や、織物のカタログに見本の切れ片を挿入する場合など。

TOB（take over bid） 株式の公開買付。企業買収を図る際に、株式を不特定多数の株主から公募で買い付けること。証券取引法にのっとり、買取の期間や買取株数、価格を公表しなければならない。

track back トラックバック。インターネットのブログで，相手記事（エントリー）に対して自分の記事へのリンクをはりつけること。また、その機能。

trade journal トレード紙・誌。特定の産業分野に興味をもつ業界、専門的職業グループのために企画、編集される雑誌、新聞。専門業界紙・誌。

trade publications 専門業界紙・誌（trade journal）の定期刊行物。

trademark トレードマーク。商標。製品につけられた名前、シンボルその他の意匠、図案。正式に登録され、所有者または製造元以外の使用が法律的に禁じられている。

traffic 広告会社の制作スケジュールを担当する部署。放送では、番組放送のすべてを担当する部署。

transparency 経営の透明性。企業や団体の事業活動を、隠し立てすることなく利害関係者に示すこと。→ disclosure

U・V

update アップデート。記事や資料の中の情報を最新のものにすること。

usenet コンピュータで交信するために人々が集まるコンピュータ上の国際フォーラム。

video news release（VNR） ビデオテープに収録されてテレビ局に配布されるニュース・リリース。音声による説明があるものとないものがある。

video conference ビデオカンファレンス。遠く離れた場所で行われているビジネス会議からエンターテイメントのイベントにいたるまであらゆるものを結びつけるために使われる私設のテレビネットワーク。大画面のテレビセット、カメラ、衛星中継用の設備などすべてが備わっている。

videotex ビデオテックス。双方向の情報交換システム。受ける側はスクリーンで情報を受け取り、キーボードでメッセージを送ることができる。

vignette ビニエット。ユーモラスな、また痛切な表情を映し出す小品の映像。

virtual reality バーチャル・リアリティ。コンピュータを使ってつくり出される仮想現実。

virus コンピュータのソフトウェアを破壊するウイルス。

W・Y

watermark 紙につけられた透かし模様。光などに当てると現れる。digital watermark は「電子透かし」。

white paper 白書。組織がある問題についての論点を整備した文書。

workshop ワークショップ。企業の商品・サービスなどに直接触れてもらい、体験してもらう説明会。

workstation コンピュータを連結したワークステーション。

wrap-up ラップアップ。サマリー、活動の終了、または最終報告書。

yellow journalism イエロージャーナリズム。扇情的な記事を売り物にする新聞。

●参考文献

《英語》

Bax, Marcel, C. Jan-Wouter Zwart, *Reflections on Language and Language Learning: In Honour of Arthur Van Essen*, John Benjamins, 2001

Bernays, Edward L., *Crystallizing Public Opinion*, originally published in 1923, republished by Kessinger Publishing, 2004

Bernays, Edward L., *Propaganda*, originally published in 1929, republished by Kennikat Press, 1972

Bhagwati, Jagdish, *In Defense of Globalization*, Oxford University Press, 2007

Broom, Glen, *Cutlip and Center's Effective Public Relations*, 11th edition, Prentice Hall, 2012

Caywood, Clarke ed., *The Handbook of Strategic Public Relations and Integrated Communications*, McGraw-Hill, 1997

"Corporate Reputation Review," *An International Journal*, Vol.2, No.1, 1998

"Corporate Reputation Review," *An International Journal*, Vol.2, No.4, 1999

Cramer, P., Molecular Biology Self-Correcting Messages, *Science*, 28 July 2006

Culbertson, H., N. Chen, ed., *International Public Relations A Comparative Analysis*, LEA, 1996

Cutlip, S., A. Center, *Effective Public Relations*, Prentice Hall, 1952

Cutlip, S., A. Center, and G. Broom, *Effective Public Relations*, 7th edition, Prentice Hall, 1994

Cutlip, S., A. Center, and G. Broom, *Effective Public Relations*, 9th edition, Prentice Hall, 2005（スコット・カトリップ他『体系パブリック・リレーションズ』ピアソン・エデュケーション、2008）

Dilenschneider, Robert L., ed., *Dartnell?s Public Relations Hand Book*, The Dartnell Corporation, 1996

Ewin, Stuart, *PR! A Social History of Spin*, Basic Books, 1996

Fink, Steven, *Crisis Management Planning for The Inevitable*, iUniverse, 2000

Fombrun, Charles J., *Reputation: Realizing Value from the Corporate Image*, Harvard Business School Press, 1996

Gable, Tom, *The New PR Client Service Manual*, 3rd edition, The Counselors Academy, 1997

"Gold Paper No. 12 The Evolution of Public Relations Education and the Influence of Globalisation, Survey of Eight Countries," IPRA, 1997

Goodman, Michael, *Corporate Communications for Executives*, State University of New York Press, 1998.

Grunig, J. E., D. M. Dozier, *Excellence in Public Relations and Communication Management*, Lawrence Erlbaum, 1992

Grunig, J. E., T. Hunt, *Managing Public Relations*, Holt, Rinehart, & Winston, 1984

Grunig, J. E., L. A. Grunig, "Implications of Symmetry for a Theory of Ethics and Social Responsibility in Public Relations," Paper presented at the meeting of the International Communication Association, 1996

Hall, E. T., *Beyond Culture*, Doubleday, 1976（エドワード・T.ホール『文化を超えて』阪急コミュニケーションズ、1993）
Harris, Thomas L., *The Marketer's Guide to Public Relations*, Wiley, 1991
Harris, Thomas L., *Value-added Public Relations*, NTC Business Books, 1998
Harvard Business Review on Crisis Management, Harvard Business School Press, 2000
Howard, C., W. Mathews, *On Deadline*, 3rd edition, Waveland, 2000
Inoue, T., "Mad Cows, Bad System in Japan," IPRA Frontline, 2002, 24(2)
Inoue, T., "The Need for Two-way Communications and Self-correction," IPRA, Frontline, 2002, 24(4), and the erratum, Mar. 2003
Inoue, T., "An Overview of Public Relations in Japan and the Self-Correction Concept," Sriramesh, K., and D. Vercic, ed., *The Global Public Relations Handbook: Theory, Research, and Practice*, Lawrence Erlbaum Associates, 2003
Kotler, Philip, Nancy Lee, *Corporate Social Responsibility*, John Wiley & Sons, 2005
Lesly, Philip, ed., *Lesly?s Handbook of Public Relations and Communications*, 5th edition, NTC Contemporary Publishing Company, 1998
Macnamara, Jim, *Public Relations Handbook for Managers & Executives*, Prentice Hall, 1996
Macnamara, Jim, "Research in Public Relations," *Asia Pacific Public Relations Journal*, 1999
Mehrabian, Albert, *Silent Message*, Wadsworth, 1971（アルバート・マレービアン『非言語コミュニケーション』聖文社、1986年）
Morley, Michael, *How to Manage Your Global Reputation: A Guide to The Dynamics of International Public Relations*, New York Univrsity Press, 1998
Newsom, D., J. Turk, D. Krukeberg, *This is PR: The Realities of Public Relations*, 7th edition Wadsworth, 2000
Regester, M., and J. Larkin, *Risk Issues and Crisis Management: A Casebook of Best Practice*, Kogan Page, 1997
"Reputations, the Internet and the Future: A Report from the Echo World Editors 'Forum," 1999
Saffir, Leonard, *Power Public Relations: How to Master the New PR*, NTC Business Books, 2000
Seited, Fraster P., *The Practice of Public Relations*, 7th edition, Prentice Hall, 1998
Seited, Fraster P., *The Practice of Public Relations*, 8th edition, Prentice Hall, 2001
Tye, Larry, *The Father of Spin: Edward L. Bernays & The Birth of Public Relations*, Crown, 1998
Weiss, Joseph W., *Business Ethics: A Stakeholder and Issues Management Approach*, 2nd edition, Dryden, 1998
Wilcox, Dennis, G. Cameron, R. Reber, *Public Relations: Strategy and Tactics*, 11th edition, Pearson, 2014

《日本語》

アーカー、デービット、エーリッヒ・ヨアヒムスターラー／阿久津聡訳『ブランド・リーダーシップ』ダイヤモンド社、2000

アダムス、ポール／小林啓倫訳『ウェブはグループで進化する』日経 BP 社、2013
鯵坂真・上田浩・黒田治夫・山川学『倫理学』世界思想社、2004
足立幸男『公共政策学入門 民主主義と政策』有斐閣、2002
阿満利磨『日本人はなぜ無宗教なのか』筑摩書房、1996
阿満利麿『人はなぜ宗教を必要とするのか』筑摩書房、1999
アリストテレス／山本光雄編・出隆訳『アリストテレス全集〈第 3 巻〉』岩波書店、1968
アンダーソン、クリス／高橋則明訳『フリー〈無料〉からお金を生みだす新戦略』日本放送出版協会、2009
イースリー、デイビッド、ジョン・クラインバーグ／浅野孝夫・浅野泰仁訳『ネットワーク・大衆・マーケット――現代社会の複雑な連結性についての推論』共立出版、2013
猪狩誠也編・経済広報センター監修『企業の発展と広報戦略――50年の歩みと展望』日経 BP 社、1998
池上知子・遠藤由美『グラフィック社会心理学』サイエンス社、1998
石井敏・岡部朗一・久米昭元『異文化コミュニケーション――新・国際人への条件』改訂版、有斐閣、1996
市川伸一編『認知心理学 4』東京大学出版会、1996
伊藤邦雄『実践・コーポレートブランド経営』日本経済新聞社、2002
井之上喬「IPRA ゴールド・ペーパー No.12の意義と日本に与える影響」日本広報学会『第 3 回研究発表大会予稿集』、1997
井之上喬編『入門パブリックリレーションズ』PHP 研究所、2001
井之上喬「IT 先進国米国企業におけるパブリック・リレーションズ」日本広報学会『第 7 回研究発表大会予稿集』、2001
井之上喬「米国におけるパブリック・リレーションズの発展の分析・考察と新しいモデルの提案」『情報文化学会論文誌』Vol. 9、No. 1、2002
井之上喬「考察：日本再生のためのリスク・マネージメントとパブリック・リレーションズ」情報文化学会『第10回全国大会講演予稿集』、2002
井之上喬「狂牛病に対処する危機管理法」『正論』2002年 3 月号
井之上喬「広報・コミュニケーションの高度専門職育成のあり方」日本広報学会『第 9 回研究発表大会予稿集』、2003、および当日配布資料
井之上喬「日本におけるパブリック・リレーションズ発展のための考察――新モデルの実現と教育システムの構築に向けて」『広報研究』第 9 号、2005
井之上喬「企業不祥事と危機管理」『経済セミナー』2005年 3 月号
井之上喬「メタ認知を適用した自己修正の重要性」日本広報学会『第12回研究発表大会予稿集』、2006
井之上喬「自己修正モデル：ケース・スタディによる自己修正の段階的変容とその考察」『広報研究』第11号、2007
井之上喬「パブリック・リレーションズにおける自己修正モデル（SCM）に関する研究 自己修正行動における変容の考察と事例検証」（早稲田大学大学院公共経営研究科　博士学位論文）、2008
井之上喬『「説明責任」とは何か』PHP 研究所、2009
井之上喬『パブリックリレーションズ第 2 版』日本評論社、2015
今田高俊『自己組織性と社会』東京大学出版会、2005
インターネット協会『インターネット白書2005』インプレス、2005

ウィーナー、N.／鎮目恭夫・池原止戈夫訳『人間機械論』第2版、みすず書房、1996（原著初版1950、改訂版1954）
ヴォーゲル、エズラ／福島範昌訳『ジャパン・アズ・ナンバーワン』TBSブリタニカ、1984
猪狩誠也・経済広報センター『企業の発展と広報戦略』日経BPコンサルティング、1998
大泉光一『クライシス・マネジメント——危機管理の理論と実践〈新訂版〉』同文舘、1997
小倉重男『PRを考える』電通、1990
小倉重男・瀬木博道『コミュニケーションするPR』電通、1995
小沢一郎『日本改造計画』講談社、1993
金井辰樹『マニュフェスト 新しい政治の潮流』光文社新書、2003
カトリップ、スコット、アレン・センター、グレン・ブルーム／日本広報学会監修・井上邦夫・井之上喬・伊吹勇亮・北村秀実・関谷直也・矢野光彦訳『体系パブリック・リレーションズ』ピアソン・エデュケーション、2008
カプフェレ、J. N.／博報堂ブランドコンサルティング監訳『ブランドマーケティングの再創造』東洋経済新報社、2004
カプフェレ、J. N.、A. バスティアン／長沢伸也訳『ラグジュアリー戦略——真のラグジュアリーブランドをいかに構築しマネジメントするか』東洋経済新報社、2011
北川正恭『行政革命』ぎょうせい、2004
キャノン、W. B.／原栖六郎・大澤三千三訳『人体の叡智』創元社、1959（原著出版、1932）
経済企画庁経済白書（年次経済報告）1956年版』
経済広報センター「第11回企業の広報活動に関する意識実態調査報告書」、2012
ケラー、ケビン・レーン／恩藏直人研究室訳『ケラーの戦略的ブランディング』東急エージェンシー出版部、2005
小谷重一『企業経営とPR』電通、1964
コトラー、フィリップ／木村達也監訳『コトラーのマーケティング講義』ダイヤモンド社、2004
コトラー、フィリップ、ナンシー・R. リー他／ハーバード社会起業大会スタディプログラム研究会訳『グッドワークス！』東洋経済新報社、2014
コトラー、フィリップ、ヘルマワン・カルタジャヤ他／恩藏直人監訳『コトラーのマーケティング4.0』朝日新聞出版、2017
小宮山宏『「課題先進国」日本——キャッチアップからフロントランナーへ』中央公論新社、2007
小山栄三『行政広報入門』ぎょうせい、1975
サイド、マシュー『多様性の科学』ディスカヴァー・トゥエンティワン、2021
斎藤精一郎『日本経済入門』ダイヤモンド社、2002
斎藤由多加『林檎の樹の下で——アップル日本上陸の軌跡』アスキー、1996
堺屋太一『時代が変わった』講談社、2001
堺屋太一『「豊かさ」はどこへ行くのか——日本経済の百年を考える』日本放送出版協会、2002
笹原和俊『フェイクニュースを科学する』化学同人、2021
サンデル、マイケル／鬼澤忍訳『これからの「正義」の話をしよう』早川書房、2010

「CSR 企業総覧」『週刊東洋経済増刊』2014年12月３日号
思想の科学研究会編『新版：哲学・論理用語辞典』三一書房、2002
柴崎菊雄『生き残りの戦略的 PR 論』実務教育出版、1993
司馬遼太郎『この国のかたち』３、文藝春秋、1992
司馬遼太郎『この国のかたち』４、文藝春秋、1994
司馬遼太郎『この国のかたち』６、文藝春秋、1996
「社長の発信力ランキング2013」『日経ビジネス』2013年４月29・５月６日合併号
ジャービス、ジェフ著／小林弘人監修・関美和訳『パブリック――開かれたネットの価値を最大化せよ』NHK 出版、2011
「進化する口コミ」『日経ビジネス』2005年５月19日号
杉田芳夫『経営者のための企業広報』丸善、2003
ゼッタミスタ、E. B.、J. E. ジョンソン／宮元博章・道田泰司・谷口高士・菊地聡訳『クリティカルシンキング〈実践篇〉』北大路書房、1997
『宣伝会議』2005年５月１日号
総務省「ユビキタスネット社会の実現に向けた政策懇談会最終報告書」、2004
総務省『平成23年版情報通信白書』、2011
総務省『通信利用動向調査』、2013
総務省『平成26年版情報通信白書』、2014
総務省『令和４年通信利用動向調査』、2022
総務省『令和５年版情報通信白書』、2023
『ソークラテースの弁明・クリトーン・パイドーン』新潮文庫、1968
高木徹『ドキュメント戦争広告代理店 情報操作とボスニア紛争』講談社、2002
田中浩之、古川直裕他『ChatGPT の法律』中央経済社　2023
霍見芳浩『日本の再興 生き残りのためのヒント』講談社、1999
『哲学・思想辞典』岩波書店、1998
電通パブリックリレーションズ『広報110番パブリック・リレーションズ実務辞典』電通、1998
電通『電通広告年鑑1956年版』、1956
内閣総理大臣官房広報『政府広報30年史』、1990
中西輝政『なぜ国家は衰亡するのか』PHP 研究所、1998
日経 BP コンサルティング『ブランド・ジャパン2014』、2014
日経 BP コンサルティング『ブランド・ジャパン2015』、2015
西川隆蔵・善明宣夫・吉川茂・西田仁美・大石史博・神澤創『新自己理解のための心理学』福村出版、1998
日本インベスター・リレーションズ協議会編『IR 戦略の実際』日本経済新聞社、2004
日本政策投資銀行地域企画チーム『PPP ではじめる実践“地域再生”』ぎょうせい、2004
日本パブリックリレーションズ協会『日本パブリックリレーションズ協会報』1997年秋号
日本パブリックリレーションズ協会『日本パブリックリレーションズ協会報』2005年春号
日本パブリックリレーションズ協会『PR Yearbook2014版』、2014
日本パブリックリレーションズ協会『広報・マスコミハンドブック PR 手帳』、2015
ノートン、メアリー・ベス／本田創造監修・上杉忍・中條献・中村雅子訳『アメリカの歴史５――大恐慌から超大国へ』三省堂、1996
博報堂ブランドコンサルティング『図解でわかるブランドマネジメントのすすめ方』日本

能率協会マネジメントセンター、2004
樋上亮一『PRの考え方とあり方』世界書院、1951
樋上亮一『自治体広報の理論と技術』世界書院、1952
フォーチュン誌『世界で最も賞賛される企業2014年版』タイム社、2014
フォード、デビット、IMP グループ／小宮路雅博訳『リレーションシップ・マネジメント』白桃書房、2001
藤江俊彦『現代の広報戦略と実際』電通、1995
「ブランド価値は“貯金”できる――本業不振もソニー首位、定番ブランドに強み」『日経ビジネス』2005年4月25日・5月2日号、日経BP社
ブランチャード、オリビエ／松並敦子訳『ソーシャルメディア ROI――ビジネスを最大限にのばす、リアルタイム・ブランド戦略』ピアソン桐原、2012
ブレインゲイト株式会社『図解でわかるブランディング』日本能率協会マネジメントセンター、2003
プレストウィッツ Jr、C.／國広正雄訳『日米逆転』ダイヤモンド社、1988
ポーター、マイケル・E.／土岐坤訳『国の競争優位』ダイヤモンド社、1992
ポーター、マイケル・E.、竹内弘高『日本の競争戦略』ダイヤモンド社、2000
ホフマン、リード／井上大剛監訳『ChatGPT と語る未来』日経 BP、2023
正村公宏・山田節夫『日本経済論』東洋経済新報社、2002
三浦恵次著『地方自治体の広報活動――住民参加のすすめと行政の対応』総合労働研究所、1986
森敏昭・井上毅・松井孝雄『グラフィック認知心理学』サイエンス社、1995
文部科学省『科学技術要覧平成25年版』、2013
読売新聞大阪本社社会部『情報パンデミック――あなたを惑わすものの正体』中央公論新社、2022
ライズ、アル、ローラ・ライズ／片平秀貴監訳『ブランディング22の法則』東急エージェンシー出版部、2003
ライズ、アル、ローラ・ライズ／共同 PR 訳『ブランドは広告でつくれない』翔泳社、2003
リー、シャーリーン、ジョシュ・バーノフ／伊東奈美子訳『グランズウェル ソーシャルテクノロジーによる企業戦略』翔泳社、2008
リスク・マネジメント研究会編『会社の危機管理戦略的リスク・マネジメントへの取り組み』日本能率協会マネジメントセンター、1995
ロジャーズ、E. M.／安田寿明訳『コミュニケーションの科学』共立出版、1992（原著出版1986）
和田渡『自己の探求――自己とつきあうということ』ナカニシヤ出版、2005
ワルラス、L.／久我雅夫訳『純粋経済学要論』岩波書店、1983（原著出版1874、1877）

《ウェブサイトなど》

・International Fact-Checking Network（IFCN）ホームページ
https://www.poynter.org/ifcn/
・E.S.C.A.P.E. Junk News
https://newseumed.org/tools/lesson-plan/escape-junk-news
・オープン AI ホームページ

https://openai.com/
・国際パブリックリレーションズ協会「AI と PR のガイドライン」
https://www.ipra.org/member-services/ai-guidelines/
・国際パブリック・リレーションズ用語集
https://www.slideshare.net/CommPRObiz/worldcom-releases-international-public-relations-eglossary
・国際経営開発研究所（IMD）「2023年世界競争力ランキング」
https://www.imd.org/centers/wcc/world-competitiveness-center/rankings/world-competitiveness-ranking/
・斉藤徹「賞賛と炎上を分けるもの」
https://japan.cnet.com/marketers/sp_orgtransparency/35034620/
・世界経済フォーラム「2014-15年年版世界競争力報告」
http://www3.weforum.org/docs/WEF_GlobalCompetitivenessReport_2014-15.pdf
・世界経済フォーラム「2019年世界競争力報告」
https://jp.weforum.org/publications/global-competitiveness-report-2019/
・総務省「令和 4 年通信利用動向調査の結果」
https://www.soumu.go.jp/johotsusintokei/statistics/data/230529_1.pdf
・TABLE FOR TWO International ホームページ
https://jp.tablefor2.org/
・日本 IR 協議会「第29回 IR 活動の実態調査」調査結果について
https://www.jira.or.jp/news/detail?id =152&category =2
・日本能率協会「2023年度新入社員意識調査」
https://jma-news.com/archives/6230?_ga =2.256718667.1532534649.1701061891-1522409555.1700388423&_gl =1*1btq8cc*_ga*MTUyMjQwOTU1NS4xNzAwMzg4NDIz*_ga_W8424K5L70*MTcwMTA2MTg5MS4yLjAuMTcwMTA2MTg5MS42MC4wLjA.
・ファクトチェック・イニシアティブ（FIJ）ホームページ
https://fij.info
・FORTUNE「世界で最も賞賛される企業2023」
https://prtimes.jp/main/html/rd/p/000000060.000030621.html
・東洋経済オンライン「CSR 企業ランキング2023年版 1 」
https://toyokeizai.net/articles/-/651590
・米国学生パブリックリレーションズ協会（PRSSA）ホームページ
http://www.prssa.org/about/
・米国パブリックリレーションズ協会「AI 利用の倫理ガイドライン」
https://www.prsa.org/news/2023/11/20/prsa-releases-guidance-on-artificial-intelligence
・Wardle, Claire, "Fake news. It's complicated"
https://firstdraftnews.org/articles/fake-news-complicated/
・Wardle, Claire, "Information Disorder: Toward an interdisciplinary framework for research and policymaking"
https: //shorensteincenter. org/information-disorder-framework-for-research-and-policymaking/
・経済広報センター「第13回企業の広報活動に関する実態調査」（2018年）
経済広報センターよりメールにて提供（2023年12月12日）

索　引

あ　行

か　行

さ　行

た　行

な　行

は　行

ま 行

や・ら・わ行

●著者紹介

井之上喬（いのうえ・たかし／株式会社井之上パブリックリレーションズ代表取締役会長兼 CEO）
1944年生まれ。早稲田大学大学院公共経営研究科博士後期課程修了。博士（公共経営）。日本楽器製造株式会社（現ヤマハ株式会社）を経て、1970年に(株)井之上パブリックリレーションズを設立。70年代後半からインテルやアップルの PR コンサルタントをはじめとする広範なコンサルテーション業務を手がける。また80年代以降は、日本の通信市場開放や自動車部品の規制緩和、そして米国半導体工業会の PR コンサルタントとして日米半導体摩擦の解消に貢献。1990年、外務省主催の緊急会議「海外コミュニケーションに関する合同会議」に日本 PR 協会国際委員長として業界を代表し招聘出席。2004年、日本パブリックリレーションズ研究所を設立。2009年3月、「自己修正モデル」の研究によりパブリック・リレーションズ分野で日本初となる博士号を取得（早稲田大学：公共経営）。現在、内外の企業、政府機関、団体など幅広い分野の顧客に対し双方向性コミュニケーションと自己修正をベースにしたコンサルティングを行うとともに、国際会議や米国ウォートンスクール、東京大学大学院をはじめとする内外の大学での講演など多数。〈主な著作〉*The Global Public Relations Handbook: Theory, Research, and Practice*（共著）（Lawrence Erlbaum Associates, 2003：米国コミュニケーション・アソシエーションのパブリック・リレーションズ部門で2003年 PRIDE 賞受賞）。*Public Relations in Hyper-globalization: Essential Relationship Management - A Japan Perspective*（Routledge, 2018）『入門・パブリックリレーションズ』（PHP 研究所、2001）『「説明責任」とは何か』（PHP 研究所、2009）。〈加入団体など〉日本パブリックリレーションズ協会会員。米国パブリックリレーションズ協会（PRSA）会員。国際パブリックリレーションズ協会（IPRA）フェロー。日本広報学会会員。情報文化学会産業部会長。グローバルビジネス学会顧問。（一社）日本パブリックリレーションズ学会代表理事・会長。前早稲田大学大学院客員教授。京都大学経営管理大学院特命教授。神戸情報大学院大学客員教授。北海道大学客員教授。

パブリック リレーションズ［第 3 版］
マルチ・ステークホルダー・リレーションシップ・マネジメント

2006年 3 月31日　第 1 版第 1 刷発行
2015年 5 月20日　第 2 版第 1 刷発行
2024年 4 月30日　第 3 版第 1 刷発行

著　者――井之上喬
発行所――株式会社日本評論社
〒170-8474　東京都豊島区南大塚3-12-4
電話　03-3987-8621（販売）、8595（編集）
振替　00100-3-16
印　刷――精文堂印刷株式会社
製　本――株式会社松岳社
装　幀――佐々木敬

Printed in Japan
ISBN978-4-535-54076-7